HEYNE <

W0183322

MICHAEL DROSNIN

Bibel Code II: Der Countdown

Aus dem Amerikanischen
von Elisabeth Parada Schönleitner

WILHELM HEYNE VERLAG
MÜNCHEN

Titel der amerikanischen Originalausgabe:
BIBLE CODE II – THE COUNTDOWN
Erschienen bei Viking Penguin, New York

Die Bibelzitate stammen aus der von Martin Luther übersetzten Lutherbibel mit Apokryphen, Deutsche Bibelgesellschaft, Stuttgart 1984 (in neuer Rechtschreibung). Einige wenige Passagen wurden der Einheitsübersetzung, Katholische Bibelanstalt, Stuttgart 1980, entnommen (s. Fußnoten).

Umwelthinweis:
Dieses Buch wurde auf
chlor- und säurefreiem Papier gedruckt.

2. Auflage
Erweiterte Taschenbucherstausgabe 08/2004

Copyright © 2002 by One Honest Man, Inc.
Copyright © 2002 der deutschsprachigen Ausgabe
by Ullstein Heyne List GmbH & Co. KG, München
Copyright © 2004 dieser erweiterten Taschenbuchausgabe
by Wilhelm Heyne Verlag, München,
in der Verlagsgruppe Random House GmbH
www.heyne.de
Die Landkarten auf Seite 55 und Seite 63 stammen von Compass Projections
Printed in Germany 2005
Umschlagkonzept und -gestaltung:
Hauptmann und Kampa Werbeagentur, München – Zürich
Satz: Leingärtner, Nabburg
Druck und Bindung: GGP Media GmbH, Pößneck

ISBN 3-453-87892-2

Gewidmet
meiner Familie,
meinen Freunden,
und allen, die erneut vertrauten.

»Denn es wird eine Zeit so großer Trübsal sein, wie sie nie gewesen ist, seitdem es Menschen gibt.«

Buch Daniel, 12,1

»Will man für ein bislang ungelöstes Problem eine Lösung finden, muss die Tür zum Unbekannten angelehnt bleiben.«

Richard Feynman, Physik-Nobelpreisträger

Inhaltsverzeichnis

Einleitung 9

KAPITEL 1 Das Ende der Tage 13
KAPITEL 2 Der Schlüssel zum Code 39
KAPITEL 3 Bill Clinton 67
KAPITEL 4 Er existiert 91
KAPITEL 5 Jassir Arafat 113
KAPITEL 6 Die stählerne Arche 129
KAPITEL 7 Ariel Scharon 145
KAPITEL 8 Der Code des Lebens 163
KAPITEL 9 Invasion 177
KAPITEL 10 Der Außerirdische 195
KAPITEL 11 George Bush 207
KAPITEL 12 Die Reise des Helden 227
KAPITEL 13 Countdown 243

Schlussbemerkung 265

Postskript: Geheime Besprechung im Pentagon 267

Anmerkungen zu den Kapiteln 285

Anhang 313

Danksagung 319

Einleitung

3000 Jahre lang war in der Bibel ein Code verborgen. Nun ist er mithilfe der Computertechnologie entschlüsselt worden und vielleicht enthüllt er unsere Zukunft.

Vor fünf Jahren veröffentlichte ich ein Buch über den Bibelcode, den ein berühmter israelischer Mathematiker entdeckt hatte (*Der Bibel Code*, Wilhelm Heyne Verlag). Dieses Buch machte den Code in aller Welt bekannt. Ich hatte eigentlich gehofft, dass meine bescheidene Rolle in diesem Abenteuer damit vorüber wäre. Ich bin Journalist, kein Prophet, kein Wissenschaftler und kein Bibelgelehrter.

Der Bibelcode ist mir immer ein Rätsel geblieben. Ich bin nicht religiös und ich glaube nicht an Gott. Deshalb übersteigt es mein Vorstellungsvermögen, dass es in der Bibel einen Code gibt, der Ereignisse enthüllt, die erst *nach* der Niederschrift der Bibel stattfanden.

Dennoch bin ich davon überzeugt, dass der Bibelcode existiert.

Wieder und wieder habe ich erlebt, dass sich Vorhersagen des Codes erfüllten. Ich habe sogar einen Premierminister gewarnt, dass der Code seine Ermordung prophezeie, und später von Entsetzen erfüllt mitangesehen, wie er getötet wurde – in der im Code beschriebenen Weise und in dem im Code verkündeten Jahr.

Auch der 11. September 2001 wurde vorausgesagt – in einem 3000 Jahre alten Text.

Ich traf mich in den Vereinigten Staaten und in Israel mit herausragenden Wissenschaftlern und bestätigte die Echtheit des Bibelcodes gemeinsam mit einem führenden Kryptoanalytiker der National Security Agency, jenes amerikanischen Geheimdienstes, der im Auftrag der US-Regierung Codes entwickelt und entschlüsselt.

Ich lernte Hebräisch und arbeitete mit einem israelischen Übersetzer zusammen, um bei allen Fundstellen im Code sicherzugehen.

Jede Woche telefonierte ich mit Dr. Elijahu Rips, dem Mathematiker, der den Code entdeckte, und ich suchte ihn häufig persönlich auf. Dr. Rips zählt zu den führenden Experten auf dem Gebiet der Gruppentheorie, einem Spezialbereich der Mathematik, welcher der Quantenphysik zugrunde liegt.

Mit ihm überprüfte ich jede zentrale Codierung im Hinblick auf die mathematischen Belange. Zusätzlich berechneten wir die Auftrittswahrscheinlichkeit der gefundenen Eintragungen mithilfe eines Computerprogramms, das Rips' Kollege Dr. Alexander Rotenberg entwickelt hatte.

Ich vernahm die lautstarken Rufe der Kritiker, die Rips herausforderten, und hoffte sogar, einer von ihnen würde den Beweis erbringen, dass der Code *nicht* echt ist. Denn das hätte mich von einer entsetzlichen Verantwortung befreit, die zu tragen ich nicht bereit war und der ich mich nicht gewachsen fühlte.

Doch keiner der Kritiker fand auch nur den geringsten Hinweis darauf, dass der Bibelcode nicht existiert. Stattdessen mehrten sich die Beweise dafür, dass in der Bibel tatsächlich ein Code steht, der die Zukunft enthüllt (s. a. Anhang).

Schließlich traten drei Ereignisse ein, die mich zwangen, meine Suche wieder aufzunehmen: Der 11. September 2001 bewies auf grausame Weise, dass die in der Bibel verschlüsselten Warnungen nur allzu wahr waren. Die Spirale der Gewalt im Nahen Osten drohte die gesamte Welt in einen Krieg zu stürzen.

Und es kam zu einer weiteren verblüffenden Enthüllung – sie könnte die letzte Wahrheit ans Licht bringen, die sich im Bibelcode verbirgt.

Dieses Buch beginnt mit der Suche nach dem Schlüssel, der den Code in seiner Gesamtheit enthüllen könnte, sodass sich uns die vergessene Vergangenheit und die gesamte Zukunft der Menschheit offenbaren.

Doch die Zeit drängt.

Denn der Bibelcode enthält die Warnung, dass wir alle vielleicht nur noch vier Jahre zu leben haben.

KAPITEL EINS

Das Ende der Tage

Am 11. September 2001 wurde ich um 8.48 Uhr morgens vom Knall einer Explosion geweckt, die die Welt für alle Zeiten veränderte.

Ich schaltete den Radiowecker ein und hörte eine Nachrichtenmeldung: Ein Jumbojet war in einen der Türme des World Trade Center gerast. Ich rannte auf das Dach meines Hauses und traf gerade rechtzeitig oben ein, um mitanzusehen, wie eine zweite Boeing 767 in den anderen Zwillingsturm flog und ihn in Brand setzte. Ein Zufall war eindeutig auszuschließen. Die beiden Flugzeuge waren von Terroristen entführt worden. New York war Ziel eines Angriffs.

Mehr als eine Stunde lang stand ich allein auf dem Dach und beobachtete mit wachsendem Entsetzen und Unglauben, wie die beiden 110 Stockwerke hohen Gebäude brannten, jene silbernen Monolithen, die über Lower Manhattan aufragten, wo ich wohnte. Gigantische orangefarbene Flammen schossen aus den klaffenden Wunden und spien gewaltige schwarze Rauchwolken in den Himmel.

Plötzlich stürzte einer der Türme in sich zusammen. Er sank einfach geradewegs zu Boden. Dann kollabierte auch der zweite. Beide versanken in einer Staubwolke, die sich rasch durch die Straßen auf mich zu bewegte. Im nächsten Augenblick waren die Türme verschwunden.

Mein Verstand konnte das Ausmaß der Zerstörung, das ich mit eigenen Augen gesehen hatte, nicht fassen. Dieses Ereignis war von einer Größenordnung, wie sie nur in biblischen Prophezeiungen zu finden ist.

Ich lief in meine Wohnung zurück und durchsuchte den alten Code auf meinem Computer, den Bibelcode. Er war meine einzige Chance, das wahre Ausmaß der Gefahr festzustellen und herauszufinden, was uns noch bevorstand. Der verborgene Code, der von einem renommierten israelischen Mathematiker in der Bibel entdeckt worden war, hatte bereits andere weltbewegende Ereignisse offenbart, die tausende Jahre nach der Niederschrift der Bibel stattgefunden hatten.

Nun gab er preis, was ich soeben erlebt hatte. Was ich vor wenigen Minuten vom Dach meines Hauses aus mitverfolgt hatte, stand in allen Einzelheiten in alten hebräischen Schriftzeichen auf meinem Monitor. Das Wort »Zwillingstürme« war in dem 3000 Jahre alten Text verschlüsselt. »Flugzeug« erschien an genau derselben Stelle. »Es brachte sie zu Fall, sodass sie niederstürzten« kreuzte sich mit »Flugzeug« und »Türme«.

Was ich am 11. September 2001 mit eigenen Augen gesehen hatte, war vor 3000 Jahren in der Bibel codiert worden.

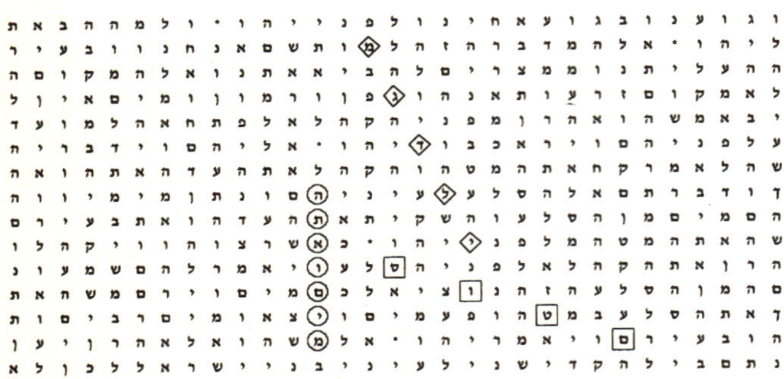

○ Zwilllinge ◇ Türme □ Flugzeug

Während ich zusah, wie es geschah, hatte ich nur einen Gedanken. Als der erste Turm in sich zusammensackte, sprach

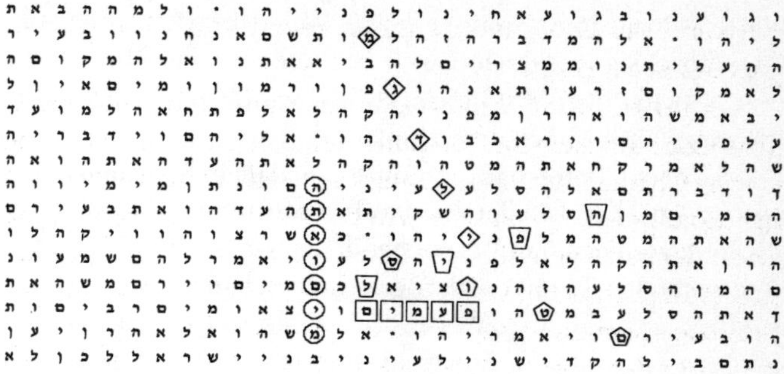

○ Zwillinge ◇ Türme ▽ es brachte sie zu Fall □ zweimal ⬠ Flugzeug

ich ihn laut aus: »O Gott, dann ist es wahr.« Doch nicht der furchtbare Terroranschlag erschütterte mich so tief, sondern das, was der Bibelcode außerdem für die Zukunft vorhersagte. Er hatte bereits die Ermordung von John F. Kennedy und Jitzhak Rabin prophezeit. Vom Zweiten Weltkrieg bis Watergate, vom Holocaust bis Hiroshima, von der Mondlandung bis zum Golfkrieg war alles vorhergesagt worden. Mitunter wurden die Prophezeiungen im Voraus entdeckt und die Ereignisse trafen dann genauso ein wie beschrieben.

Und nun fand sich auch jedes Detail über den 11. September im Bibelcode. Plötzlich und auf brutale Weise hatte ich den Beweis dafür erhalten, dass der Bibelcode tatsächlich existiert.

Als die Flugzeuge in die Zwillingstürme krachten und sich der Schrecken vor meinen Augen entfaltete, sah ich Visionen einer Zukunft, die in ihrer Grauenhaftigkeit jedes Vorstellungsvermögen überstieg und doch klar und eindeutig im Bibelcode vorhergesagt worden war. Plötzlich rückte dies alles in den Bereich des Möglichen.

Fünf Jahre lang hatte ich in aller Welt einflussreiche Politiker gewarnt, dass sich eine alte Prophezeiung bewahrheiten würde, dass die Apokalypse, die von Judentum, Christentum und Islam vorausgesagt wurde, in der Bibel codiert war und dass das wahre Armageddon – ein atomarer Weltkrieg, der mit einem Terroranschlag im Nahen Osten beginnen würde – innerhalb einer Dekade über uns hereinbrechen würde. Ich selbst hatte allerdings nie wirklich daran geglaubt.

Präsident Clinton hatte in Camp David mein Buch und auch meinen Brief bei sich, der ihn darüber informierte, dass uns ein Krieg im Heiligen Land bevorstand, der sich über die gesamte Welt ausbreiten könnte. »Ich zögere, in diesem Brief genaue Einzelheiten anzuführen, da es einfach zu apokalyptisch klingt«, hatte ich geschrieben. Einerseits warnte ich ihn, andererseits hielt ich Informationen zurück, denn ich brachte es nicht über mich, dem Präsidenten mitzuteilen, dass möglicherweise das Ende der Welt bevorstand.

Im Laufe des vergangenen Jahres hatte ich dem Präsidenten der Vereinigten Staaten, dem Premierminister von Israel und dem Palästinenserführer schließlich doch mitgeteilt, dass wir uns dem Bibelcode zufolge bereits in der letzten Phase der Bedrohung befanden, am »Ende der Tage«. Ich hatte mich mit Jassir Arafat in seinem befestigten Hauptquartier in Ramallah getroffen, mit Schimon Peres in Tel Aviv, mit Ariel Scharons Sohn in Jerusalem und mit Bill Clintons Stabschef im Weißen Haus. Allen hatte ich berichtet, dass uns möglicherweise nur noch fünf Jahre blieben, um die Welt zu retten.

Doch niemand schenkte der Warnung Beachtung.

Nur einen Tag vor dem Terrorangriff vom 11. September hatte ich erneut im Weißen Haus angerufen, um nachzufragen, ob der neue Präsident, George W. Bush, den Brief erhalten hatte, in dem ich auch ihn warnte, dass uns vielleicht noch während seiner Amtszeit der Dritte Weltkrieg bevorstehe.

Der Brief, den ich Bush mehr als einen Monat vor dem Anschlag der arabischen Terroristen auf New York und Washington geschickt hatte, lautete folgendermaßen: »Der Bibelcode enthält die Warnung, dass der Welt möglicherweise die größte und letzte Gefahr droht: ein atomarer Weltkrieg, der im

Nahen Osten ausbricht – und dies noch während Ihrer Amtszeit.

Dieser entscheidende Augenblick wurde ohne jeden Zweifel eindeutig vorhergesehen. ›Bush‹, ›Arafat‹ und ›Scharon‹ sind gemeinsam namentlich in der Bibel codiert, und dies mit der von den drei großen Weltreligionen vorhergesagten Zeit der Gefahr – dem ›Ende der Tage‹.

Der Bibelcode verweist in klaren Worten unserer modernen Zeit auf die Gefahr – ›atomarer Holocaust‹ und ›Weltkrieg‹ finden sich verschlüsselt in der Bibel, mit derselben Zeitangabe, dem Jahr 2006.«

Am 11. September erklärte der amerikanische Präsident, dass wir uns im Krieg befänden, dass »der erste Krieg des 21. Jahrhunderts begonnen hat«. Die Überschrift über einem Artikel in der *New York Times* lautete: »Dritter Weltkrieg«.

Bis zum 11. September war ich selbst nicht wirklich überzeugt. Ich bin, wie gesagt, nicht religiös und glaube nicht an Gott. Als skeptischer Journalist bin ich weltlich orientiert. Meine berufliche Laufbahn begann bei der *Washington Post*, für die ich Polizeibeamte bei nächtlichen Einsätzen begleitete. Später verfasste ich für das *Wall Street Journal* Wirtschaftsberichte und auch heute noch bin ich durch und durch nüchtern und realitätsbewusst. Und obwohl ich ein Buch geschrieben hatte, das den Bibelcode in aller Welt bekannt machte, wachte ich jeden Morgen erfüllt von Zweifeln auf, ob tatsächlich Gefahr drohte.

Doch am Morgen des 11. September weckte mich jenes Ereignis, das den Beweis für diese Gefahr erbrachte. Plötzlich war kein Platz mehr für Zweifel. Jetzt betraf es nicht nur Israel, nicht nur die Vereinigten Staaten, es betraf New York, die Stadt, in der ich lebte. Es geschah lediglich einen Häuserblock entfernt und ich sah es mit eigenen Augen.

Der Terroranschlag auf New York, der Angriff auf das World Trade Center – dieses unfassbare, grauenvolle Ereignis war nicht nur in der Bibel verschlüsselt, sondern ich hatte es tatsächlich entdeckt und vorhergesehen.

Den Hinweis darauf hatte ich bereits im Jahr 1993 gefunden, kurz nach dem gescheiterten Terroranschlag auf dieselben zwei Türme. »Zwillingstürme« war in der Bibel gemeinsam mit »die Warnung, das Blutbad« codiert und kreuzte den Eintrag »Terror«. »Terror« erschien ein zweites Mal und auch die Phrase »er wird fallen, niederstürzen« war zweimal im Code verborgen.

Doch ich ging davon aus, dass sich diese Eintragungen auf die Vergangenheit bezogen, nicht auf die Zukunft. Mir kam es nicht in den Sinn, dass der Blitz zweimal an derselben Stelle einschlagen würde – dass acht Jahre später ein weiterer Terroranschlag auf dieselben beiden Gebäude erfolgen könnte, dass er erfolgreich sein und die Türme zum Einsturz bringen würde.

Und ich war nie auf den Gedanken gekommen, im Code nach »Flugzeug« zu suchen. Das erklärte ich auch am selben Tag einem Freund von der CIA: »Niemand hätte sich vorstellen können, dass dies geschieht.«

»Irgendjemand schon«, gab der Freund nüchtern zur Antwort.

Nachdem es geschehen war, lag die Warnung klar und offen da. Sie war 3000 Jahre in der Bibel verborgen gewesen. Nun war alles ersichtlich. Jedes Detail stand dort.

Elijahu Rips, der Wissenschaftler, der den Bibelcode entdeckt hatte, fand dieselbe außergewöhnliche Codetabelle über den 11. September bei sich zu Hause in Jerusalem und schickte sie mir per E-Mail zu.

Als ich Dr. Rips anrief, einen der führenden Experten auf dem Gebiet der Gruppentheorie – jenes Bereichs der Mathematik, der der Quantenphysik zugrunde liegt –, sagte er, dass er die Wahrscheinlichkeit für diese Tabelle berechnet hatte. Die Wahrscheinlichkeit, dass die drei Schlüsselwörter – »Zwillinge«, »Türme« und »Flugzeug« – an genau derselben Stelle in der Bibel auftauchten, lag bei weniger als eins zu 10 000.

Das war noch nicht alles. Osama bin Laden wurde im Bibelcode namentlich genannt. Rips fand eine einzelne Codesequenz, die ihn schuldig erklärte: »die Sünde, das Verbrechen von bin Laden«. Die Textstelle tauchte in der Genesis an jener Stelle auf, wo der unverschlüsselte Text »die Stadt und den Turm« lautet (Genesis 11,5). An eben dieser Stelle verkündeten die uncodierten Worte der Bibel: »Und siehe, da ging ein Rauch auf vom Lande wie der Rauch von einem Ofen.«

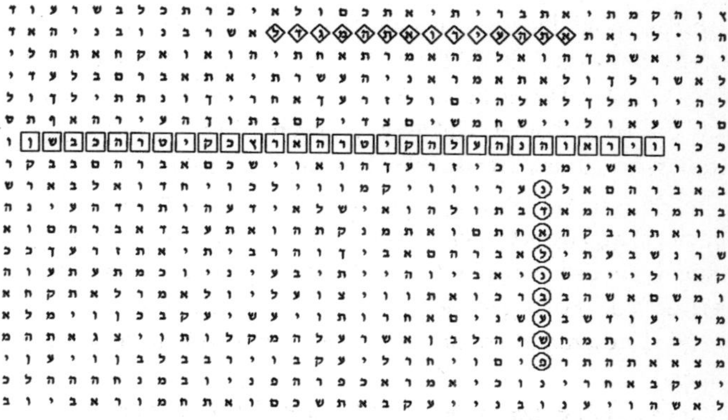

○ Sünde, Verbrechen von bin Laden □ die Stadt und den Turm
◇ und siehe, da ging ein Rauch auf vom Lande wie der Rauch von einem Ofen

Mohammed Atta, Chef der Entführer und Pilot des ersten Flugzeugs, das in die Zwillingstürme raste, wurde ebenfalls genannt.

»Terrorist Atta« war in der Bibel codiert und »Mann aus Ägypten« erschien an derselben Stelle.

Das zweite Ziel der Terroristen war die Zentrale der amerikanischen Streitkräfte in Washington. Das Pentagon wurde eine Stunde nach dem ersten Anschlag auf New York von einem dritten entführten Flugzeug getroffen. Auch dieses Ereignis war in der Bibel codiert. »Pentagon« tauchte einmal auf und kreuzte das Wort »beschädigt«. Wieder erwies sich die Vorhersage in

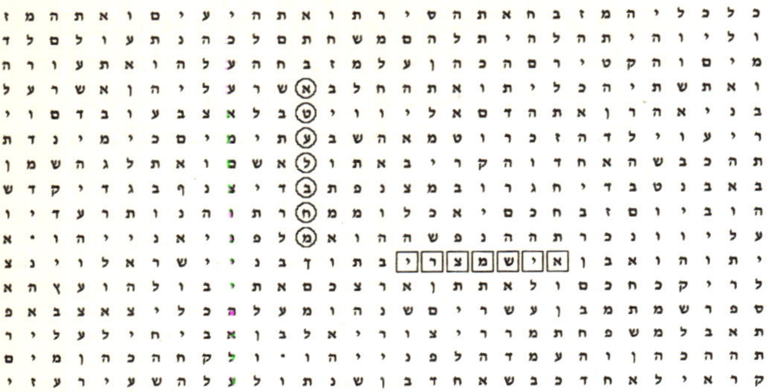

○ Terrorist Atta □ Mann aus Ägypten

dem 3000 Jahre alten Text als richtig. Eine der fünf Seiten des Pentagons war eingestürzt, das Gebäude selbst blieb jedoch stehen. »Gefahr« erschien mit »Pentagon«, unmittelbar gefolgt von »aus Arabien«. Wie sich im Verlauf der nächsten Tage herausstellte, kam tatsächlich der Großteil der Terroristen aus Saudi-Arabien.

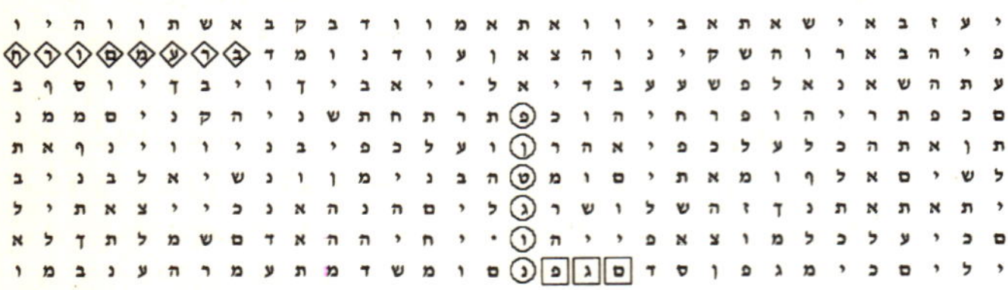

○ Pentagon □ beschädigt ◇ Gefahr aus Arabien

Die Warnung vor dem schwersten Terroranschlag in der Weltgeschichte, dem ersten aus dem Ausland gesteuerten Anschlag, der im amerikanischen Mutterland in modernen Zeiten verübt wurde, war vor 3000 Jahren in der Bibel codiert worden. Doch wir hatten die Warnung übersehen und fanden sie erst, als es zu spät war.

Der Code warnte uns, dass dieses Ereignis zu einem Krieg führen werde. »Der nächste Krieg« kreuzte den hebräischen Namen für die Türme des World Trade Center, »die Zwillinge«. An derselben Stelle fand sich auch die Eintragung »Terrorist«.

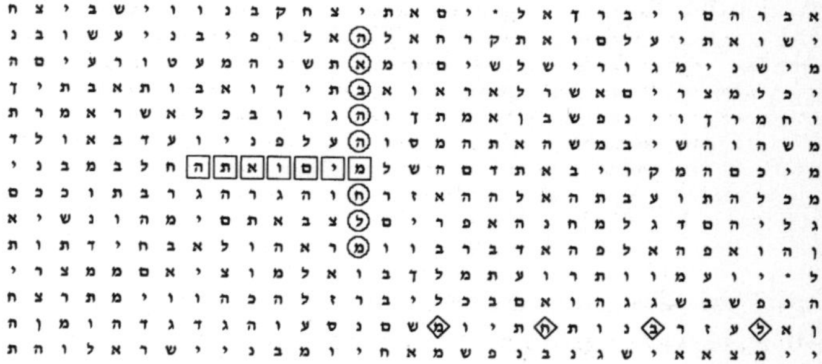

○ der nächste Krieg □ die Zwillinge ◇ Terrorist

Die Aussagen des Codes waren erschreckend. Dieser Terrorangriff war offensichtlich der Beginn eines neuen Krieges, jenes Krieges, den Bush erklärt hatte – eines Krieges gegen den Terrorismus, der nach Ansicht vieler Experten Jahre andauern würde.

Plötzlich sah ich die verschlüsselte Eintragung, die das gesamte Grauen dieses Augenblicks umfasste. »Türme« und »die Zwillinge« tauchten erneut gemeinsam an jener Stelle auf, an der die unverschlüsselten Worte der Bibel unmissverständlich erklärten, dass der letzte Countdown begonnen hatte – »am Ende der Tage«.

Jahrelang hatte ich hochrangige Politiker in Washington und dem Nahen Osten gewarnt, dass der Welt eine Gefahr biblischen Ausmaßes bevorstehe. Jetzt sah ich mit meinen eigenen Augen, wie sich die Wirklichkeit nur einen Häuserblock von meiner Wohnung in New York entfernt offenbarte.

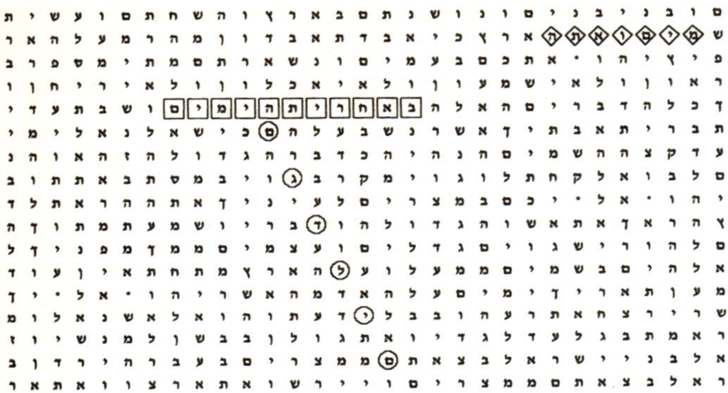

◇ Zwillinge ○ Türme □ am Ende der Tage

Ich war sicher, dass dies erst der Beginn von etwas Schrecklichem und Unvorstellbarem war, nicht das Ende.

»Ein von Gott, dem Allmächtigen, verfasstes Kryptogramm«, das »Rätsel Gottes, das auf geniale Weise vergangene und zukünftige Ereignisse vorbestimmt«. So hatte Sir Isaac Newton den Bibelcode genannt. Newton – der erste Wissenschaftler der modernen Zeit leitete die Gesetze unseres Sonnensystems ab, entdeckte die Schwerkraft und erfand ohne Unterstützung anderer Wissenschaftler die höhere Mathematik – suchte bereits vor 300 Jahren in der Bibel nach einem verborgenen Code, der die Zukunft der Menschheit enthüllte.

Seit der Niederschrift der Bibel vor mehr als 3000 Jahren sind Menschen davon überzeugt, dass sich in ihr etwas verbirgt – bedeutende Geheimnisse, die nur den Hohepriestern bekannt waren, Offenbarungen, die durch irgendeine esoterische Formel zu enthüllen wären, eine Art Magie oder gar eine neue Wissenschaft.

Es war jedoch Elijahu Rips bestimmt, einem russischen Mathematiker, der aus der politischen Haft in seiner Heimat freigekommen und nach Israel emigriert war, den Code zu entdecken, der jahrtausendelang allen anderen Menschen verborgen geblieben war. Rips hatte Erfolg, weil er über ein bedeutendes Hilfsmittel verfügte, das keinem vor ihm zur Verfügung stand – einen Computer.

Der Bibelcode war mit einem Zeitschloss versehen, das sich vor der Erfindung des Computers nicht öffnen ließ.

Offenbar hatte es ein intelligentes Wesen, das in die Zukunft blicken konnte, so eingerichtet, dass der Code erst jetzt zu entschlüsseln war. Das schien eindeutig festzustehen. Man hätte den Code auch so entwerfen können, dass Newton ihn bereits vor 300 Jahren hätte entziffern können. Oder so, dass er erst in 300 oder 3000 Jahren durch eine Technologie zu erschließen sein wird, die bis dahin nicht existiert.

Stattdessen verschlüsselte ein intelligentes Wesen, das die Gabe besaß, über die Zeit hinwegzusehen, die Bibel in einer Weise, dass wir den Code genau in diesem Augenblick der Menschheitsgeschichte dechiffrieren können.

»Isaac Newton konnte die Aufgabe nicht lösen, weil der Code mit einem Computer entschlüsselt werden musste. Er war ›versiegelt bis auf die letzte Zeit‹«, erklärte Rips. Als Eli Rips vor beinahe zwanzig Jahren begann, nach dem Bibelcode zu suchen, dachte er nicht an das »Ende der Tage«. Er löste lediglich ein mathematisches Rätsel. »Ich fand codierte Wörter, und diese Funde gingen weit über das Maß hinaus, das die Statistik dem Zufall einräumt. Da wusste ich, dass ich etwas wirklich Bedeutendem auf der Spur war«, erinnerte er sich. »Sobald ich einen Computer einsetzte, gelang mir der Durchbruch.«

Rips entdeckte den Bibelcode in der ursprünglichen hebräischen Fassung des Alten Testaments, das heißt der ersten Niederschrift der Bibel, die ihr zufolge jene Worte enthält, welche Gott vor 3200 Jahren Moses auf dem Berg Sinai gab.

Nun entfernte Rips sämtliche Leerstellen zwischen den Wörtern und verwandelte damit die gesamte Originalüberlieferung der Bibel in eine fortlaufende Buchstabenfolge von

304 805 Zeichen. Auf diese Weise stellte er die Thora in der Form wieder her, in der Moses sie alten Legenden zufolge von Gott erhalten haben soll – »eine fortlaufende Botschaft ohne Unterbrechung zwischen den Wörtern«. Daraufhin entwickelte Rips ein Computerprogramm, das diese Zeichenfolge nach verborgenen Informationen durchsuchte, indem es stets dieselbe Anzahl von Buchstaben übersprang.

Rips zufolge basieren die Codes auf der Aneinanderreihung jedes vierten, zwölften oder 15. Buchstabens zu einem Wort. Überspringt man jeweils dieselbe Anzahl von Stellen (Skip-Sequenz), ergibt sie eine verschlüsselte Nachricht.[1] Niemand, nicht einmal Newton, kann die gesamte Bibel »manuell« durchsuchen, indem er jede mögliche Auslassungssequenz überprüft und mit jedem Buchstaben beginnt, vom ersten bis zum letzten Vers, vorwärts und rückwärts, vom Anfang der Bibel bis zu ihrem Ende. Nur ein Computer kann diese Aufgabe rasch genug erledigen.

Deshalb ist auch nur ein Computer imstande, die komplexen, ineinander verflochtenen Informationen im Bibelcode zu entdecken. Wieder und wieder stößt er auf Namen, Daten und Orte, die entgegen jeder Wahrscheinlichkeit gemeinsam codiert sind. Die aufgefundenen Wörter bilden ein Kreuzworträtsel. Sobald ein neues Wort oder eine neue Phrase entdeckt werden, ergibt sich ein weiteres Kreuzworträtsel. Diese miteinander in Zusammenhang stehenden Wörter enthüllen präzise, sogar häufig sehr detaillierte Informationen über Ereignisse unserer Zeit. Das macht den Bibelcode einzigartig. In einem anderen Buch könnte man in einer willkürlichen Auslassungssequenz vielleicht den Begriff »Zwillingstürme« finden – jedoch nicht

---

1 Anm. d. Ü.: Im Original benutzt der Autor folgenden Satz als Beispiel: »**R**ips **E**xpl**A**ine**D** tha**T** eac**H** cod**E** is a **C**ase **O**f ad**D**ing **E**very fourth or …« Die hervorgehobenen Buchstaben ergeben die Aufforderung *Read the Code*, »Lies den Code«.

gemeinsam mit »Flugzeug«. Man könnte »bin Laden« finden, aber nicht mit »die Stadt und den Turm«. Oder »die Zwillinge« – aber nicht mit »der nächste Krieg« und »Ende der Tage«.

»Nur im Bibelcode finden sich einheitliche und zusammenhängende Hinweise«, erklärte Rips. »Außer in der Bibel hat niemand etwas Derartiges in einem anderen Buch, einer Übersetzung oder einem hebräischen Originaltext aufgespürt.«

Als Rips seine Entdeckung einer amerikanischen Mathematikzeitschrift vorlegte, waren viele Wissenschaftler skeptisch. Es gelang ihnen zwar nicht, seine wissenschaftliche Abhandlung zu widerlegen, gleichzeitig war es ihnen jedoch unmöglich, an seine Ergebnisse zu glauben. Die Behauptung war ja auch zu fantastisch – ein Code in der Bibel, der Ereignisse enthüllte, die nach ihrer Niederschrift eingetroffen waren!

Ein führender Kryptoanalytiker der National Security Agency, deren Sitz in der Nähe Washingtons liegt, hörte von dieser erstaunlichen Entdeckung in Israel und beschloss, die Angelegenheit zu untersuchen. Harold Gans hatte sein Leben damit zugebracht, für den amerikanischen Geheimdienst Codes zu entwickeln und zu entschlüsseln. Ihm erschien der Bibelcode als »schlichtweg lächerlich«.

Deshalb erstellte er ein eigenes Computerprogramm, um nachzuweisen, dass der Code ein Schwindel war. Stattdessen *bestätigte* sein Programm die Ergebnisse aus Rips' Experiment. Die Namen von 66 Weisen, die lange nach der Niederschrift der Bibel gelebt hatten, waren dort tatsächlich gemeinsam mit ihren Geburts- und Sterbedaten codiert. Gans konnte es nicht fassen. Er glaubte, dass das Experiment irgendwie manipuliert worden war, und suchte nach neuen Informationen und Eintragungen, nach denen Rips bisher nicht geforscht hatte. Er war davon überzeugt, dass sich die Geburts- und Sterbe*orte* der 66 Rabbis unmöglich im Code finden lassen würden. Doch er entdeckte sie.

Gans hatte sich an die Arbeit gemacht, den Bibelcode als Schwindel zu entlarven. Stattdessen hatte er in einem 440 Stunden dauernden Experiment seine Existenz bestätigt. »Mir lief ein kalter Schauer über den Rücken«, erinnerte sich der Kryptoanalytiker.

Kein Mensch hätte in der Bibel Informationen verschlüsseln können über Personen, die tausende Jahre nach ihrer Niederschrift lebten, und Ereignisse, die lange danach eintrafen. Und doch hat jemand das getan.

Wenn es keiner von uns war – wer war es dann?

Vor zehn Jahren hörte ich zum ersten Mal von dem Bibelcode. Ich kam eben von einem Treffen mit dem Leiter des israelischen Geheimdienstes, mit dem ich über Kriegsführung der Zukunft gesprochen hatte. Als ich das Hauptquartier verließ, sprach mich ein junger Offizier an, den ich zuvor bereits getroffen hatte. »In Jerusalem lebt ein Mathematiker, den Sie besuchen sollten«, sagte er. »Er hat in der Bibel das genaue Datum des Beginns des Golfkriegs gefunden.«

»Ich bin nicht religiös«, erwiderte ich und stieg in meinen Wagen.

»Ich auch nicht«, sagte der Offizier, »aber er hat drei Wochen vor Kriegsausbruch in der Bibel einen Code mit dem exakten Zeitpunkt gefunden.«

Diese Nachricht erschien mir unglaubwürdig und verrückt. Als ich mich jedoch über Rips erkundigte, erfuhr ich, dass er in der Welt der Mathematik nahezu als Genie galt. Deshalb beschloss ich, ihn aufzusuchen.

Mit Vollbart und Yarmulka sah Elijahu Rips aus, als wäre er dem Alten Testament entstiegen. Das bestärkte meine Zweifel. Einerlei, ob er tatsächlich ein Genie war oder nicht, dieser Wissenschaftler wurde offensichtlich von seiner religiösen Überzeugung beeinflusst. Ich forderte ihn auf, mir in der Bibel die Passage über den Golfkrieg zu zeigen. Stattdessen führte er mich in sein kleines Arbeitszimmer und zeigte mir eine verschlüsselte Prophezeiung des Golfkriegs auf seinem Computerbildschirm.

»Saddam Hussein« und »Scuds« waren in der Bibel gemeinsam mit dem genauen Datum des irakischen Angriffs auf Israel codiert, dem 18. Januar 1991.

»Wie viele Daten haben Sie gefunden?«, fragte ich.

»Nur dieses eine – drei Wochen, bevor der Krieg begann«, gab er zur Antwort.

Ich blieb skeptisch und bat Rips, nach Ereignissen aus unserer Zeit zu suchen, die er bisher noch nicht entdeckt hatte.

Wir fanden »Präsident Kennedy« gemeinsam mit »Dallas« und »Bill Clinton« mit »Präsident« – sechs Monate vor Clintons Wahl. Wieder und wieder entdeckten wir in der Bibel codierte Eintragungen von bestimmten Geschehnissen, obwohl Rips nicht wissen konnte, dass ich ihn ausgerechnet danach fragen würde. Wir stießen – bevor sie eintrafen – auf zahlreiche Vorhersagen von Ereignissen, wie etwa die Kollision eines Kometen mit dem Planeten Jupiter, mit dem Namen des Kometen und dem genauen Datum des Aufpralls.

Der Bibelcode bewahrheitete sich ein ums andere Mal. Ein führender Kryptoanalytiker bestätigte seine Echtheit. Renommierte israelische und amerikanische Mathematiker – aus Harvard, Yale und von der Hebräischen Universität – wiesen seine Existenz nach. Rips' Experiment hielt drei Überprüfungen einer anerkannten amerikanischen Mathematikzeitschrift stand.

Und dennoch konnte ich nicht daran glauben.

Zwei Jahre später stieß ich auf eine codierte Eintragung, die mich schließlich überzeugte.

Am 1. September 1994 flog ich nach Israel zurück, um mich mit dem Dichter Chaim Guri zu treffen, einem engen Freund von Premierminister Jitzhak Rabin. Ich übergab ihm einen Brief, den er umgehend an den Premierminister weiterleitete.

»Ich habe Hinweise entdeckt, die darauf schließen lassen, dass Ihr Leben in Gefahr ist«, lautete mein Schreiben an Rabin. »Ich teile Ihnen dies mit, weil sich Ihr Name das einzige Mal, wo er in der Bibel in verschlüsselter Form komplett auftaucht – also Jitzhak Rabin –, mit den Wörtern ›Mörder, der morden wird‹ kreuzt.«

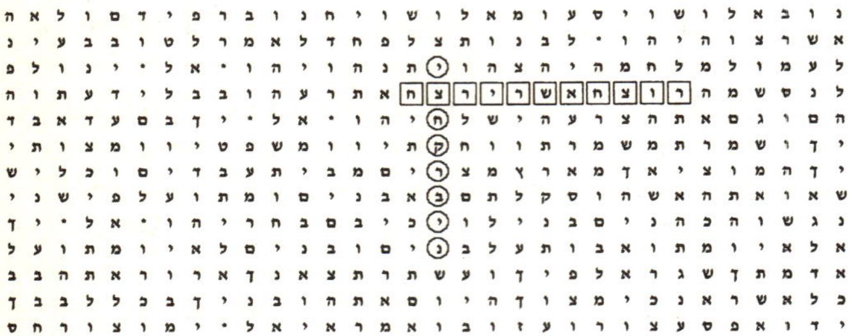

○ Jitzhak Rabin □ Mörder, der morden wird

Ein Jahr später, am 4. November 1995, sah ich meine Warnung auf grausame Weise bestätigt. Jitzhak Rabin wurde von einem Mann in den Rücken geschossen, der sich von Gott gesandt wähnte. Ein Mord, der vor 3000 Jahren in der Bibel in verschlüsselter Form angekündigt worden war.

Als ich die Nachricht hörte, stockte mir der Atem. Ich sank auf den Fußboden und stieß dieselben Wörter hervor wie nach dem Einsturz der Türme des World Trade Center: »O Gott, dann ist es wahr!« Mich erschütterte nicht nur die Tatsache, dass Rabin tot war, sondern vor allem, dass der Bibelcode sich als echt herausgestellt hatte.

Welchen Schock mir die Ereignisse vom 4. November 1995 auch versetzt hatten, am 11. September 2001 war mein Entsetzen unvergleichlich größer. Denn zu diesem Zeitpunkt wusste ich, was der Code noch vorhersagte.

Wenn der Bibelcode tatsächlich echt war, und daran konnte ich nun nicht mehr zweifeln, dann diente er einem ganz bestimmten Zweck – die Welt vor einer grauenvollen, endgültigen Gefahr zu warnen. Diese Gefahr musste unmittelbar bevorstehen, denn ansonsten hätten wir den Bibelcode nicht genau zu diesem Zeitpunkt entdeckt. Vielleicht drohte uns tatsächlich das »Ende der Tage«.

Die beiden großen biblischen Apokalypsen, das Buch Daniel im Alten Testament und die Offenbarung im Neuen Testament, beinhalten Prophezeiungen nie da gewesenen Schreckens, die sich uns erst vollständig enthüllen, wenn ein geheimnisvolles Buch am »Ende der Tage« geöffnet wird. Das Ende der Welt wird in den ersten fünf Büchern der Bibel, jenen Worten, die Gott Moses diktierte und die die Juden als »Thora« bezeichnen, viermal vorhergesagt. Ein weiteres Mal wird das Ende der Tage im Buch Daniel verkündet. Ein Engel enthüllt dem alten Propheten die letzte Zukunft, indem er ihn auffordert: »Und du, Daniel, verbirg diese Worte, und versiegle dies Buch bis auf die letzte Zeit.«

Im Hebräischen lässt sich »Ende der Tage« auf zweierlei Arten schreiben, die in der Bibel nur ein einziges Mal gemeinsam auftauchen.

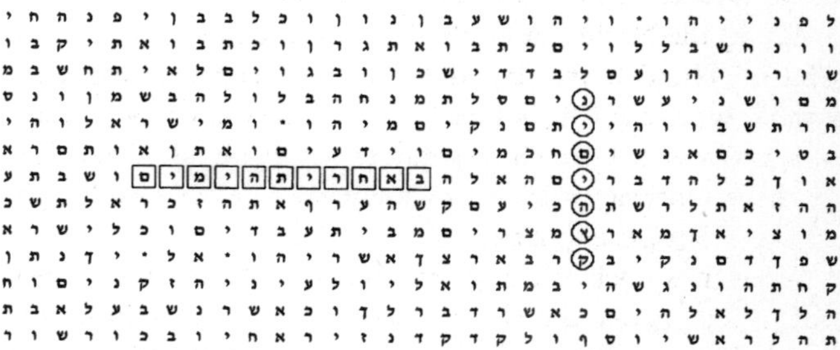

○ Ende der Tage □ am Ende der Tage

»Am Ende der Tage« taucht im Originaltext des Buchs Deuteronomium auf, als Moses auf dem Zug durch die Wüste zu den alten Israeliten spricht. In der unteren Tabelle sind diese Wörter horizontal angeordnet. Die zweite Verkündigung des »Endes der Tage« ist vertikal zu sehen und stammt aus den Worten Daniels. In der Thora ist sie jedoch an genau jener Stelle codiert, wo Moses vor grauenvollem Unheil in der Zukunft warnt. Die Wahrscheinlichkeit, dass diese beiden Phrasen in der Bibel *gemeinsam* auftauchen, beträgt weniger als eins zu einhundert.

Doch das war noch nicht alles.

Unmittelbar nach dem 4. Juli 2000 kündigte Präsident Clinton an, dass sich der israelische Premierminister, Ehud Barak, mit Palästinenserführer Jassir Arafat in Camp David zu Friedensgesprächen treffen werde. Jeder wusste, dass von diesen Gesprächen vieles abhing. Doch selbst diese drei Politiker hätten sich nie vorstellen können, *wie* bedeutend diese Phase dem Bibelcode zufolge war.

An der einzigen Stelle, wo die beiden biblischen Warnungen vor dem »Ende der Tage« stehen, taucht »Arafat« ohne jede Auslassung und vollständig im unverschlüsselten Text der Bibel rechts unterhalb von »am Ende der Tage« auf. Und »E. Barak« kreuzt ebenso vollständig und ohne Auslassungen die zweite im Code vorhandene Ankündigung des »Endes der Tage«.

Ich hatte Eli Rips diese Codetabelle bereits zwei Jahre zuvor gezeigt, 1998, also ein Jahr, bevor Barak zum Premierminister gewählt wurde. Auch als sich die Prophezeiung bewahrheitete

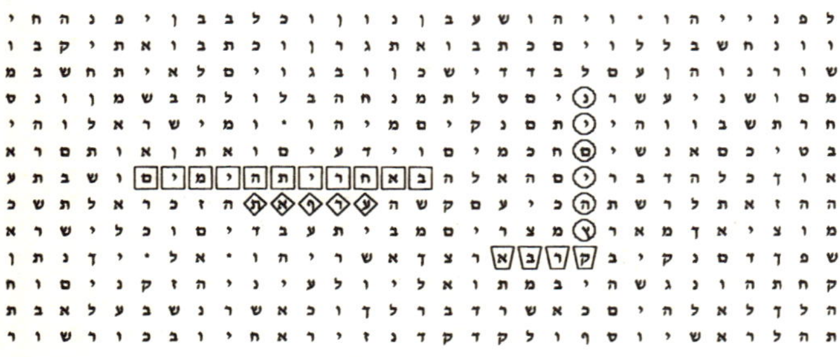

○ Ende der Tage □ am Ende der Tage ◇ Arafat ▽ E. Barak

und Barak neuer israelischer Premierminister wurde, konzentrierte sich Rips vorrangig auf Arafat. »Arafat ist alt und krank«, erklärte er. »Wenn er mit im Spiel ist, stehen wir bereits am Ende der Tage.«

Rips berechnete, wie groß die Wahrscheinlichkeit war, die Namen des israelischen und des palästinensischen Anführers gemeinsam an derselben Stelle aufzufinden, wo die Phrasen »Ende der Tage« und »am Ende der Tage« codiert waren. Diese Wahrscheinlichkeit lag bei weniger als eins zu 150 000.

Deshalb schickte ich Clinton unmittelbar nach der Ankündigung des Treffens einen Brief mit folgendem Inhalt: »Ich habe diesem Brief eine Ausgabe meines Buches *Der Bibel Code* beigelegt, da Ihre heutige Bekanntgabe des Gipfeltreffens zwischen Barak und Arafat in Camp David bestätigt, was der Code vorhersagte. (...) Es steht viel mehr auf dem Spiel, als Sie sich vielleicht vorstellen können. Die Alternative wird im Bibelcode in überdeutlichen Wörtern verkündet: das wahre Armageddon, ein atomarer Weltkrieg, der im Nahen Osten ausbricht.«

Als das Gipfeltreffen von Camp David erfolglos endete und eine neue Intifada begann, als General Ariel Scharon, der dem rechten Flügel angehört und ein erklärter Gegner des Friedensplans ist, israelischer Premierminister und George W. Bush neuer Präsident der Vereinigten Staaten wurde, bestätigte sich erneut, was der Bibelcode prophezeit hatte.

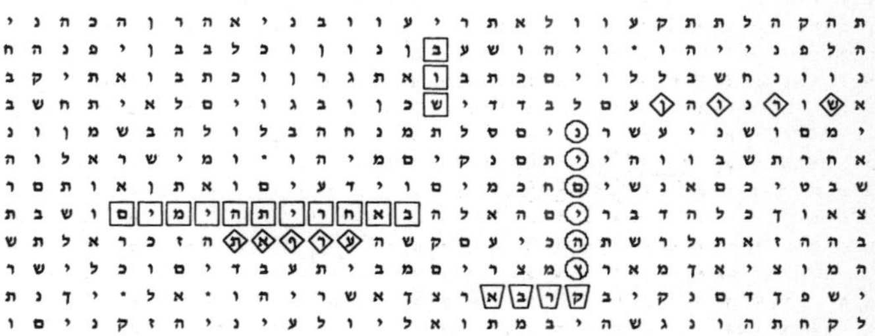

○ Ende der Tage □ am Ende der Tage ◇ Arafat ▽ E. Barak ◇ Scharon □ Bush

Nicht nur die beiden Wahlsiege waren vorhergesagt worden. »Bush« und »Scharon« waren auch gemeinsam mit »Arafat« und »Barak« genau an der Stelle codiert, an der sich die Eintragung »Ende der Tage« fand.

Erstaunt berechnete Dr. Rips die Auftrittswahrscheinlichkeit für diese Konstellation. Die Wahrscheinlichkeit, die Namen der vier führenden israelischen, palästinensischen und amerikanischen Politiker gemeinsam anzutreffen, und zwar zusammen mit den beiden biblischen Hinweisen auf das »Ende der Tage«, lag unter eins zu 500 000. Rips erklärte, dass sie sogar bei weniger als eins zu einer Million liegen könne, eine genaue Berechnung sei bei einer so komplexen Serie von Übereinstimmungen jedoch unmöglich.

»Ein Zufall ist jedenfalls absolut auszuschließen«, meinte er. »Die Anordnung wurde offensichtlich bewusst vorgenommen. Aus Sicht der Mathematik steht das einwandfrei fest. Das ist eine perfekte Tabelle, die sich eindeutig auf genau diesen Augenblick in der Menschheitsgeschichte bezieht.«

Alle diese Informationen standen seit mehr als 3000 Jahren geschrieben – die Namen zeitgenössischer politischer Machthaber waren gemeinsam mit alten Prophezeiungen codiert worden und warteten darauf, von uns in dem Moment entdeckt zu werden, da wir dieser Warnung bedurften. Der Bibelcode erklärte unmissverständlich und ohne jeden Zweifel – und dies mit einer überwältigend geringen Auftrittswahrscheinlichkeit –, dass wir in diesem Augenblick in der seit biblischen Zeiten vorhergesehenen Zeit der letzten Gefahr lebten.

Das »Ende der Tage«, die Apokalypse, war nun kein religiöser Mythos mehr, keine erschreckende Vision eines Albtraums, der nie Wirklichkeit werden würde, nicht mehr bloß Wörter in einem überlieferten Text. Die Apokalypse war nicht mehr längst vorüber oder weit entfernt.

Sie vollzog sich jetzt und hier.

Vor vier Jahren, im Oktober 1998, übergab ich meinem Anwalt Michael Kennedy, einem bekannten New Yorker Rechtsanwalt, einen versiegelten Brief, der im Jahr 2002 geöffnet werden sollte. Darin stand:

»Lieber Michael,
ich bin von zwei Dingen überzeugt:
1) dass der Bibelcode echt ist;
2) dass die Welt nicht auf die in ihm verborgenen Warnungen hören wird, bis es beinahe zu spät ist.«

Beim letzten Mal, als der gesamten Welt Gefahr drohte, war es nicht anders. Niemand wollte sich Hitler in den Weg stellen. Amerika verlor den Zweiten Weltkrieg beinahe, weil es Jahre zu spät in den Krieg eintrat. Nun versuchte ich, die Welt vor einer bedeutend größeren Gefahr zu warnen, wobei die Quelle dieser Warnung selbst mir bizarr erschien – ein Code in der Bibel ...

»Der Code stellt sämtliche konventionellen westlichen Wirklichkeitsvorstellungen in Frage«, fuhr ich in dem Brief fort. »Obwohl Newton überzeugt war, dass man die Zukunft im Vorhinein wissen könne und dass ein Code in der Bibel diese Zukunft enthülle, und obwohl ein führender Kryptoanalytiker des amerikanischen Geheimdienstes die israelische Entdeckung bestätigte, wird die Existenz dieses Codes nach wie vor nicht uneingeschränkt anerkannt.

Selbst die Tatsache, dass der Code mit den Vorhersagen der Ermordung von Rabin ebenso wie des Golfkriegs und anderer bedeutender Weltgeschehnisse Recht behielt, hat die Skeptiker nicht vollkommen überzeugt.

Premierminister Peres und der Leiter des israelischen Geheimdienstes Mossad waren zu einem Treffen mit mir bereit. Die meisten Regierungschefs werden jedoch die Warnungen so lange nicht beachten, bis sich weitere Prophezeiungen erfüllen.

Aus diesem Grund lege ich die wichtigsten Vorhersagen schriftlich nieder als Beweis, dass diese Prophezeiungen im Vorhinein gefunden wurden.

Zu den Warnungen, die mit größter Deutlichkeit im Code erscheinen, zählen die folgenden:

a) Der Welt steht ein weltweiter ›wirtschaftlicher Zusammenbruch‹ bevor, der im hebräischen Jahr 5762 einsetzt (2002 nach dem modernen Kalender).

b) Diese Krise wird zu einer Periode noch nie da gewesener Gefahr führen, da es gleichzeitig zu Destabilisierungen in mehreren Atomnationen kommt, was es Terroristen erleichtert, Waffen zu kaufen oder zu stehlen, die die Schlagkraft besitzen, ganze Städte zu vernichten.

c) Die Gefahr wird im hebräischen Jahr 5766 (2006 nach dem modernen Kalender) ihren Höhepunkt erreichen. Dieses Jahr ist am deutlichsten mit den beiden Vorhersagen ›Weltkrieg‹ und ›atomarer Holocaust‹ angeführt.«

Nachdem ich am 11. September 2001 den Terroranschlag auf die Zwillingstürme des World Trade Center mitangesehen und eine eindeutige, verschlüsselte Eintragung dieses Ereignisses im Bibelcode gefunden hatte, nahm ich meine Kopie dieses versiegelten Briefes zur Hand.

Als ich sie las, war ich erschüttert.

Der Einsturz des World Trade Center, des bedeutendsten Symbols der amerikanischen Wirtschaftsmacht, und der Angriff auf das Pentagon, das herausragende Symbol der militärischen Macht der USA, ließen die vorhergesagten Gefahren allzu wirklich erscheinen.

Am 17. September, einen Tag vor Beginn des hebräischen Jahres 5762, das gemeinsam mit »Wirtschaftskrise« codiert war, öffnete die Börse zum ersten Mal seit dem 11. September. Der Dow Jones fiel um 684 Punkte. Dieser größte Verlust in der Geschichte bildete den Auftakt zu einer Woche, in der die Börse ihren schlimmsten Crash seit der großen Depression von 1929 erlebte.

Die erste Prophezeiung des Bibelcodes war bereits Wirklichkeit geworden.

Ich befürchtete, dass eine neue Depression zu einem Dritten Weltkrieg führen könnte, so wie die Wirtschaftskrise der Dreißigerjahre des 20. Jahrhunderts den Aufstieg von Hitler begünstigt und zum Zweiten Weltkrieg geführt hatte.

Die Begriffe »Weltkrieg«, »atomarer Holocaust« und »Ende der Tage« waren gemeinsam mit der hebräischen Zeitangabe »im Jahr 5766« (also 2006) codiert. Ich überprüfte jedes Jahr unseres Jahrhunderts und nur 2006 erschien mit allen drei Warnungen. Dies war ein eindeutiger Hinweis darauf, dass uns möglicherweise in nur vier Jahren der Dritte Weltkrieg bevorsteht.

Als ich Dr. Rips meine Entdeckung mitteilte, berechnete er die Wahrscheinlichkeit für diese Konstellation auf dem Großrechner der Hebräischen Universität. Er kontrollierte 100 000 willkürlich gewählte Texte, um festzustellen, ob die angekündigten weltweiten Bedrohungen zufällig auch an irgendeiner anderen Stelle als in der Bibel mit derselben Jahresangabe erschienen. »Das Ergebnis ist eins zu 100 000«, berichtete Rips. »Ich habe in 100 000 Probetexten nachgesucht, aber diese Worte tauchen nur in der Bibel gemeinsam auf. Das kann kein Zufall sein. Irgendjemand hat diese Warnung absichtlich in der Thora niedergelegt.«

Ein Zweifel war nicht möglich. Ein normaler Test liegt bei eins zu 100. Eins zu 1000 ist die höchste statistische Anforderung, die Mathematiker stellen. Ein Ergebnis von eins zu 100 000 bietet absolute Sicherheit.

Dem Bibelcode zufolge könnte uns im Jahr 2006 tatsächlich die größte Bedrohung der Menschheit, ein atomarer Weltkrieg, bevorstehen.

Der Zweite Weltkrieg endete mit einer Atombombe, der Dritte könnte mit einer Atombombe beginnen. Heute verfügt die Menschheit über mindestens 50 000 Atomwaffen – von

○ Weltkrieg □ in 5766/2006

Artillerienuklearraketen bis hin zu mit Mehrfachsprengköpfen bestückten ballistischen Raketen. Sie sind über die gesamte Welt verstreut und jede Einzelne ist in ihrer Zerstörungskraft mächtiger als die Bombe von Hiroshima.

»Atomarer Holocaust« ist einmal mit »1945« codiert, dem Jahr, in dem die Bombe über Hiroshima abgeworfen wurde, und ein zweites Mal mit »2006«.

○ atomarer Holocaust □ in 5766/2006

Wenn der Bibelcode Recht behält, könnte in wenigen Jahren ein Krieg ausbrechen, der mit Massenvernichtungswaffen geführt wird, wie sie weltweit noch nie in einem Krieg eingesetzt worden sind. Damit wäre es möglich, die gesamte Welt innerhalb weniger Stunden zu vernichten. Das wäre das wahre »Ende der Tage«.

Statt eines Atomkriegs zwischen Supermächten, also jenes Konflikts, den wir alle während des Kalten Kriegs gefürchtet hatten, könnte der Welt eine neue Bedrohung bevorstehen – mit Atomwaffen ausgerüstete Terroristen. »Terrorismus« ist gemeinsam mit »Weltkrieg« codiert und das arabische Wort für Selbstmordattentäter, »Shahid«, erscheint an genau derselben Stelle, ebenso wie »Krieg bis zum Ende«.

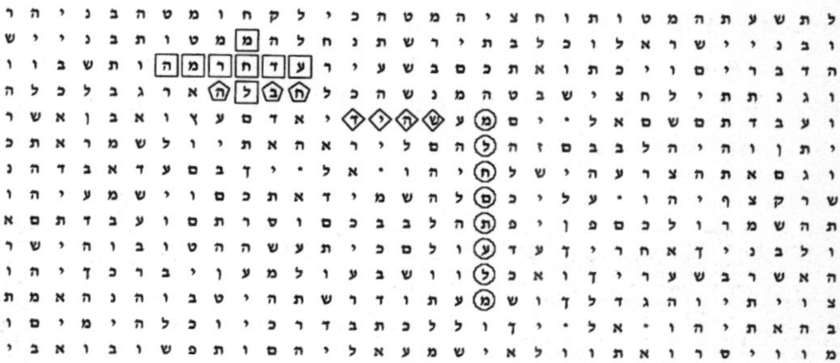

○ Weltkrieg ⬠ Terrorismus ◇ Selbstmordattentäter □ Krieg bis zum Ende

Religiöse Fanatiker, mit Massenvernichtungswaffen ausgerüstete Terroristen, Männer, die sich in göttlicher Mission wähnen – sie bilden die gefährlichste, in der Bibel codierte Bedrohung. Was am 11. September geschah, ist möglicherweise der Beginn, nicht das Ende.

Der versiegelte Brief, den ich meinem Rechtsanwalt 1998 übergab, ließ jedoch auch Raum für Hoffnung, und selbst nach den Ereignissen vom 11. September 2001 bin und bleibe ich Optimist. Der weitere Text lautete:

»Der Bibelcode verkündet uns jedoch alle möglichen Zukunftsaussichten, nicht nur eine vorbestimmte Zukunft. So sind wir imstande, den Kurs zu ändern und die gefährlichste Bedrohung abzuwenden.

Ich bin davon überzeugt, dass der Bibelcode existiert, um uns zu schützen, und dass er genau in diesem Augenblick der Menschheitsgeschichte entdeckt wurde, damit wir rechtzeitig von der drohenden Gefahr erfahren.

Aus diesem Grund hinterlege ich im Jahr 1998 bei dir diese versiegelte Zeitkapsel, damit sie im Jahr 2002 geöffnet wird und uns auf das Jahr 2006 vorbereitet.«

Als ich diese Zeilen schrieb, hatte ich bereits begonnen, nach einer weiteren Botschaft zu suchen, die in einer längst vergangenen Zeit versiegelt worden war. Vermutlich ist dies die Botschaft, die wir finden müssen, wenn wir überleben wollen.

Kapitel zwei

Der Schlüssel zum Code

Im Dämmerlicht des Morgens begann die Wüste zu beben und ein fürchterlicher Donnerschlag ertönte. Erschreckt liefen die Menschen aus ihren Zelten und starrten voll Entsetzen zu dem Berg, der sich vor ihnen erhob. Seine Spitze war in helles weißes Licht getaucht, als stünde der Gipfel in Flammen.

Plötzlich ließ sich aus dem Nichts eine Stimme vernehmen: »Moses, komm herauf zu mir auf den Berg.«

Dies geschah im Jahr 1200 v. Chr. Moses stieg auf den Berg Sinai, wo er, dem Originaltext der Bibel zufolge, »den Gott Israels sah. Unter seinen Füßen war es wie eine Fläche von Saphir«.

Die Legende besagt, dass Gott die ursprünglichen Worte der Bibel auf diesen »Saphir« schrieb. Und obwohl der Stein so hart war wie Diamant, ließ er sich wie eine Schriftrolle zusammenrollen. Dieser Saphir war von tiefstem Blau und gleichzeitig durchscheinend. In der Bibel heißt es, der Stein sei gewesen »wie der Himmel, wenn es klar ist«.

Als ich eines Abends in meinem Loft in New York diese Bibelpassage las, fiel mir zum ersten Mal auf, dass die erste Niederschrift der Bibel auf »Saphir« erfolgt war. Augenblicklich fragte ich mich, ob dieses eigenartige Detail den Schlüssel zum Bibelcode barg.

Ich überlegte: Wenn es in der Bibel tatsächlich einen Code gab, der die Zukunft enthüllte, musste sich doch in jener Erzählung, in der Gott Moses auf dem Berg Sinai die Bibel übergab, deren Worte er in Saphir geritzt hatte, ein Hinweis darauf finden.

Deshalb untersuchte ich den Text wieder und wieder. Schließlich stieß ich auf eine Spur. Im Hebräischen lautet das Wort für Buch »ßéfer« und wird mit denselben drei Schriftzeichen geschrieben wie »Saphir«, vielleicht weil das erste Buch, die Bibel, in diesen Stein geritzt wurde. Dann sah ich, dass »Saphir« gleichzeitig »zählbar« bedeutete – was darauf schließen ließ, dass sich in der Bibel von Beginn an ein mathematischer Code verbarg. So suchte ich nach einem komplexen Zahlenschema, doch ohne Erfolg.

Plötzlich fiel mir etwas sehr Banales auf. Im Hebräischen, der Originalsprache der Bibel, ergibt sich aus dem Wort »Saphir«, wenn man es rückwärts buchstabiert, »Rips«.

ספיר = ריפס

Saphir = Rips

Elijahu Rips wurde in der Bibel genau in jener Erzählung namentlich genannt, in der Gott vom Himmel auf den Berg Sinai herabstieg. Mir stockte der Atem. Der Code in der Bibel, den Dr. Rips entdeckt hatte und der die Zukunft enthüllte, sagte auch ihn selbst voraus. Der Name des tiefblauen Edelsteins, des »Saphirs«, auf dem die Bibel in ihrer ursprünglichen Form niedergeschrieben worden war, kündigte jenen Wissenschaftler an, der den Code 3000 Jahre später finden sollte.

Es war gewiss kein Zufall, dass »Saphir« rückwärts gelesen »Rips« ergab. Die Spiegelschrift hatte im Altertum eine lange Tradition. In der Bibel selbst heißt es, dass man sie rückwärts lesen müsse, um in die Zukunft zu blicken. Jesaja, der Erste der Propheten, erklärte: »Verkündigt uns, was hernach kommen wird«, was sich ebenso mit »Sie verkündigten die Zukunft rückwärts« oder »Verkündigt die Buchstaben rückwärts« übersetzen lässt.

Jeglicher Zweifel war ausgeschlossen. Rips war in der Bibel in Spiegelschrift namentlich erwähnt. Doch nicht nur das: Auch seine Leistung wurde eindeutig angeführt. Denn der hebräische Ausdruck für »Saphir-Stein« ergibt rückwärts gelesen »Rips prophezeite«.

אבן ספיר = ריפס נבא

Saphir-Stein = Rips prophezeite

Ich flog erneut nach Israel, um mich mit Eli Rips zu treffen. Dies war unsere erste Zusammenkunft, seit mein Buch veröffentlicht worden war und den Bibelcode in aller Welt bekannt gemacht hatte – und seit wir im Zentrum einer globalen Auseinandersetzung standen.

Existierte tatsächlich ein Code in der Bibel, der die Zukunft vorhersagt? Hatten wir wirklich den ersten Beweis dafür entdeckt, dass wir »nicht allein« waren? War dies eine neue Offenbarung? Bewies sie die Existenz Gottes?

Ich hatte gehofft, all dem entkommen zu können, da ich nicht an Gott glaube. Außerdem schien der Bibelcode grauenvolle Gefahren zu prophezeien, vielleicht sogar die wahre Apokalypse, das Ende der Welt in Katastrophe und Zerstörung. Auch daran wollte ich nicht glauben. Nun hatte ich jedoch plötzlich neue Beweise dafür, dass der Code wirklich existierte. Beweise, die ich nicht einfach ignorieren konnte. Jener Mann, der den Code entdeckt hatte, war in der Bibel genau an der Stelle namentlich genannt, wo Gott Moses die Bibel übergibt. Dies ist der einzige Vers in der Bibel, in dem sich Gott tatsächlich zeigt.

Wenn der Code echt war, traf das auch auf die vorhergesagten Gefahren zu. Ich *musste* den Wissenschaftler aufsuchen, der den Code entdeckt hatte und darin genannt wurde, jenen Mann, der vielleicht imstande war, den Countdown zum Armageddon anzuhalten.

Im Jahr 1998, kurz vor Schawuot, dem jüdischen Feiertag, an dem jenes Augenblicks im Jahr 1200 v. Chr. gedacht wird, als Gott vom Himmel auf den Berg Sinai herabstieg, zeigte ich Eli

Rips, dass sich sein Name in eben diesem Vers der Bibel fand. Rips war keineswegs überrascht, doch er blieb bescheiden wie immer. »Das ist nicht erstaunlicher als andere Aspekte des Codes«, sagte er. »Wenn die Bibel das Wissen der gesamten Welt enthält, dann enthält sie auch Informationen über jeden Einzelnen von uns und unsere Auseinandersetzung mit ihr.«

Rips nahm ein Buch aus dem Regal und las mir erneut die Worte des Gelehrten Genius von Wilna aus dem 18. Jahrhundert vor, die er bereits bei unserem ersten Treffen zitiert hatte: »Alles, was war, ist oder bis ans Ende aller Zeiten sein wird, findet sich zwischen dem ersten und letzten Wort der Thora, die nicht nur allgemeine Ereignisse, sondern Einzelheiten über jede Spezies und jedes Lebewesen, über jede Begebenheit vom ersten Tag der Geburt bis zum Tod enthält.«

Rips bestand jedoch darauf, dass er kein Prophet sei. »Die Bibel erklärt unmissverständlich, dass ein Prophet seine Informationen direkt von Gott erhalte«, meinte er.

Obwohl ich nicht an Gott glaubte, hatte Rips etwas an sich, das mich drängte, ihm eine Frage zu stellen: »Ist es möglich, dass der Bibelcode genau diese Art von Kommunikation ist? Spricht Gott durch den Code vielleicht direkt zu Ihnen?«

Rips wies die Möglichkeit von sich, dass er in irgendeiner Weise einzigartig sei. Stattdessen meinte er, dass Gott und der Code zu jedem einzelnen Menschen sprächen. »Man muss nur nach dem ›Hilfe-Knopf‹ suchen«, sagte er.

So bescheiden Rips auch war, es stand unzweifelhaft fest, dass er vor 3000 Jahren im verschlüsselten Text der Bibel als jener Mann genannt worden war, der den Code entdecken würde. Zusätzlich zu den Wörtern »Saphir-Stein«, die rückwärts »Rips prophezeite« ergaben, kreuzten einander ebenfalls an der Stelle, wo »Saphir« codiert war, die Eintragungen »Russe« und »er wird berechnen«.

Rips war in den Siebzigerjahren des 20. Jahrhunderts aus Russland nach Israel gekommen. Ein weltweiter Protest, vom

Präsidenten der Amerikanischen Mathematischen Gesellschaft angeführt, hatte bewirkt, dass er aus der politischen Haft in der Sowjetunion frei kam. »Rips« war der »Russe«, der den Code »berechnen wird«. Außerdem kreuzten einander in derselben Tabelle die Phrase »er automatisierte« und die Eintragung »er prophezeite«.

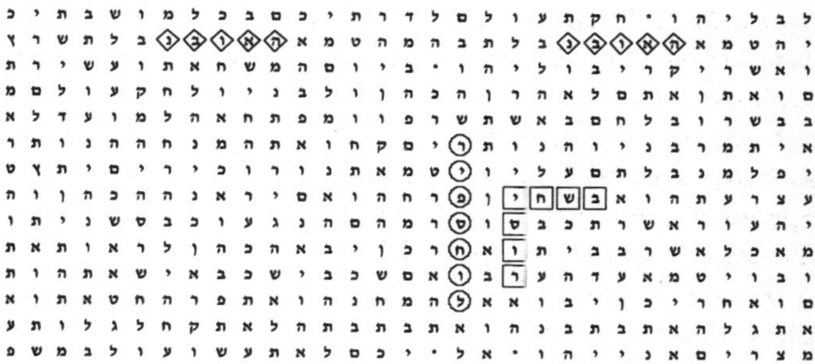

○ Saphir/Rips □ Russe/er wird berechnen ◇ Prophezeiung

Endgültig überzeugt waren wir, als wir uns die Stelle im Bibelcode ansahen, an der »Decoder« erschien. Wir suchten sie auf Rips' Computer. »Decoder« kreuzte sich mit »Saphir« und »Stein«, jenen beiden Wörtern, die rückwärts »Rips prophezeite« bedeuteten. Zusätzlich überschnitten einander die Begriffe »Decoder« und »Code« an eben dieser Stelle.

○ Decoder ◇ Rips ◇ prophezeite □ Code

Rips schwieg einen Augenblick und überprüfte die Wörter auf seinem Monitor noch einmal. »Wenn wir von dem Gedanken ausgehen, dass die gesamte Wirklichkeit codiert ist, dann sollten wir auch akzeptieren, dass jeder von uns einen Platz im Code hat«, sagte er endlich. »Das theoretisch zu wissen ist eine Sache. Eine so spezifische Anordnung zu finden, das ist jedoch wesentlich beeindruckender. Technisch betrachtet ist das eine wirklich großartige Entdeckung.« Das war typisch Rips. Wie immer konzentrierte er sich vorrangig auf die mathematische Bedeutung dieser Anordnung statt auf die außergewöhnliche Tatsache, dass er in dem Code eindeutig als der Mann genannt wurde, der ihn entdecken würde.

Schließlich gestand Rips ein, was er vor mir zu verbergen versucht hatte: »Da ich weiß, dass der Codierer der Schöpfer des Universums ist, erfüllt mich diese neue Erkenntnis mit tiefer Ehrfurcht.«

Selbst wenn Elijahu Rips nicht als Decoder des Bibelcodes vorgesehen gewesen sein sollte, war er doch zumindest prophezeit worden.

Im überfüllten Arbeitszimmer seines Hauses in Jerusalem stellte ich Rips die Frage, ob wir je in der Lage sein würden, den Bibelcode in seiner Gesamtheit zu sehen. »Dazu fehlt uns der Schlüssel«, antwortete er. »Selbst mit den schnellsten und stärksten Computern unserer Zeit können wir seine Geheimnisse nicht enträtseln. Ich glaube daran, dass die Thora das Wort Gottes ist und dass in ihr alles verzeichnet steht. Warum oder zu welchem Zweck das so ist, werden wir aber erst wissen, wenn wir den Schlüssel zum Code gefunden haben.«

Rips erklärte, dass der Bibelcode einem gigantischen Puzzle gleiche, von dem uns erst eine Hand voll Teilchen vorlägen. Möglicherweise wolle Gott nicht, dass wir ihn in seiner Gesamtheit sähen, meinte er. »Vielleicht wählt der Code aus, welchen Teil er preisgibt, und zeigt uns eine Information, während er uns eine andere vorenthält.«

»Aber der Code offenbart, dass im Jahr 2006 vielleicht das Ende der Welt bevorsteht«, erinnerte ich ihn. »Wir brauchen alle Teile des Puzzles, und zwar jetzt. Wir müssen handeln, bevor es zu spät ist.«

»Jedes Stück ist Teil eines Ganzen, das wir nicht sehen können«, meinte Rips. »Daher ist jedes Eingreifen anmaßend.«

Ich rief ihm in Erinnerung, dass die Wörter »Weltkrieg«, »atomarer Holocaust« und »Ende der Tage« gemeinsam mit der Jahreszahl 2006 codiert waren, dass wir jedes Jahr innerhalb der nächsten einhundert Jahre überprüft hatten und nur ein einziges Jahr eindeutig codiert war – und dass wir uns von allen Städten der Welt gerade in jener befanden, die als Ausgangspunkt der Gefahr genannt wurde: Jerusalem.

»Wir alle sind in Gottes Hand«, gab Rips zur Antwort.

»Aber glauben Sie, dass wir den Bibelcode je vollständig sehen werden?«, fragte ich beharrlich weiter.

»Nur wenn wir den Schlüssel finden«, meinte Rips.

Der Schlüssel. Während meines Aufenthalts in Israel kreisten meine Gedanken ständig um diesen Schlüssel. Eines Nachts fuhr ich den Laptop hoch und suchte im Bibelcode nach »Codeschlüssel«. Viermal tauchte diese Eintragung auf. Zweimal kreuzte »Codeschlüssel« ein seltsames hebräisches Wort, das

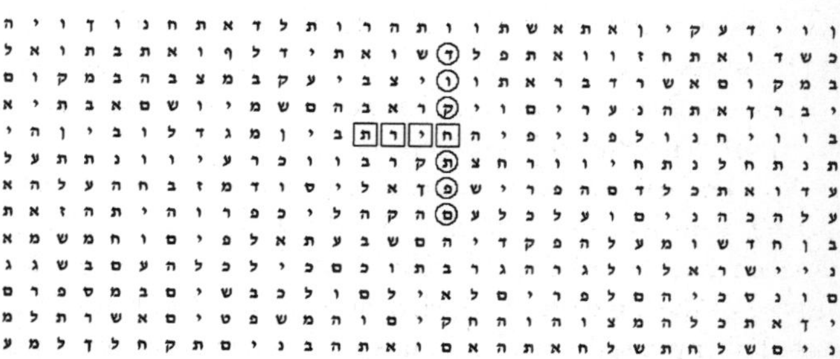

○ Codeschlüssel □ Obelisken

ich nicht kannte und das sich auch nicht in meinem Wörterbuch fand. Aber in der letztgültigen hebräischen Version war es mit »Obelisken« übersetzt.

Obelisken. Das hatte ich nicht erwartet. Ich wusste natürlich, was Obelisken waren – hoch aufragende Steinsäulen, die sich pyramidenförmig verjüngten. In Ägypten gab es Obelisken von mehr als dreißig Metern Höhe, die noch immer aufrecht standen. Auch in Rom, London und Paris fand man Obelisken, die die jeweiligen Eroberer vor langer Zeit aus Ägypten in ihre Heimat verschifft hatten. Sogar in New York hatte ich einen 3600 Jahre alten Obelisken gesehen, dessen gemeißelte Hieroglyphen von den Taten eines alten Pharaos erzählten.

Dieser Hinweis auf antike Steinsäulen entsprach keineswegs dem, was ich zusammen mit »Codeschlüssel« zu finden erwartet hatte. Ich hatte mir vorgestellt, auf eine mathematische Formel oder eine Reihe von Anweisungen zu stoßen, aber nicht auf einen Gegenstand, geschweige denn einen Obelisken.

Beide Male tauchte »Obelisken« als Teil der Phrase »Mund der Obelisken« auf, was darauf schließen ließ, dass es sich um keine gewöhnlichen Steinsäulen handelte, sondern um eine Art Orakel, und dass diese Säulen die Zukunft verkündeten und vielleicht sogar tatsächlich sprachen.

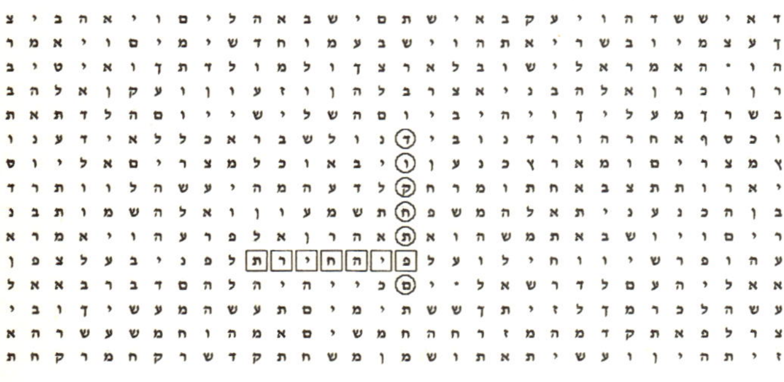

○ Codeschlüssel □ Mund der Obelisken

Ich konnte kaum glauben, was ich da entdeckt hatte. Ein Zufall war ausgeschlossen. »Obelisken« war zweimal gemeinsam mit »Codeschlüssel« codiert und die beiden Ausdrücke kreuzten einander sogar. Das waren zwei vollständige Übereinstimmungen, und dies jeder Wahrscheinlichkeit zum Trotz.

Rips unterzog die Daten auf einem der leistungsstarken Computer der Hebräischen Universität einer Überprüfung und schickte mir das Ergebnis seiner Berechnungen per E-Mail: »Die Wahrscheinlichkeit für ein Aufeinandertreffen von ›Codeschlüssel‹ und ›Mund der Obelisken‹ liegt unter eins zu einer Million. Meinen Glückwunsch!«

Später teilte mir Rips mit, dass dies das beste Resultat war, das er je erhalten hatte. »In der Geschichte der Codeforschung hatte keine andere Paarung eine so geringe Auftrittswahrscheinlichkeit. Zwei vollkommene Übereinstimmungen sind sicher kein Zufall. Das ist Absicht. Aus mathematischer Sicht steht das zweifelsfrei fest.«

An beiden Stellen des unverschlüsselten Bibeltextes, an denen »Obelisken« und »Codeschlüssel« einander trafen, tauchte zudem eine weitere Phrase auf: »Herr des Codes«.

Herr des Codes ... Im Hebräischen enthielten diese Wörter möglicherweise eine weitere Bedeutung – war dies der biblische Ausdruck für »Codierer«? Alles passte perfekt.

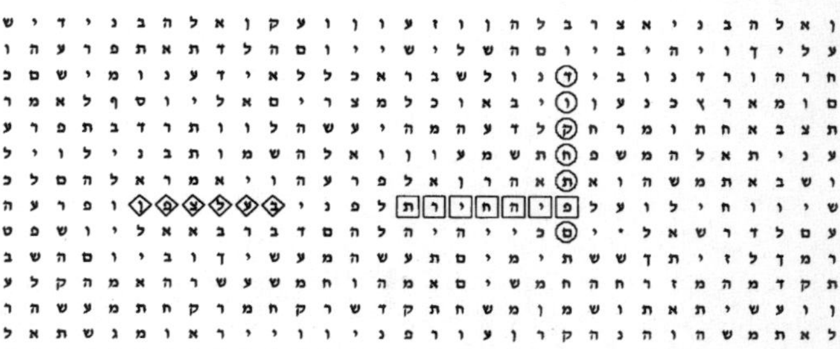

○ Codeschlüssel □ Mund der Obelisken ◇ Herr des Codes

Dann entdeckte ich, dass an der Stelle, wo »Herr des Codes« verschlüsselt war, der unverschlüsselte Text der Bibel erzählte, dass Gott auf den Berg Sinai hinabstieg und Moses die auf Saphir niedergeschriebene Bibel übergab. Es war genau jener Vers, der »Rips« als den Wissenschaftler identifizierte, der den Code entdeckt hatte.

Als wäre das nicht genug, kreuzte das Wort »Obelisken« in der Tabelle die Eintragung »Objekt vom Himmel« aus dem unverschlüsselten Text.

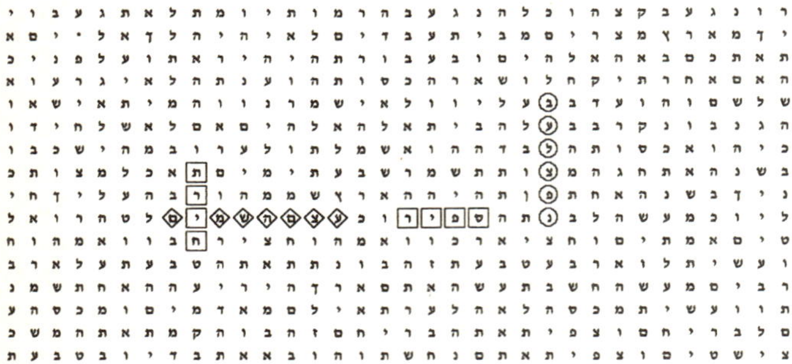

○ Herr des Codes □ Saphir/Rips ◇ Objekt vom Himmel □ Obelisken

Nun machte ich mich auf die Suche nach einem alten Kommentar, der mir Auskunft über diese »Obelisken« geben würde. In einem 1700 Jahre alten jüdischen Text, dem *Midrasch*, fand ich eine Bestätigung für die Eintragung im Bibelcode: »Was waren diese ›Obelisken‹? Sie waren nicht das Werk des Menschen, sondern das Werk des Himmels.«

Eine außergewöhnliche Aussage. Die älteste zuverlässige Quelle erklärte eindeutig, dass die »Obelisken« nicht von diesem Planeten stammten, sondern vielleicht sogar aus einem anderen Reich. Aber das war noch nicht alles. Der Midrasch besagte zudem, dass sie menschenartig waren: »Sie besaßen Augen wie Fenster und waren wie Mann und Frau.« Der alte

Text behauptete nicht, dass sie lebendig gewesen seien, aber er verwies darauf, dass sie sehen, vielleicht sogar sprechen konnten. Er schien zu sagen, dass die Obelisken zumindest Vertreter einer Lebensform und möglicherweise nicht von dieser Welt waren.

Erneut traf ich mich mit Eli Rips. Ihn überraschte es keineswegs, dass die Obelisken nicht von dieser Welt waren, denn er ging davon aus, dass der Bibelcode und die Bibel selbst aus einem anderen Reich stammten, nämlich von Gott. Ich erzählte ihm, dass ich erwartet hatte, auf eine mathematische Formel zu stoßen, aber nicht auf eine Steinsäule, einerlei ob aus dieser oder einer anderen Welt. »Vielleicht sind sie beides«, meinte Rips.

Er erklärte, dass im Hebräischen das Wort »Schlüssel« gleichzeitig »eingraviert« bedeutet. Daher lässt sich »Codeschlüssel« auch als »eingravierter Code« übersetzen. Nun ergab es einen Sinn, dass sich »Codeschlüssel« zweimal mit »Obelisken« kreuzte. Vielleicht war dies ein Hinweis darauf, dass der Schlüssel, den wir suchten, auf steinernen Säulen eingraviert war.

Deshalb suchten wir in seinem Computer nach »mathematischer Schlüssel« und fanden einen solchen Eintrag. Dann ent-

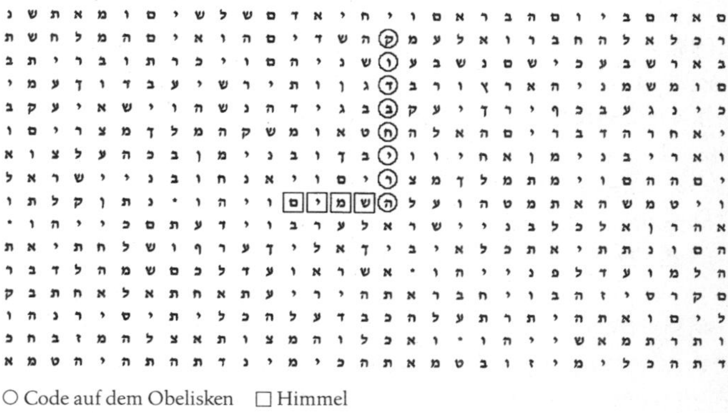

○ Code auf dem Obelisken □ Himmel

deckten wir etwas Außergewöhnliches: Die Wörter »mathematischer Schlüssel« erschienen gemeinsam mit jenem Vers aus dem Buch Exodus, in dem Gott auf den Berg Sinai herabstieg und die ursprüngliche Bibel in Saphir niederschrieb. Wieder waren wir auf »Saphir« gestoßen, das rückwärts »Rips« ergibt.

Daraufhin suchten wir nach »Code auf dem Obelisken«. Diese Wörter tauchten in der Bibel einmal gemeinsam mit »Himmel« auf.

Schließlich suchten wir nach der ersten verschlüsselten Eintragung von »Bibelcode«, die wir vor vielen Jahren entdeckt hatten und die in der Bibel selbst die Existenz des Codes bestätigt. »Obelisk« kreuzte »Bibelcode«.

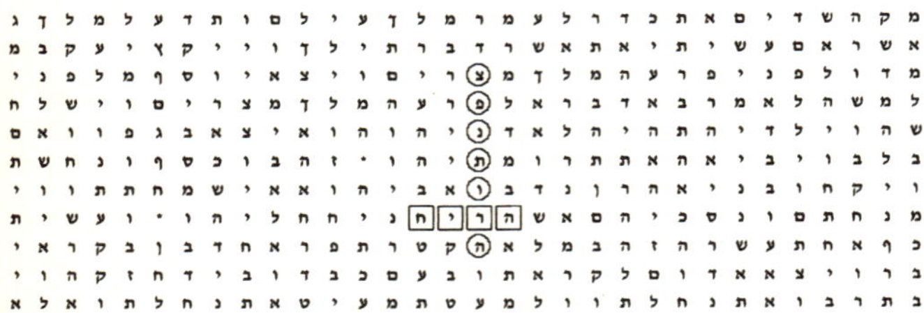

○ Bibelcode □ Obelisk

Wir waren verblüfft. Diese Anordnung schien eine Bestätigung dafür zu sein, dass es zumindest in längst vergangener Zeit Obelisken gegeben hatte, die die verlorenen Geheimnisse des Bibelcodes enthalten hatten.

Wenn es tatsächlich einen durchschlagenden Beweis für den Bibelcode gab, nämlich in Form eines körperlichen Gegenstandes, der möglicherweise den Schlüssel enthielt, den wir benötigten, um den Code in seiner Gesamtheit zu sehen, hätte dies selbstverständlich eine weitreichende Bedeutung. Denn das wäre der erste unumstößliche Beweis dafür, dass wir im Universum nicht allein sind.

Wenn vor tausenden Jahren mithilfe einer höher entwickelten Wissenschaft, als wir sie heute kennen, Obelisken mit einem mathematischen Codeschlüssel versehen wurden, dann muss dies das Werk einer weiter entwickelten Zivilisation sein – und wenn sie nicht direkt vom »Himmel« stammte, dann zumindest von außerhalb unserer Welt.

Kein menschliches Wesen hätte vor tausenden Jahren oder heute den Bibelcode erschaffen können. Dafür ist unsere Wissenschaft nach wie vor zu primitiv. Und kein Mensch ist imstande, über die Zeit nach vorn zu sehen.

Wenn es uns gelänge, die »Obelisken« zu finden, besäßen wir damit nicht nur den Schlüssel für den Code und könnten unsere gesamte Zukunft überblicken. Wir hätten damit auch Hinweise auf unsere im Verborgenen liegende Vergangenheit. Vielleicht würde er uns die Identität des »Herren des Codes« offenbaren, des Codierers. Vielleicht sogar die wahre Identität von »Gott«. Doch wo befanden sich diese »Obelisken«?

Als ich 1998 kurz vor Thanksgiving nach Israel flog, betrachtete ich die verblüffende Eintragung erneut, in der sich »Bibelcode« mit »Obelisk« kreuzte. Plötzlich sah ich, dass der unverschlüsselte Bibeltext am Kreuzungspunkt von »Obelisk« und »Bibelcode« eine genaue Ortsangabe enthielt: »im Tal Siddim«.

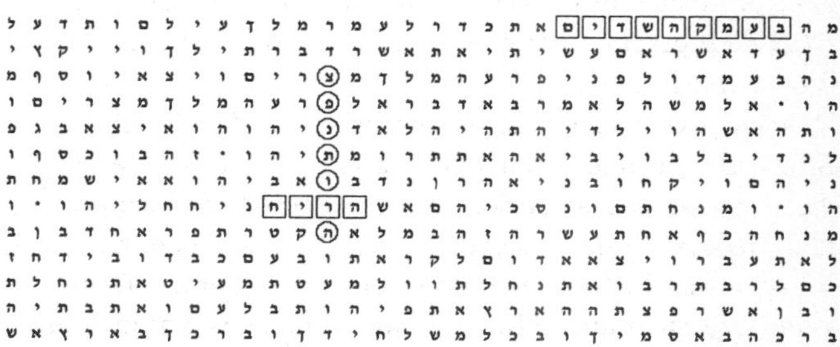

○ Bibelcode □ Obelisk □ im Tal Siddim

Ich erinnerte mich, diese Ortsbezeichnung schon einmal gesehen zu haben. Sobald ich sie auf meinem Laptop suchte, fand ich sie – »Code auf dem Obelisken« kreuzte sich ebenfalls mit »Tal Siddim«.

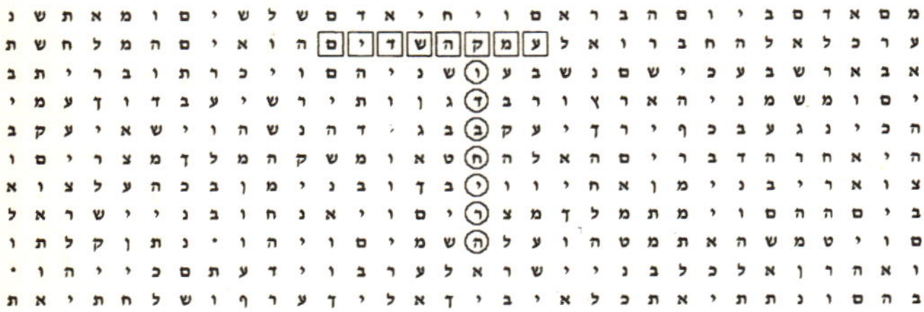

○ Code auf dem Obelisken □ Tal Siddim

Der Hinweis fand sich im unverschlüsselten Text der Bibel in der Erzählung von Abraham. Die gesamte Phrase aus der Genesis 14,3 enthüllte sogar die genaue Lage des Tals: »das Tal Siddim, wo nun das Salzmeer ist«. Das Tote Meer ist allen wohl bekannt. Es befindet sich zwischen Israel und Jordanien und ist aufgrund seiner Lage als Binnenmeer so salzig, dass darin nichts zu leben vermag.

Das Tal Siddim fand sich jedoch auf keiner modernen Karte. Ich überprüfte Landkarten biblischer Orte, doch auch dort war das Tal nicht angeführt. Mein einziger Hinweis blieben die Worte in der Genesis. Kein Wissenschaftler unserer Zeit wusste mehr darüber.

Manche spekulierten, dass das Tal Siddim nicht in der Nähe des Toten Meeres liege, sondern möglicherweise von diesem überflutet worden sei. Eines stand jedoch fest: Es war offenbar bereits in Vergessenheit geraten, als die Bibel vor mehr als 3000 Jahren niedergeschrieben worden war.

Das Tal war so alt, dass seine genaue Lage zur Zeit der Niederschrift der Genesis durch einen Verweis auf das Meer angegeben werden musste, das es damals bereits bedeckte – bevor die Bibel existierte.

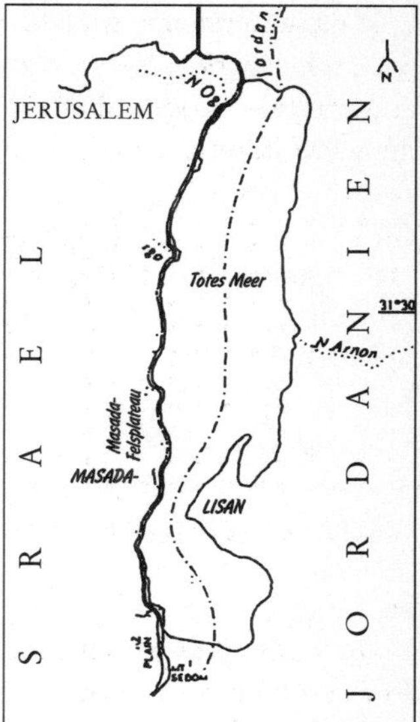

Daraufhin befragte ich Rabbis und Bibelgelehrte. Das Tal Siddim wurde in einem 2000 Jahre alten Midrasch, einem Kommentar zur Bibel, erwähnt. Raschi, der berühmteste jüdische Kommentator, der im mittelalterlichen Frankreich gelebt hatte, sagte, das Tal sei einst üppig grün und mit Obstbäumen bepflanzt gewesen. Vor langer Zeit habe das Mittelmeer das Tal überflutet und auf diese Weise das Tote Meer geschaffen, das es bedecke. Doch weder alte Gelehrte noch heutige Wissenschaftler kannten seine genaue Lage.

Deshalb traf ich mich mit dem israelischen Geologen David Neev, dem führenden Naturwissenschaftler und Experten für die Region des Toten Meeres. »Fassen wir zusammen, was wir aus der Genesis wissen«, begann Neev. »Das Tal wird in der Bibel eindeutig als das Tote Meer beschrieben. An dieser Stelle fand im Altertum eine Schlacht statt. Die Könige von Sodom und Gomorra wurden in die Flucht geschlagen und fielen in Erdharzgruben.«

Neev schloss daraus, dass sich das Tal Siddim in der Nähe von Sodom und Gomorra befunden hatte. Er ging von der Theorie aus, dass ein schweres Erdbeben diese beiden Städte vor mehr als 4000 Jahren zerstört und unter dem Toten Meer begraben hatte. Seiner Ansicht nach lag dieses Ereignis dem biblischen Mythos zugrunde. Aber niemand kannte die genaue

Lage dieser beiden zerstörten Städte, die sich heute mit großer Wahrscheinlichkeit unter Wasser befinden.

Dennoch gab es Hoffnung. Das Tote Meer war auf den niedrigsten Wasserstand seit mehr als 5000 Jahren abgesunken, sodass jene Orte, die seit der Morgenröte der menschlichen Zivilisation unter Wasser verborgen waren, möglicherweise bald zu Tage traten. »Das Tote Meer gleicht einem Wasserkessel, den man auf großer Flamme zurückgelassen hat – es verdampft einfach«, erklärte Neev. »Schon in hundert Jahren werden große Teile des Meeres vielleicht einfach verschwunden sein. Zurück bleibt nur das Salz.«

Der Geologe zeigte mir eine Karte, auf der die Wasserstände eingetragen waren. Im letzten Jahrzehnt war die Wasseroberfläche des Toten Meeres auf 400 Meter unter Normalnull gefallen. Zuletzt war der Wasserstand vor 5500 bis 8000 Jahren langfristig so niedrig gewesen. Stand das zurückweichende Tote Meer im Begriff, alte Geheimnisse zu offenbaren?

Die letzte Periode, als das Tote Meer auf einen so niedrigen Wasserspiegel abgesunken war, fiel mit der mysteriösen Ära zusammen, in der all jene Dinge aufkamen, die unsere moderne Zivilisation kennzeichnen: als sich aus dem Nichts die Schrift, die Mathematik, die Astronomie und die Landwirtschaft entwickelten und der Mensch die Fähigkeit erlernte, Metall zu bearbeiten, und erstmals Städte errichtete.

»Wenn der von Ihnen gesuchte Gegenstand in der Kupferzeit hergestellt wurde, in der es zu einem plötzlichen Auftreten der Zivilisation kam, dann bestehen gute Chancen, dass er bis heute erhalten geblieben ist«, sagte Neev. »Wenn das, was Sie suchen, vor 5000 Jahren angefertigt wurde und jahrtausendelang vom Meer bedeckt war, werden Sie beim Zurückweichen des Meeres keinen Obelisken finden und nicht einmal einen Palast oder eine Stadt, sondern lediglich Schlamm, Sediment und Steinsalz.«

Neev gab mir einen weiteren Hinweis: »›Siddim‹ bedeutet im Hebräischen ›Kalk‹. Sie sollten also nach einem Tal aus Kalk suchen. Einige Bibelübersetzungen bezeichnen das Tal Siddim sogar als ›Tal des Kalks‹.« Er schlug mir vor, meine Suche auf die jordanische Seite des Toten Meeres zu konzentrieren. »Dort liegt die Halbinsel Lisan«, erklärte er. »Sie besteht aus einem Salzstock, der mit Kalk überzogen ist.«

Er selbst war noch nie dort gewesen. Israel hatte drei Kriege gegen Jordanien geführt. »Seien Sie vorsichtig«, warnte er, »das ist Feindesland.«

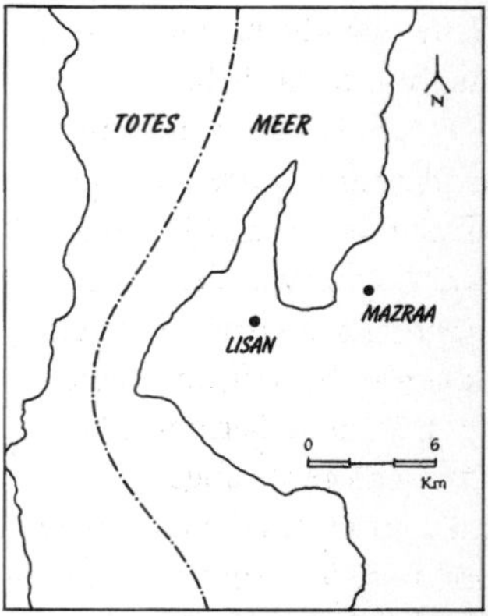

Mein Führer verstand nicht, warum ich zur Halbinsel Lisan wollte. Noch nie zuvor hatte ein Tourist den Wunsch geäußert, diese Gegend zu besuchen.

Die Halbinsel ist eine seltsam geformte Landmasse, die zungenförmig ins Tote Meer hinausragt. Tatsächlich bedeutet »Lisan« sowohl im Hebräischen als auch im Arabischen »Zunge«. Als wir ankamen, empfing uns eine Landschaft, die an den Mond erinnerte. Sie war vollkommen unfruchtbar und ohne das geringste Anzeichen von Vegetation. Die gleißende Wüstensonne ließ die Umgebung, die zur Gänze mit einer Kalkschicht überzogen war, weiß erstrahlen.

Die Halbinsel war der einzige Ort am Toten Meer, der nach wie vor über dem Wasserspiegel lag und möglicherweise ein Überrest des alten Tals Siddim war, das man auch als »Tal des Kalks« bezeichnete. Aus Sicht der Mythologie passte alles ausgezeichnet zusammen. Dies war der Nabel der Welt, mit mehr als 430 Meter unter Normalnull der tiefste Punkt der Erde. Auf unserem gesamten Planeten findet sich kein anderes Stück Festland, das so tief liegt. Als ich am Ufer dieser erst kürzlich aufgetauchten Halbinsel Lisan stand, die noch vor zehn Jahren von Wasser bedeckt war und das letzte Mal vor 5000 Jahren frei lag, stand ich daher am tiefsten Punkt des tiefsten Ortes der Erde und somit auf dem Grund der Welt.

Der Ausdruck »Grund der Welt« war ebenfalls in der Bibel codiert. An derselben Stelle kreuzten sich auch »Lisan« und »alter Schlüssel«.

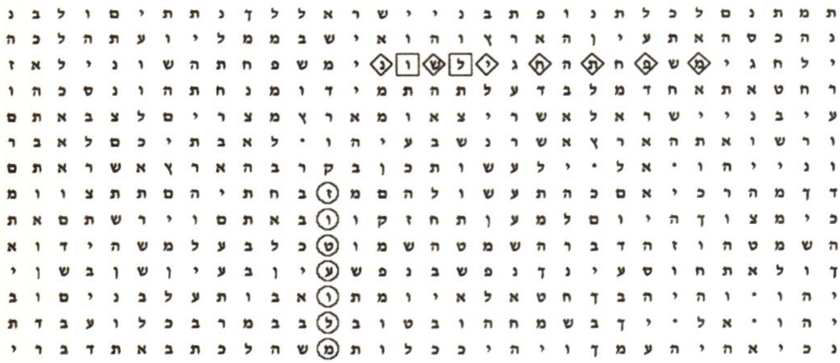

○ Grund der Welt □ Lisan ◇ alter Schlüssel

Was einst auf diesem Festland gestanden haben mochte und während der gesamten bekannten Geschichte der menschlichen Zivilisation unter Wasser verborgen war, konnte nun wieder freigegeben worden sein, lediglich bedeckt von Sand, Lehm, Schlamm und der dicken Salzkruste, die das Meer zurückließ.

Rundum herrschte vollkommene Leere. Es gab keine Hinweise, dass hier Menschen gelebt hatten. Weder heute noch in der Vergangenheit. Außer uns waren die Arbeiter eines Salzbergwerks die einzigen Menschen auf der Halbinsel.

Doch der Ort war umgeben von außergewöhnlichen archäologischen Fundstätten aus der biblischen Vergangenheit. Jenseits des Meeres lagen die Höhlen von Qumran, in denen man die älteste Ausgabe der Bibel gefunden hatte, die Schriftrollen vom Toten Meer. Mehr als 2000 Jahre hatten sich die Worte erhalten, die von Hand auf das aus Tierhäuten gefertigte Pergament niedergeschrieben worden waren. 1947 warf ein Hirtenjunge einen Stein in eine der Höhlen und hörte das Klirren eines zerbrechenden Tongefäßes. Im Inneren des Krugs fand er ein vollständiges Buch der Bibel, das von der Zeit unberührt geblieben war.

Auf der israelischen Seite des Meeres war die alte Bergfestung Masada zu sehen, wo vor 2000 Jahren eine kleine Gruppe Juden bis zum letzten Mann gegen die römischen Legionen ausgeharrt hatte. Oben auf dem Felsplateau erhoben sich noch immer die Steine der ehemaligen Festung und blickten über die karge Landschaft, die sich in den zwei vergangenen Jahrtausenden nicht verändert hatte.

Etwa 1,5 Kilometer landeinwärts vom Meer hatte man auf der jordanischen Seite die 5000 Jahre alte Stadt Bab edh-Dhra ausgegraben, deren alte Lehmziegelmauern noch erhalten sind. Vermutlich handelte es sich um das biblische Zoar, jene Stadt, in die Lot der Legende nach floh, nachdem Sodom und Gomorra zerstört worden waren.

So war es nicht vollkommen unwahrscheinlich, dass sich unter meinen Füßen auf dieser öden Halbinsel der alte »Obelisk« befand, in den der »Codeschlüssel« eingraviert war.

Die Halbinsel Lisan ist nur ein Punkt auf der Landkarte, besitzt jedoch eine Fläche von 64 Quadratkilometern. Während ich in der glühenden Sonne stand und über die endlose Weite aus Kalk und Salz blickte, wurde mir bewusst, dass die Halbinsel zu groß war, um nach einer unter der Oberfläche verborgenen Säule oder einem verschütteten Palast zu suchen, selbst wenn ich durch Zufall auf den richtigen Ort gestoßen war.

Deshalb kehrte ich zur Bibel und zum Code zurück.

An einer Stelle im Alten Testament wurde die Halbinsel Lisan namentlich genannt. Im Buch Josua war von dem jungen Krieger die Rede, der die Israeliten nach dem Tod Moses' auf ihrem Zug aus Ägypten anführt und von Jordanien nach Israel geleitet.

»Lisan, Zunge des Meeres« stand in Josua 15,5[2], und quer darüber befanden sich die codierten Wörter »er fand den genauen Ort Lisan«.

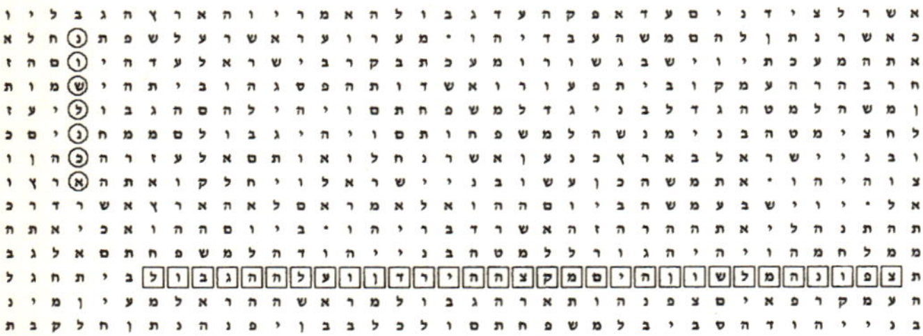

○ er fand den genauen Ort Lisan
□ Nördlich von Lisan, Zunge des Meeres, Grenze bei der Jordanmündung

Im Buch Josua 18,19[3] fand sich erneut »nördlich der Landzunge des Salzmeeres«, diesmal sogar als noch präzisere Ortsangabe. »Codierer« kreuzte den unverschlüsselten Text genau oberhalb dieser Ortsangabe. Das Wort »codiert« tauchte in derselben Tabelle fünfmal auf, wobei es im Hebräischen sowohl »verborgen« als auch »Norden« bedeuten kann.

Der unverschlüsselte Text im Buch Josua, dem einzigen in der Bibel, in dem Lisan namentlich genannt wird, schien somit den genauen Ort auf der Halbinsel anzugeben, an dem gesucht werden musste: am nördlichsten Punkt, wo ein Finger der Halbinsel in das Tote Meer hinausragte und eine kleine Bucht bildete, eine »Zunge des Meeres«.

Als ich in der Thora nach »Lisan, Zunge des Meeres« suchte, entdeckte ich die Phrase ein einziges Mal ohne Auslassungen. »Lisan« war quer über »Zunge des Meeres« codiert, und »alter Schlüssel« kreuzte beide Eintragungen.

2 Einheitsübersetzung der Bibel, Katholische Bibelanstalt, Stuttgart 1980.
3 Einheitsübersetzung der Bibel, a. a. O.

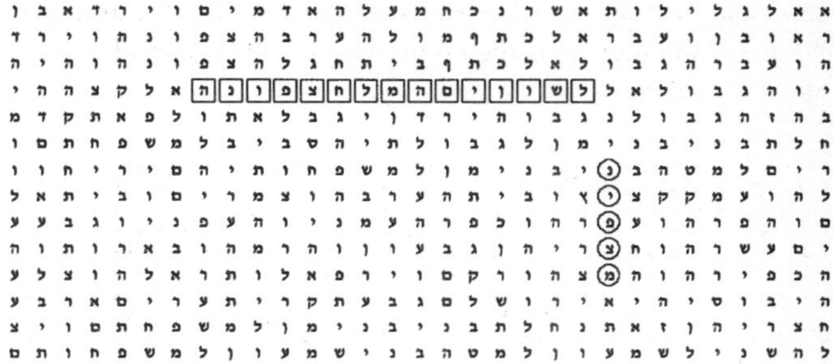

○ Codierer □ Lisan, nördlich der Landzunge des Salzmeeres

Daraufhin traf ich mich erneut mit Rips. Ich zeigte ihm die codierten Botschaften und teilte ihm mit, dass ich die Halbinsel bereits besichtigt hatte. Rips studierte die Eintragungen auf seinem Computer und entdeckte sogleich etwas Bemerkenswertes. »Dieselben hebräischen Zeichen, aus denen der Ausdruck ›alter Schlüssel‹ besteht, ergeben auch ›Karte des Sensors‹«, sagte er. »Und diese Phrase kreuzt sich mit ›Zunge des Meeres‹ und ›Lisan‹.«

○ Lisan ◇ alter Schlüssel/Karte des Sensors □ Lisan, Zunge des Meeres □ codiert/Norden □ codiert/Norden

Das war eine entscheidende Entdeckung. Ein verborgener »Obelisk« ließ sich nur mit einem »Sensor« finden, einem Hightechgerät, das unter Wasser und im Boden Gegenstände aufspüren und eine »Karte« von dem anfertigen konnte, was dem bloßen Auge verborgen blieb. Wenn man jedes zweite Zeichen des Ausdrucks »alter Schlüssel/Karte des Sensors« las, der bei einer Auslassungssequenz von zwei Zeichen entstand, ergab sich eine neue Botschaft: »freigelegt, sichtbar, entdeckt, offen gelegt«.

Später entdeckte ich, dass derselbe bemerkenswerte Bibelvers, in dem sich im verschlüsselten Text »Lisan, Zunge des

Meeres« ohne Auslassungen fand und den die Eintragung »alter Schlüssel/Karte des Sensors« kreuzte, nicht nur gemeinsam mit »Lisan« zu sehen war, sondern auch mit zehn weiteren zentralen Hinweisen auf den »Codeschlüssel«. So querte die Phrase »Obelisk in Lisan« die Eintragung »Lisan, Zunge des Meeres«.

Zusätzlich kreuzte »Karte des Verstecks« dieselbe Eintragung, und »Schlüssel« erschien in der Tabelle dreimal an der Stelle, wo sich »Karte des Sensors« mit »Karte des Verstecks« überschnitt.

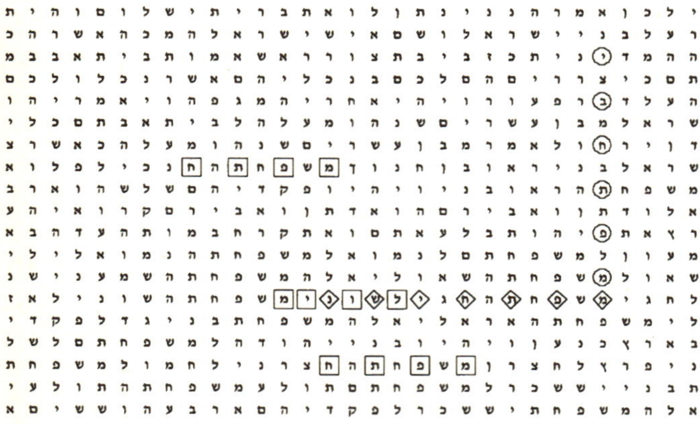

○ Karte des Verstecks □ Karte des Sensors/alter Schlüssel
◇ Lisan, Zunge des Meeres □ Schlüssel □ Schlüssel

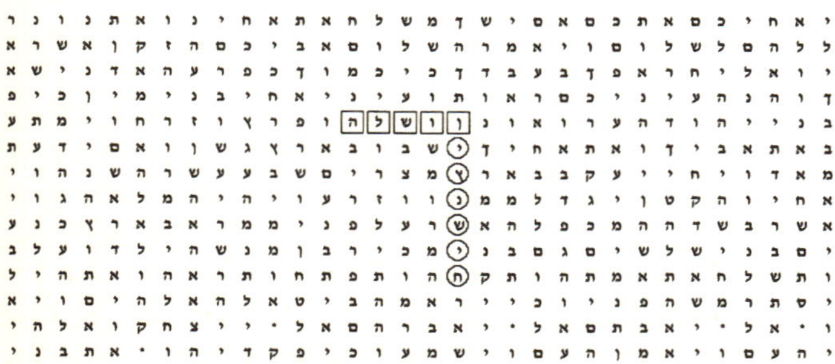

○ Sensor kennzeichnete den Ort □ Lisan

Als Rips und ich nach »Sensor kennzeichnete den Ort« suchten, entdeckten wir die Phrase erstaunlicherweise in codierter Form in der Thora an genau jener Stelle, an der »Lisan« ohne Auslassungen erschien. Die Wahrscheinlichkeit dafür lag bei zwei zu 10 000.

Als ich eines Abends allein an meinem Laptop saß, suchte ich im Buch Daniel – jenem Buch der Bibel, das die meisten Prophezeiungen enthält – nach der Eintragung »Sensor kennzeichnet«. Wieder fand ich sie in codierter Form gemeinsam mit »Lisan«. Die vollständige verschlüsselte Botschaft im Buch Daniel war noch außergewöhnlicher. Sie lautete: »Lisan wie Siddim«.

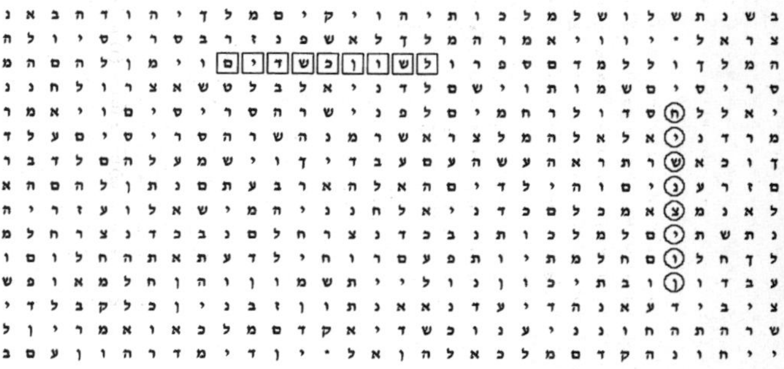

○ Sensor kennzeichnet □ Lisan wie Siddim

Dies war der unumstößliche Beweis dafür, dass ich das antike Tal Siddim tatsächlich gefunden hatte. Im Buch Daniel stand eindeutig: Das Tal Siddim war die Halbinsel Lisan.

Die verschlüsselte Nachricht aus Daniel barg eine weitere bemerkenswerte Überraschung. In den ersten Versen erzählt der unverschlüsselte Text von einem König aus Babylon, der die Stadt Jerusalem belagerte und einige junge Leute aus Israel an seinen Hof mitnahm, wo man sie das gesamte Wissen der antiken Welt lehrte – »in aller Weisheit unterrichtet und reich an

Kenntnissen«[4] –, einschließlich der Sprache der ersten bekannten Zivilisation, der »Sprache der Chaldäer«.

In diesen Versen verbarg sich alles, wonach ich suchte. Im Hebräischen schreibt man »Sprache der Chaldäer« mit denselben Zeichen wie »Lisan wie Siddim«. Und wo der unverschlüsselte Text im Buch Daniel von jungen Leuten sprach, die »an des Königs Hof« kamen, ließen sich diese Wörter im Hebräischen auch als »Säule im Palast« übersetzen. Vielleicht war dies der gesuchte Obelisk, auf dem »alle Weisheit und der Reichtum aller Kenntnisse« eingraviert waren. Nun wurden weitere außergewöhnliche Zusammenhänge deutlich. Dieselben Verse des Buches Daniel bezeichneten wie ein Kreuz auf einer Schatzkarte einen genauen Ort. An der Stelle, wo der unverschlüsselte Text »Lisan wie Siddim« lautete, fand sich der Name »Mazraa«.

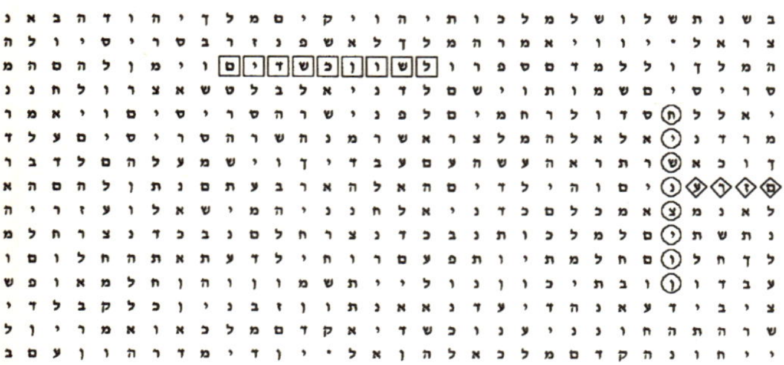

○ Sensor kennzeichnet □ Lisan wie Siddim ◇ Mazraa

»Mazraa« hieß das Dorf am Südufer der schmalen Bucht des Toten Meeres, jener »Zunge des Meeres«, die durch die nach Norden weisende Spitze der Halbinsel Lisan vom übrigen Meer abgetrennt wurde. Dort würde ich die »Säule im Palast« finden, den »Obelisken«, den »Codeschlüssel«. Alle Bücher der Bibel, die ich überprüfte, schienen auf denselben Ort hinzuweisen –

4 Einheitsübersetzung der Bibel, a. a. O.

jene Gegend, die man einst Tal Siddim genannt hatte und die heute das Tote Meer war. Genauer: die Schmalstelle an der Nordspitze der Halbinsel, die Bucht von Mazraa und den vorspringenden Finger des Kaps von Lisan.

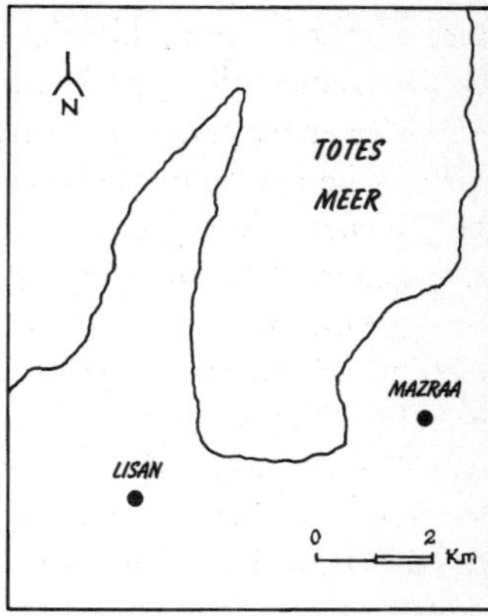

Und jeder Wahrscheinlichkeit zum Trotz kreuzte »Mazraa« den in der Thora verschlüsselten Hinweis auf die »Halbinsel Lisan«.

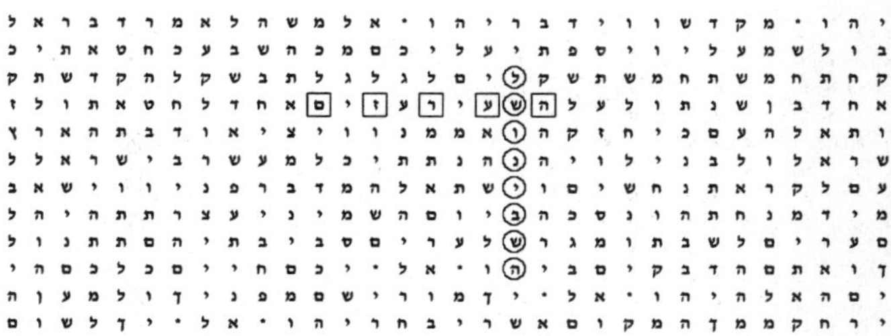

○ Halbinsel Lisan □ Mazraa

»Mazraa« war gemeinsam mit »Codeschlüssel« codiert und »Obelisk« kreuzte sowohl »Mazraa« als auch »Codeschlüssel«.

Wir hatten den genauen Ort gefunden. Nun stellte sich die Frage, wie wir den antiken Gegenstand entdecken sollten, der sich darunter verbarg.

Wie im Kino würde das vermutlich nicht gelingen. Ich würde kaum nur mit den bloßen Händen etwas Erde beiseite schieben müssen, um wie Indiana Jones die verlorene Arche zu finden. Selbst mit den schwersten Grabungsmaschinen war die-

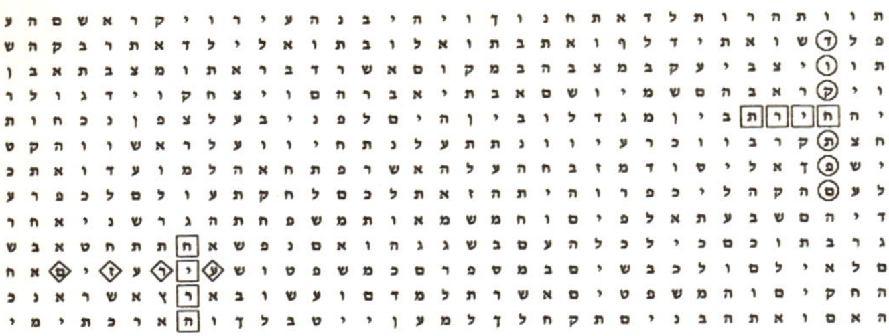

○ Codeschlüssel □ Obelisken ◇ Mazraa □ Obelisk

ses Kreuz auf der Landkarte, dieser Stecknadelkopf, viel zu groß, um ihn einfach umzugraben.

Zudem wusste ich nicht, woraus der »Obelisk« gefertigt war, wie tief er vergraben lag, ob er sich unter der Erdoberfläche an Land oder im Meer befand und ob er nach einer unbekannten Anzahl von Jahrtausenden überhaupt noch existierte.

Dann fand Dr. Rips einen Hinweis, der für uns keine gute Nachricht bedeutete. Dort, wo die beiden Wörter »Obelisk« und »Bibelcode« einander kreuzten, lautete der unverschlüsselte Text: »Und die Erde tat ihren Mund auf und verschlang sie«. Wenn der Obelisk tatsächlich während des großen Erdbebens verschlungen worden war, das diese Gegend vor mehr als 4000 Jahren erschüttert hatte, wie der israelische Geologe Neev erzählt hatte, dann konnte er tief im Untergrund verborgen liegen. Vielleicht war er ebenso vollständig vom Erdboden verschwunden wie Sodom und Gomorra.

Um ihn aufzuspüren, bedurfte es vermutlich einer hoch entwickelten Technologie.

Jetzt brauchte ich tatsächlich die »Karte des Sensors«. Als ich mich jedoch mit Geophysikern beriet, die im Boden nach Öl, Edelmetallen und mitunter auch antiken Artefakten suchten, bekam ich erneut schlechte Nachrichten zu hören. Radarsonden, die den Boden durchdringen und bei der Suche nach Gegenständen in endlosen Sandwüsten gute Dienste leisten, waren in den salzgesättigten Schichten der Halbinsel Lisan und dem Toten Meer nutzlos. Die Radarstrahlen würden einfach abprallen, anstatt den Boden zu durchdringen.

Ich befragte meine Freunde vom israelischen Geheimdienst, den höchstrangigen Wissenschaftler im Verteidigungsministerium und sämtliche mir bekannten Mitarbeiter des Pentagons und der CIA und erhielt von allen dieselbe Antwort: Es gab keine Geheimtechnologie, die imstande wäre, diesen Boden zu durchdringen. Kein neues geheimes Militärgerät und kein hoch entwickelter Spionagesatellit waren in der Lage, einen Obelisken zu finden, der sich in den salzhaltigsten Bodenschichten der Erde verbarg.

Was für eine bittere Enttäuschung, wo wir so weit gekommen waren! Nachdem wir durch Zufall auf die Eintragung »Obelisk« gestoßen waren, die sich mit einer Auftrittswahrscheinlichkeit von weniger als eins zu einer Million zweimal mit dem Wort »Codeschlüssel« kreuzte, stand ich nun möglicherweise genau an der Stelle, wo der Schlüssel vor Jahrtausenden verborgen worden war. Und dies, nachdem ich auf nahezu wundersame Weise einzig und allein von einem Code in der Bibel Schritt für Schritt hierher geführt worden war.

»Ich fühle mich wie bei einer Schatzsuche«, sagte ich zu Eli Rips.

»Das ist es auch«, erwiderte er gleichmütig, da er von einem göttlichen Plan ausging und für selbstverständlich hielt, woran ich nicht glauben konnte.

»Warum ist es dann so schwierig, dass jeder, der weniger verrückt ist als ich, längst aufgegeben hätte?«, fragte ich.

»In Ihrer Frage liegt schon die Antwort«, antwortete Rips. Erneut prüfte er die erste Eintragung von »Codeschlüssel«. »Das ist sehr ermutigend«, erklärte er schließlich und deutete auf den Computerbildschirm. »Hier steht ›in eure Hände gegeben, um zu lösen‹. Im Hebräischen ist es sogar noch besser, da heißt es ›in eure Hände gegeben, um zu brechen‹, so wie man einen Code bricht.«

Dieselben hebräischen Wörter ließen sich aber auch als »in eure Hände gegeben wegen einer Krise« übersetzen. Ich war davon überzeugt, dass wir nicht zufällig genau in diesem Augenblick einer weltweiten Krise nach dem »Codeschlüssel« suchten.

Angesichts der im Nahen Osten erklingenden Kriegstrommeln erhielt die Suche eine Dringlichkeit, die der Bibelcode selbst zusätzlich steigerte. Denn er enthielt die deutliche Warnung, dass diese Suche ein Wettlauf gegen den Countdown zur Apokalypse sei.

»Auf der Halbinsel Lisan« war gemeinsam mit »am Ende der Tage« codiert.

○ auf der Halbinsel Lisan □ am Ende der Tage

Die Warnung war ebenso deutlich wie das Versprechen. Quer über die Eintragung »auf der Halbinsel Lisan« und direkt unter »am Ende der Tage« lautete der unverschlüsselte Text der Bibel: »So wird's dir und deinen Kindern nach dir wohl ergehen und dein Leben lange währen.«

Kapitel drei

Bill Clinton

Der amerikanische Präsident gestand sein Fehlverhalten im Fernsehen ein, auch wenn er nicht offen zugab, gelogen zu haben: »Ich hatte eine unangemessene Beziehung zu Miss Lewinsky.«

Das war am 17. August 1998. Bill Clinton erklärte öffentlich, seine Frau und das amerikanische Volk getäuscht zu haben. Er gab in einer landesweit ausgestrahlten Fernsehübertragung mit ernstem, verschlossenem Gesicht zu, dass er im Weißen Haus eine intime Beziehung zu einer 24-jährigen Praktikantin gehabt hatte.

Während Clinton sprach, sah ich nur hin und wieder auf das Fernsehgerät, denn meine ganze Aufmerksamkeit war auf den Computer gerichtet, mit dessen Hilfe ich die Bibel durchforstete.

Seit Monaten hatten mich Freunde bedrängt, im Code nach dem Lewinsky-Skandal zu suchen, doch ich hatte abgelehnt. Es war mir zu billig, zu trivial erschienen. Doch nun konnte dieser Skandal womöglich jenen Präsidenten zu Fall bringen, der Rabin und Arafat dazu veranlasst hatte, Verhandlungen aufzunehmen, und der vielleicht als Einziger imstande war, einen Friedensschluss im Nahen Osten zu bewirken und damit jene Gefahren abzuwenden, die im Code vorhergesagt wurden.

Ich wusste, dass sich die Eintragung »Clinton« im Code befand, da Bill Clinton der erste Name war, nach dem ich in der Bibel gesucht hatte. Als ich im Juni 1992 von dem Bibelcode erfahren hatte, bestand er meinen ersten Test: Er prophezeite Clintons Wahlsieg sechs Monate vor der Präsidentschaftswahl. »Clinton« war gemeinsam mit »Präsident« codiert.

○ Clinton □ Präsident

Während der amerikanische Präsident im August 1998 vor laufenden Kameras seine Aussage machte, suchte ich erneut im Bibelcode nach »Clinton«. Diesmal wollte ich erfahren, ob der Code für ihn ein Amtsenthebungsverfahren vorhersagte. »Clinton« und »Amtsenthebungsverfahren« waren größter Wahrscheinlichkeit zum Trotz gemeinsam und eindeutig codiert.

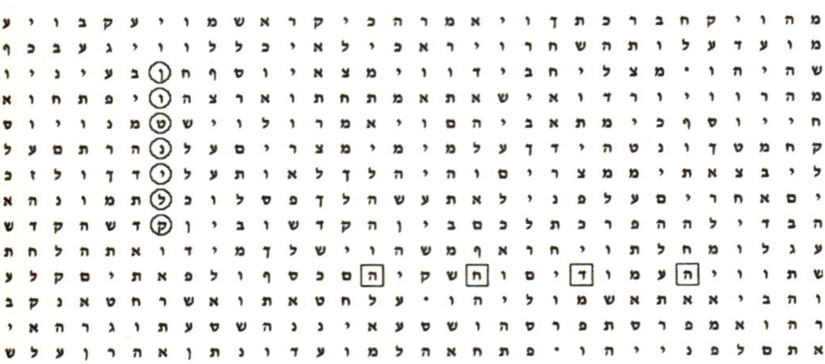

○ Clinton □ Amtsenthebungsverfahren

Die Eintragungen »Amtsenthebungsverfahren« und »Clinton« fanden sich im selben Vers der Bibel, in dem auch der Lewinsky-Skandal prophezeit wurde: »Verborgenes Geheimnis,

Geliebter der Magd«. Es war verblüffend. Näher konnte das Alte Testament der »jungen Praktikantin« nicht kommen.

○ Clinton ◇ Amtsenthebungsverfahren
□ verborgenes Geheimnis, Geliebter der Magd

Während ich diese Eintragungen fand, hatte der amerikanische Präsident sein fünfminütiges Geständnis beendet. Die Moderatoren sprachen bereits darüber, dass er den Skandal möglicherweise nicht überstehen werde. Ich suchte im Bibelcode weiter und blickte dabei immer wieder zum Fernseher hinüber, wo die Sequenz, in der Clinton die Affäre abstritt und warnend den Finger gegen die Nation erhob, ein ums andere Mal abgespielt wurde: »Ich hatte keine sexuelle Beziehung zu dieser Frau, Miss Lewinsky.« Auf diese Einspielung folgte jedes Mal sogleich sein eben abgelegtes Geständnis: »Ich hatte eine unangemessene Beziehung zu Miss Lewinsky.«

Bisher war es mir absurd erschienen, in einem alten Text, der die Welt vor einer in Kürze bevorstehenden Gefahr ungekannter Dimensionen warnte, nach dem Ausgang dieses Skandals zu suchen. Doch nun, da das Schicksal des Präsidenten von diesem Skandal abhing und den Vereinigten Staaten das erste Amtsenthebungsverfahren seit mehr als einhundert Jahren drohte, forschte ich im Bibelcode nach einer Antwort.

Als ich mir die Tabelle, in der »Clinton« erschien, näher ansah, bemerkte ich, dass sie eine zweite Ebene enthielt. Direkt vor »Amtsenthebungsverfahren« stand »gegen«. Die eigentliche Botschaft des Bibelcodes an der Stelle, an der sich »Clinton« fand, lautete somit: »das Volk, die Nation gegen ein Amtsenthebungsverfahren«, oder, ganz wörtlich: »Wir werden einem Amtsenthebungsverfahren entgegenstehen.« Quer über dem Ausdruck »das Volk, die Nation gegen ein Amtsenthebungsverfahren« verkündete der verschlüsselte Text »ihre Meinung verhinderte es«.

○ Clinton □ Nation gegen Amtsenthebungsverfahren

Am 17. August 1998, dem Tag, an dem Clinton gestand und seine Präsidentschaft in Gefahr zu sein schien, sagte der Bibelcode vorher, dass der Präsident den Skandal überleben werde.

Nach einem grauenvollen, von dem Skandal und Untersuchungen geprägten Jahr sprach der amerikanische Senat Präsident Bill Clinton am 12. Februar 1999 in beiden Anklagepunkten des Amtsenthebungsverfahrens frei. Einmal mehr hatte der Bibelcode seine Gültigkeit bewiesen.

Zwei Jahre später, am 16. Oktober 2000, fuhr ich zum Weißen Haus, um mich mit John Podesta, Clintons Stabschef, zu treffen. Ich wollte ihm mitteilen, dass uns der Bibelcode warnte, wir stünden bereits am »Ende der Tage«. Der Geheimdienstagent am Tor war nervös. Im Nahen Osten war es erneut zu kriegerischen Auseinandersetzungen gekommen und man hatte Terroralarm gegeben. Ich musste mich eine halbe Stunde gedulden, ehe ich vorgelassen wurde.

Während ich vor dem Weißen Haus wartete, überdachte ich noch einmal, was ich dem zweitmächtigsten Mann der Welt sagen würde, jenem Mann, der im Westflügel des Weißen Hauses saß und bestimmte, wen der amerikanische Präsident traf, was der amerikanische Präsident sah und – zumindest weitgehend – was der amerikanische Präsident tat.

Podesta hatte Clinton bereits mein Buch über den Bibelcode überbracht und mir mitgeteilt, dass der Präsident es während des Gipfeltreffens zwischen dem israelischen Premierminister Ehud Barak und Palästinenserführer Jassir Arafat in Camp David bei sich hatte, ebenso wie den Brief, den ich ihm an jenem Tag geschrieben hatte, an dem er dieses bedeutsame Treffen ankündigte.

Dieser Brief vom 5. Juli 2000 lautete folgendermaßen:

»Ich habe diesem Brief eine Ausgabe meines Buches *Der Bibel Code* beigelegt, da Ihre heutige Bekanntgabe des Gipfeltreffens zwischen Barak und Arafat in Camp David bestätigt, was der Code vorhersagte.

Der Code, der unsere Zukunft zu enthüllen scheint, erklärt, dass Sie entscheidend dazu beitragen werden, ob im Nahen Osten Frieden oder Krieg herrschen wird, und dass bedeutend mehr auf dem Spiel steht, als Sie sich vielleicht vorstellen können.

Ich zögere, in diesem Brief genaue Einzelheiten anzuführen, da es einfach zu apokalyptisch klingt.«

Ich hatte es nicht über mich gebracht, dem Präsidenten der Vereinigten Staaten mitzuteilen, dass wir uns bereits am »Ende der Tage« befanden und dass das Ende der Welt dem Bibelcode zufolge bereits in wenigen Jahren über uns hereinbrechen würde. Damals hatte ich es ja selbst nicht glauben können.

Außerdem war ich davon überzeugt, dass die erste Person im Büro des Präsidenten, die einen Brief mit derartigen Einzelheiten las, mich zu jenen Leuten zählen würde, die sich Tag für Tag im Park gegenüber dem Weißen Haus versammelten, um ihre falsch geschriebenen Plakate mit der Aufforderung BEREUT, DASS ENDE IST NA hochzuhalten.

Stattdessen fuhr ich in dem Brief fort: »Ich bin nicht religiös und davon überzeugt, dass die Katastrophe abgewendet werden kann.« Ich erklärte dem Präsidenten, dass der Bibelcode eine wissenschaftliche Angelegenheit war, keine religiöse, und dass er in einem 3000 Jahre alten Text Namen, Orte und Daten aus unserer Zeit enthüllte.

»›Clinton‹ schien wider jede Wahrscheinlichkeit gemeinsam mit ›Präsident‹ auf«, schrieb ich weiter, in Erinnerung an das, was ich 1992, mehrere Monate vor Clintons Wahl, entdeckt hatte. »Ihr Wahlsieg war für mich der erste konkrete Beweis, dass der Code tatsächlich existiert.

Nun habe ich in der Bibel eine weitere Botschaft entdeckt, die Ihren Namen kreuzt: ›Er stellte wieder her, er reparierte‹. Im Hebräischen haben diese Worte eine tiefere Bedeutung, und zwar ›die Welt wiederherstellen, sie reparieren beziehungsweise transformieren‹.«

○ Clinton □ Präsident ◇ er stellte wieder her, er reparierte

»Die Alternative wird im Bibelcode in überdeutlichen Worten verkündet: das wahre Armageddon, ein atomarer Weltkrieg, der im Nahen Osten ausbricht. Wenn der Code Recht behält, droht uns diese Gefahr erst in einigen Jahren.

Doch alles, was wir heute tun – was Sie heute tun – kann das beeinflussen, was letztendlich geschieht. Ich glaube, dass der

Bibelcode existiert, um uns rechtzeitig zu warnen, damit wir die Zukunft ändern.

Sie haben eine deutlich bessere Ausgangsposition, um den seit Jahrtausenden andauernden, gewalttätigen Konflikt zwischen Arabern und Juden zu beenden, als jeder, der direkt darin verwickelt ist«, schloss mein Brief an Clinton.

»Camp David« kreuzte die Phrase »Stadt des Asyls« aus dem unverschlüsselten Text der Bibel und auch »Friede« tauchte an derselben Stelle auf.

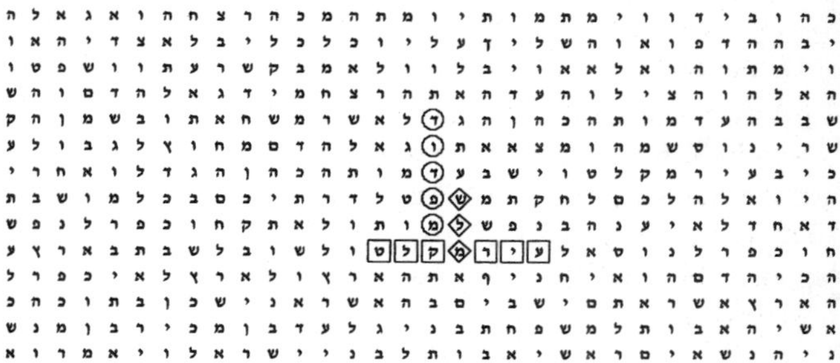

○ Camp David □ Stadt des Asyls ◇ Friede

Es passte ausgezeichnet, dass »Camp David«, der abgeschiedene Landsitz der amerikanischen Präsidenten, auf dem der historische Friedensvertrag zwischen Ägypten und Israel unterzeichnet worden war und auf dem Clinton nun die beiden Kriegsherren Barak und Arafat zusammenbrachte, genau an jener Stelle codiert war, wo der unverschlüsselte Bibeltext die Gebote festlegte, nach denen Totschläger »Tilgung und Erlösung« finden sollten.

Doch die Verhandlungen von Camp David schlugen fehl. Sowohl Clinton als auch Barak waren überzeugt, dass es ihnen gelingen würde, Arafat ein Angebot zu unterbreiten, das er nicht abschlagen konnte. Und nahezu alle anderen glaubten, dass Arafat innerhalb weniger Tage oder längstens Wochen einem

Palästinenserstaat zustimmen würde, der neunzig Prozent von Westbank und Gaza-Streifen umfasste sowie den Großteil von Ostjerusalem und die Hälfte der Altstadt. Doch Arafat reagierte kaum auf dieses Angebot. Niemand verstand den Grund für sein Verhalten. Und niemand verstand, welche bedeutende Rolle die Religion dabei spielte.

Wie der Bibelcode vorhergesagt hatte, wurde die Religion den Friedensgesprächen zum Verhängnis. Der »Tempelberg« war als Schlachtfeld vorgegeben. Der einstige Standort eines von Salomon erbauten jüdischen Tempels, auf dem sich heute eine von einer goldenen Kuppel geschmückte Moschee erhebt, ein 14 Hektar großes Plateau, war das Heiligtum, das keine der beiden Parteien aufzugeben bereit war. Die Juden betrachteten die Überreste des Tempels, seine Westmauer am Fuß des Tempelbergs, als oberstes Heiligtum. Für die Muslime war die Moschee

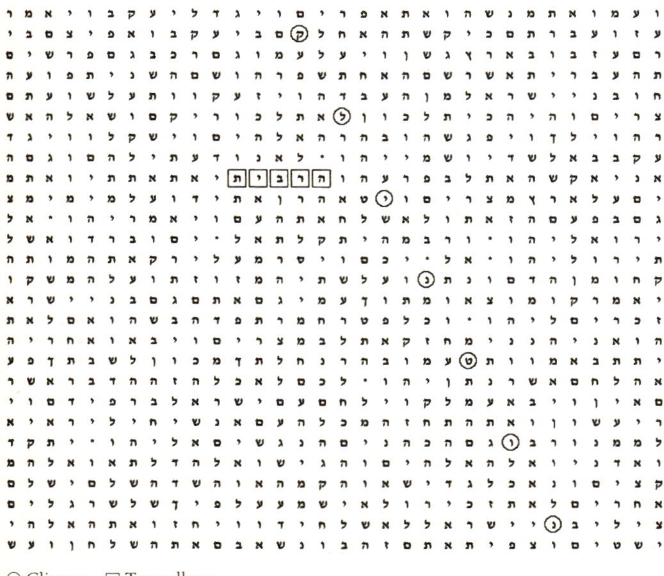

○ Clinton □ Tempelberg

am Gipfel des Berges, den sie Haram al-Scharif nennen, das zweitwichtigste religiöse Zentrum nach Mekka. Jahrtausendelang war der Tempelberg Mittelpunkt religiöser Auseinandersetzungen gewesen und Ausgangspunkt eines ewigen Kampfes um die Herrschaft über die Heilige Stadt. In Camp David wurde er zum einzigen unüberwindlichen Konfliktpunkt.

»Tempelberg« begegnete im Code in verschlüsselter Form gemeinsam mit den Namen »Clinton«, »Arafat« und »Barak«. Die Eintragung »Tempelberg« fand sich zudem im verborgenen Text der Bibel ohne Auslassungen an jener Stelle, an der »Clinton« gemeinsam mit der Jahresangabe des Gipfeltreffens von Camp David – »5760«, unserem Jahr 2000 – stand.

Trotz einer unendlich geringen Wahrscheinlichkeit tauchten die Wörter »Sabotage am Tempelberg« gemeinsam mit der auslassungsfreien Eintragung »Arafat« auf. Zusätzlich kreuzte sich an derselben Stelle »Barak« mit dem Hinweis »Tempelberg« und warnte die unverschlüsselte Bibel vor dem »Ende der Tage«.

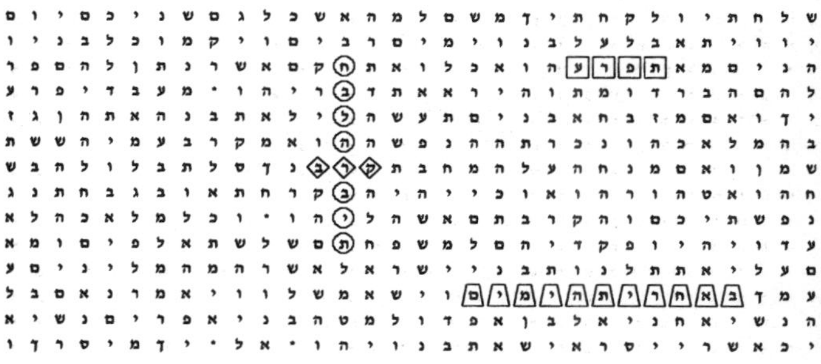

○ Sabotage am Tempelberg □ Arafat ◇ Barak ⏢ am Ende der Tage

Es war außergewöhnlich, dass die drei Hauptakteure der Friedensgespräche mit dem Namen jenes heiligen Ortes codiert waren, der die Gespräche scheitern ließ, und dass der Bibelcode auf einen unmittelbar bevorstehenden Angriff auf den Tempelberg zu verweisen schien.

Während die Friedensgespräche im Juli endeten und die Bemühungen, sie im August, September und Oktober wieder aufzunehmen, erfolglos blieben, versuchte ich, zu Clinton, Barak und Arafat vorzudringen.

Anfang August 2000 traf ich in Israel ein. Der Gipfel von Camp David war gescheitert und die israelische Regierung stand kurz davor, auseinander zu brechen. Premierminister Barak kämpfte verzweifelt darum, im Amt zu bleiben, während ein Minister seines Kabinetts nach dem anderen zurücktrat und das israelische Volk jegliche Hoffnung verlor, dass der Kampf gegen die Palästinenser je ein Ende haben würde. So isoliert, wie Barak nun war, würde er den unheilvollen Warnungen des Bibelcodes gewiss keine Aufmerksamkeit schenken.

Ein Jahr vor seiner Wahl hatte ich erstmals versucht, mit Barak in Kontakt zu kommen. Am 17. Mai 1998, noch ehe er wusste, dass er für das Amt des Premierministers kandidieren würde, hatte ich ihm einen Brief geschrieben, in dem unter anderem Folgendes stand: »Der Bibelcode hat neue Informationen enthüllt, denen zufolge Sie in einer Zeit großer Gefahr für Ihr Land Premierminister von Israel sein könnten. Ich glaube, dass Sie der nächste Premierminister Israels werden, und hoffe, dass wir uns treffen können.«

Der Code sagte allerdings das Jahr »5759« vorher, 1999 nach dem modernen Kalender. Dabei waren die nächsten Wahlen für das Jahr 2000 angesetzt. Deshalb führte ich es in meinem Brief nicht an. Doch genau ein Jahr später, am 17. Mai 1999, gewann Ehud Barak überraschend vorgezogene Neuwahlen und wurde Premierminister von Israel.

Statt über diese erneute Bestätigung des Codes zu triumphieren, war ich von schlechten Vorahnungen erfüllt. Die Eintragung in der Bibel, die mich bewogen hatte, Baraks Wahl ein Jahr davor zu prophezeien, warnte gleichzeitig in beunruhigenden und spezifischen Worten vor einer Gefahr. »Premierminister E. Barak« erschien in einer einzigen Codematrix gefolgt von

»Krise und Tod«. Die Warnung war eindeutig. Die Krise würde an jenem heiligen Ort in Jerusalem ausbrechen, den sowohl Muslime als auch Juden für sich beanspruchten: am »Tempelberg«. Quer über »Premierminister E. Barak« verkündete der verschlüsselte Text: »Sie werden am Tempelberg zuschlagen.«

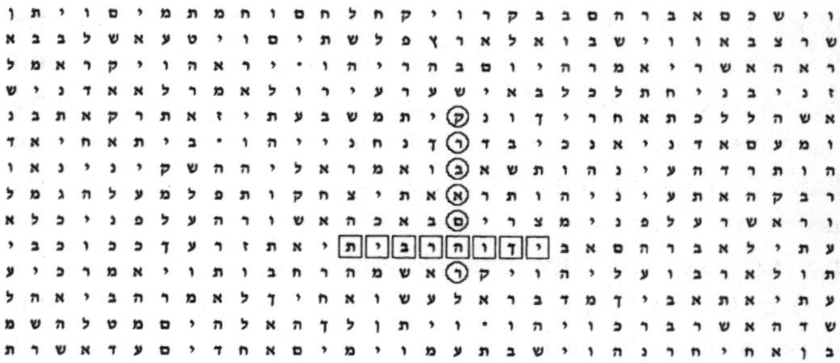

○ Premierminister E. Barak ☐ sie werden am Tempelberg zuschlagen

Als Barak, wie vorhergesagt, die Wahl gewann, und dies im prophezeiten Jahr, schickte ich seinen engsten Beratern unverzüglich eine Botschaft mit der dringenden Bitte, ihn vor der Gefahr zu warnen. General Isaac Ben-Israel, dem führenden Wissenschaftler im Verteidigungsministerium, sandte ich ein Fax mit folgendem Inhalt: »Mich beunruhigt, dass der Code mit seiner Vorhersage Recht behalten könnte, Barak werde in einer Zeit großer Gefahr Premierminister Israels sein, wenn er schon seine Wahl richtig prophezeite.« Doch Barak hatte sich zu diesem Zeitpunkt bereits so von seinen engsten Beratern zurückgezogen, dass er zu keinem Treffen bereit war.

Daraufhin schrieb ich dem Premierminister in einem zweiten Brief: »›Sie werden am Tempelberg zuschlagen‹ wird im Code gemeinsam mit ›Premierminister E. Barak‹ ebenso deutlich vorhergesagt wie die Ermordung von Jitzhak Rabin.«

Barak wusste, dass sich die Vorhersagen des Bibelcodes immer wieder bewahrheiteten. An dem Tag, als Rabin ermordet worden war, rief Rabins engster Freund – jener Mann, der Rabin meine Warnung überbracht hatte – bei Barak an und sagte: »Der amerikanische Journalist wusste es bereits vor einem Jahr. Ich habe den Ministerpräsidenten gewarnt. Es stand in der Bibel.«

Barak hatte den Bibelcode sogar persönlich geprüft. General Ben-Israel teilte mir mit, dass Premierminister Schimon Peres nach dem Mord an Rabin dem damaligen Kabinettsminister Barak den Auftrag erteilt hatte, den Code zu untersuchen. »Er überprüfte auch Sie«, teilte mir Ben-Israel mit. »Er forschte nach, ob Sie womöglich in den Mord verwickelt waren.«

Ich war schockiert, musste aber eingestehen, dass es aus seiner Sicht einen Sinn ergab. Selbstverständlich fiel es Barak leichter zu glauben, dass ich von Rabins Ermordung ein Jahr im Vorhinein wusste, weil ich womöglich in den Mord verwickelt war, als dass ein 3000 Jahre alter Code in der Bibel die Zukunft enthüllte. »Die Überprüfung ergab, dass Sie sauber waren«, meinte Ben-Israel.

Barak wusste also über den Bibelcode Bescheid. Er wusste, dass der Code Rabins Ermordung ebenso prophezeit hatte wie seinen eigenen Wahlsieg, und beides ein Jahr im Voraus. Dennoch war er nicht bereit, sich mit mir zu treffen. »Nehmen Sie es nicht persönlich«, sagte General Ben-Israel. »Er will sich mit niemandem treffen, weder mit seinen engsten Beratern noch mit mir. Im Augenblick ist er vollkommen isoliert.«

Doch ich konnte die Gefahr nicht ignorieren. »Tempelberg« kreuzte nicht nur »Premierminister Barak«, sondern es fand sich zusätzlich die verschlüsselte Eintragung »Sabotage am Tempelberg« gemeinsam mit »Ehud Barak« und »5760«, dem Jahr 2000.

Die Gefahr schien sogar mit einem bestimmten Datum codiert zu sein – dem »9. Ab«. Der Legende nach zerstörten die

Babylonier an diesem Tag im Jahr 586 v. Chr. den ersten Tempel und die Römer im Jahr 70 n. Chr. den zweiten.

Deshalb machte ich mich am Morgen des 9. Ab – dem 10. August 2000 nach dem modernen Kalender – zu einem Treffen mit Baraks Kabinettsminister Isaac Herzog auf den Weg, dem Sohn des ehemaligen israelischen Präsidenten, der von mir bereits einen Brief erhalten und an den Premierminister weitergeleitet hatte. »Barak hat die Sicherheitskräfte in Alarmbereitschaft versetzt«, teilte mir Herzog mit. »Der Premierminister ist sich der Gefahr bewusst. Mehr können wir nicht tun.«

Herzog berichtete, dass er am Vortag den Polizeichef von Jerusalem in sein Büro gerufen hatte, um ihn vor dem angekündigten Attentat zu warnen. Außerdem hatte er alle hochrangigen Sicherheitsbeamten auf die mögliche Gefahr am 9. Ab hingewiesen.

Jeder in Israel wusste, dass ein Anschlag auf dem Tempelberg einen Dschihad entfesseln konnte, einen heiligen Krieg. Bereits in der Vergangenheit hatten religiöse Extremisten aller Lager versucht, einen solchen Krieg auszulösen, in der Hoffnung, damit die Apokalypse heraufzubeschwören. Das Jahr 2000 wurde als Jahr höchster Gefahr betrachtet. Ein Artikel der *New York Times* stellte sogar die Frage: »Wird jemand im kommenden Jahr – dem Millenniumsjahr, in dem viele Christen auf die Rückkehr von Jesus hoffen – den Versuch unternehmen, den Felsendom oder die nahe gelegene Al-Aksa-Moschee zu zerstören, um den Friedensprozess zu beenden und das Ende der Tage heraufzubeschwören, oder gar beides?«

»Das wäre das Ende von Israel«, erklärte Scheich Ahmad Jassin, der Anführer der palästinensischen Terrororganisation Hamas.

Deshalb zeigte ich Herzog, Baraks rechter Hand, die Eintragung im Bibelcode, in der »Barak« und »Arafat« gemeinsam mit »Ende der Tage« erschienen.

»Was hält Dr. Rips davon?«, fragte Herzog.

»Seiner Ansicht nach liegt es jenseits jeder Wahrscheinlichkeit, dass ›Arafat‹ und ›Barak‹ an derselben Stelle codiert sind, an der sich beide Ausdrücke für ›Ende der Tage‹ finden«, erwiderte ich.

Doch am 9. Ab geschah nichts. Kein Attentat auf dem Tempelberg. Weder ein religiöser Fanatiker noch ein Terrorist schlug an diesem Tag zu. Ich fürchtete, dass nun niemand mehr auf mich hören würde, nachdem ich umsonst Alarm ausgelöst hatte. Dennoch ersuchte ich Herzog erneut, für mich ein Treffen mit dem Premierminister zu arrangieren. »Barak lässt niemanden an sich heran«, erklärte er. »Im Augenblick ist es unmöglich.«

Also konzentrierte ich meine Aufmerksamkeit auf Jassir Arafat.

Am 13. August 2000 traf ich mich mit Abu Ala, dem Vorsitzenden des Palästinenserrates und vermutlich zweitmächtigsten Mann nach Arafat. Der kleine, untersetzte, kahlköpfige Mann wirkte mit seiner Zigarre wie eine arabische Version eines New Yorker Politikers des ausgehenden 19. Jahrhunderts. Sein Büro in der auf der Westbank liegenden Stadt Ramallah wurde von einem großen Bild beherrscht, das die mit einer goldenen Kuppel versehene Moschee auf dem Tempelberg in Jerusalem zeigte.

Ich übergab Abu Ala einen Brief für Arafat und teilte ihm mit, dass er eine in der Bibel codierte Warnung enthalte, eine Prophezeiung, die Arafat unbedingt sehen müsse. Er las den Brief aufmerksam, und als er geendet hatte, war er sichtlich erschüttert.

Ich hatte erwartet, dass er skeptisch und sogar ablehnend reagieren würde. Immerhin handelte es sich um einen in hebräischer Schrift abgefassten Code im heiligsten Buch seines Feindes. Doch Abu Ala nahm die Nachricht so ernst, dass er laut darüber nachdachte, ob er Arafat die Botschaft noch am selben Tag zusenden solle, obwohl sich Arafat gegenwärtig in China aufhielt. »Wir haben ähnliche Dinge im Koran«, erklärte er. »Arafat ist ein wahrer Gläubiger, deshalb glaube ich, dass er die Warnung ernst nehmen wird. Ernster als Rabin.«

Doch daraufhin vergingen Monate, ohne dass Abu Ala meinen Brief weiterleitete. Nachdem es mir nicht gelungen war, zu Arafat und Barak durchzudringen, versuchte ich es erneut bei Clinton.

Ende September, als die Friedensgespräche hoffnungslos verfahren schienen, sandte ich Podesta, dem Stabschef des amerikanischen Präsidenten, eine Nachricht: »Es ist möglich, dass die Verhandlungen zwischen Barak und Arafat zwar nicht zu einem vernünftigen politischen Ergebnis kommen, aber doch zu einem, das die Wurzel des Problems offenbart. Das eigentliche Problem ist die Religion. Vielleicht bietet der Bibelcode eine Lösung.«

Als ich schließlich eine Nachricht aus dem Weißen Haus erhielt, in der Podesta mir zustimmte, war ich bereits wieder in Israel. Doch nun war es zu spät.

An diesem Tag begann die neue Intifada.

Auf dem Tempelberg brach ein offener Krieg zwischen den Israelis und den Palästinensern aus, genau wie es im Bibelcode vorhergesagt worden war. Am 28. September 2000, einen Tag vor meiner Ankunft in Israel, führte der rechtsgerichtete Ariel Scharon, jener General, der geschworen hatte, Arafat zu zerschmettern, eintausend schwer bewaffnete Bereitschaftspolizisten und -soldaten auf den Tempelberg. Einen Tag später, am 29. September 2000, nach dem Freitagsgebet in der Moschee, begann der neue Palästinenseraufstand. Vier Jugendliche, die Steine geworfen hatten, wurden von israelischen Soldaten am Tempelberg getötet.

Der Anschlag auf den Tempelberg war weder von religiösen Extremisten noch von Terroristen verübt worden, sondern von einer der zentralen Persönlichkeiten der israelischen Politik. Er löste eine endlose Spirale der Gewalt aus.

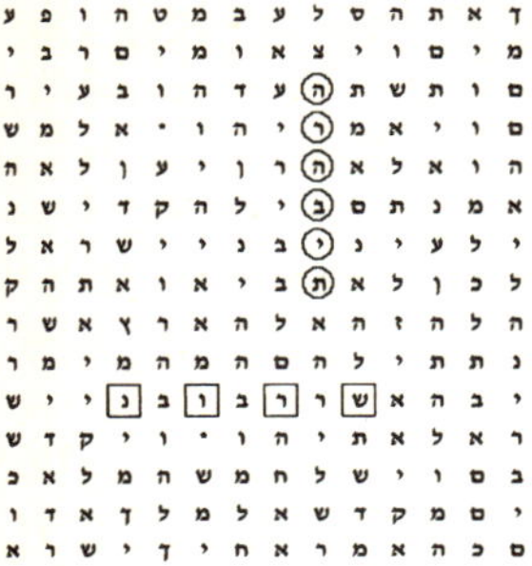

○ Tempelberg □ Scharon

»Scharon« war ebenfalls gemeinsam mit »Tempelberg« codiert.

Mittlerweile hatte sich jeder Teil der Vorhersage aus dem Bibelcode bewahrheitet, die ich Premierminister Barak mehr als zwei Jahre zuvor gesandt hatte. »Sie werden am Tempelberg zuschlagen«, jene Worte, welche die Eintragung »Premierminister E. Barak« kreuzten, sowie »Krise und Tod« waren in erschreckender Weise Wirklichkeit geworden.

Da sich Barak nach wie vor weigerte, mich zu empfangen, traf ich mich mit einer der wenigen Personen, denen er noch vertraute: seinem Schwager Doron Cohen, einem Rechtsanwalt aus Tel Aviv. Ihm übergab ich einen weiteren Brief an Barak. Doch ehe er ihn lesen konnte, kam ein Anruf aus dem Büro des Premiers.

»Ein Treffen heute ist ausgeschlossen«, sagte Cohen, nachdem er aufgehängt hatte. »In Ramallah sind eben zwei israelische Soldaten gelyncht worden.«

Das israelische Fernsehen zeigte grauenvolle Bilder. Ein wütender Mob hatte eine palästinensische Polizeistation in der Stadt auf der Westbank umringt, sich zweier junger israelischer Soldaten bemächtigt, die sich auf palästinensisches Gebiet verirrt hatten, sie zu Tode geprügelt, ihre Leichen verstümmelt und aus dem Fenster geworfen. Als einer der Mörder seine blutbefleckten Hände in die Höhe hob, brach der Mob unter ihm in Jubelschreie aus.

Als Vergeltung machten israelische Kampfhubschrauber die Hauptquartiere der Palästinensischen Befreiungsfront in Ramallah und Gaza dem Erdboden gleich. Dies war der schwerste Gewaltakt seit dem Handschlag zwischen Arafat und Rabin auf dem Rasen vor dem Weißen Haus im Jahr 1993. Es herrschte Krieg.

Nur zwei Tage zuvor hatte ich mich in Gaza in einem jener von Israel bombardierten palästinensischen Gebäude aufgehalten, um mich mit Arafats Außenminister, Nabil Shaath, zu treffen. Mein Fahrer ließ mich auf der israelischen Seite der Grenze aussteigen. In der glühenden Hitze ging ich dann eine Strecke von etwa zwei Fußballfeldern Länge zu Fuß quer durch das Niemandsland nach Gaza. Dies war am zwölften Tag der kriegerischen Auseinandersetzungen, die bereits nahezu einhundert Menschenleben gefordert hatten. Kofi Annan, der Generalsekretär der Vereinten Nationen, war kurz vor mir eingetroffen, und der russische Außenminister Igor Iwanow befand sich auf dem Weg nach Gaza, sodass sich mein Termin verschob.

»Was hat es mit diesem Buch mit den hebräischen Schriftzeichen auf sich?«, fragte Dr. Shaath, der mir eine Ausgabe meines Buchs *Der Bibel Code* entgegenhielt, als er mich schließlich empfing.

Ich zeigte ihm die Codetabelle auf dem Umschlag, in der sich die Worte »Mörder, der morden wird« mit »Jitzhak Rabin« kreuzten, und sagte ihm, dass ich gekommen war, um Arafat durch ihn vor einer bedeutend größeren Gefahr zu warnen.

»Präsident Arafat glaubt an Prophezeiungen«, erwiderte Shaath, der sich nun nicht mehr so ablehnend gab wie eben noch. »Das wird ihn beeindrucken. 1997 warnten ihn Personen, die in die Zukunft sehen können, dass sein Leben in Gefahr sei. Arafat stand monatelang unter Schock. Seine Lippe zitterte. Alle glaubten, dass er krank wäre. Aber das war er nicht, es war diese Prophezeiung. Ich werde ihm die Botschaft überbringen, aber ich muss den richtigen Augenblick abwarten. Vielleicht wenn diese Schwierigkeiten vorüber sind.«

»Dann wird es bereits zu spät sein«, warf ich ein. »Außerdem glaube ich nicht, dass diese Auseinandersetzungen bald vorbei sein werden. Wenn der Code Recht behält, geht es nicht um

Frieden oder Straßenkämpfe, sondern um Frieden oder völlige Auslöschung.«

Shaath sagte, dass er überzeugt sei, bald werde Frieden herrschen. Zwei Tage später wurde das Gebäude, in dem wir uns getroffen hatten, von einer Rakete aus einem israelischen Hubschrauber zerstört.

Zwei Monate nach den gescheiterten Gesprächen von Camp David, als der Friede, einst greifbar nahe, im offenen Krieg in weite Ferne gerückt war, und nur zwei Wochen, nachdem der Stabschef des amerikanischen Präsidenten in ein Treffen mit mir eingewilligt hatte, stand ich in einer veränderten Welt am Tor zum Weißen Haus und wartete darauf, Clinton zu warnen, dass wir uns bereits am »Ende der Tage« befanden.

Schließlich beendete der Beamte des Geheimdienstes seine Kontrolle; um 14.30 Uhr an diesem 16. Oktober 2000 wurde ich eingelassen, um mich mit dem Stabschef des Präsidenten zu treffen.

John Podesta, ein schweigsamer, hagerer, zurückhaltender Mann, teilte mir mit, dass er Clinton mein Buch und meinen Brief persönlich übergeben habe. Er werde sich mit Clinton zu einer kurzen Besprechung über den Bibelcode treffen, sobald dieser von einem weiteren Gipfeltreffen mit Barak und Arafat in Ägypten zurückgekehrt sei, wo er verzweifelte Versuche unternahm, einen Waffenstillstand zu erzielen.

»Ich habe schon einmal mit dem Präsidenten darüber gesprochen und werde es wieder tun«, erklärte der Stabschef.

»Gibt es irgendwelche Neuigkeiten aus Ägypten?«, fragte ich.

Podesta schüttelte den Kopf. »Nichts«, murmelte er. »Und das ist nicht gut.«

Ich beschloss, ihm die ganze Wahrheit zu sagen, da die Gefahr nun deutlich realistischer schien als noch vor wenigen Monaten, als der Gipfel von Camp David mit so großer Hoffnung angekündigt worden war. So teilte ich ihm unumwunden mit, dass der Bibelcode davor zu warnen schien, dass wir uns in der von den drei großen Weltreligionen vorhergesehenen Periode endgültiger Gefahr befänden – am »Ende der Tage«.

Ich zeigte ihm in meinem Buch jene Codetabelle, an der sich die beiden biblischen Botschaften vom »Ende der Tage« trafen, und kreiste dann die Namen »Arafat« und »Barak« ein, die genau an derselben Stelle aufschienen.

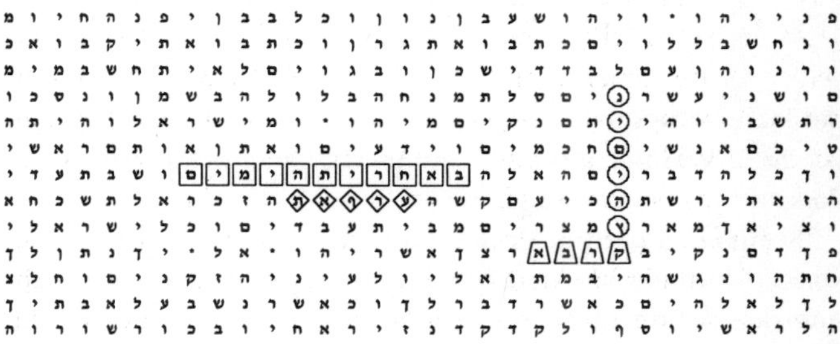

○ Ende der Tage □ am Ende der Tage ◇ Arafat △ E. Barak

Podesta studierte die Tabelle sorgfältig und betrachtete die Namen der beiden politischen Führer eingehend, die in diesem 3000 Jahre alten Text ohne Auslassungen und jeweils mit der Warnung vor dem Ende der Tage codiert waren. »Was bedeutet das?«, fragte er mich schließlich.

»Ich weiß nicht, was ›Ende der Tage‹ genau bedeutet, aber es verweist eindeutig auf eine Zeit höchster Gefahr«, erwiderte ich. »Im Buch Daniel heißt es: ›Denn es wird eine Zeit so großer Trübsal sein, wie sie nie gewesen ist, seitdem es Menschen gibt.‹«

»Wenn wir über Israel sprechen, ist das eine schwer wiegende Aussage«, meinte Podesta. Er kannte die biblische Bedeutung von »Ende der Tage« genau. »Was ich wissen will, ist: Was bedeutet es für unsere heutige Welt?«

Ich zeigte dem Stabschef etwas Außergewöhnliches. An der Stelle, an der unter der Eintragung »am Ende der Tage«

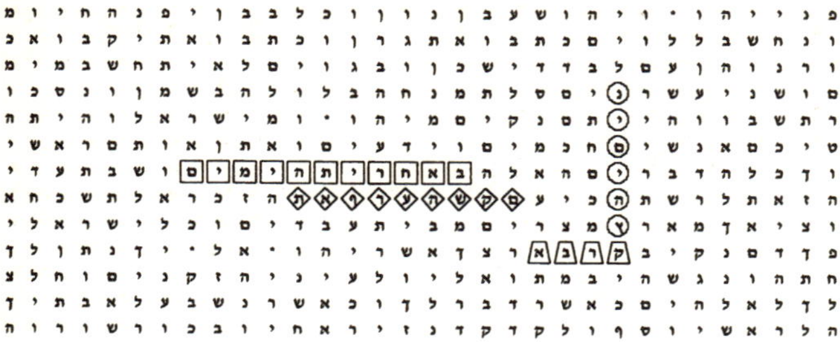

○ Ende der Tage □ am Ende der Tage ◇ Arafat ist starrköpfig △ Barak

der Name »Arafat« erschien, lautete die gesamte Phrase: »Arafat ist starrköpfig.« »Das stimmt allerdings«, kommentierte Podesta.

Dann zeigte ich ihm, dass dort, wo die Phrase »Ende der Tage« »Barak« kreuzte, eine weitere Botschaft den Namen des Premierministers überlappte: »in einem Kampf in deinem Land«.

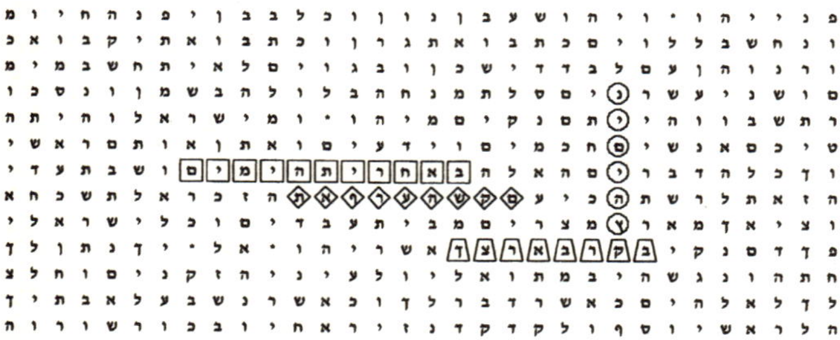

○ Ende der Tage □ am Ende der Tage ◇ Arafat ist starrköpfig △ Barak/in einem Kampf in deinem Land

»Haben Sie auch eine gute Nachricht?«, fragte Podesta. Daraufhin zeigte ich ihm, dass »Friede« knapp über »Ende der Tage« codiert war, jedoch auch, dass »Terror« mit »Friede« verflochten war.

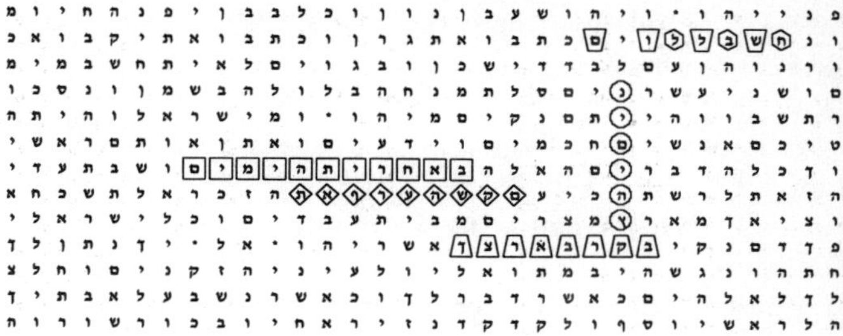

○ Ende der Tage □ am Ende der Tage ◇ Arafat ist starrköpfig
△ Barak/in einem Kampf in deinem Land ▽ Friede ⬡ Terror

»Wie, das ist die gute Nachricht?«, fragte Podesta.

»Ich denke, es entspricht der Wirklichkeit«, antwortete ich. »Ein Kampf zwischen Friede und Terrorismus ist vermutlich das Beste, worauf wir hoffen können. Selbst wenn Friede geschlossen wird und Clinton ein Wunder vollbringt, wird die Gefahr wahrscheinlich nicht gebannt sein, sondern möglicherweise ihren Höhepunkt erreichen.

Die Warnung vor einer Gefahr herrscht vor und sie bezieht sich eindeutig auf diesen Moment in der Geschichte, denn es ist aus mathematischer Sicht unmöglich, dass ›Arafat‹, ›Barak‹ und ›Ende der Tage‹ aus purem Zufall gemeinsam codiert sind. Dem Bibelcode zufolge ist dies das ›Ende der Tage‹.«

»Das, was jetzt geschieht?«, fragte Podesta.

»Wenn der Code Recht behält, ist es nur der *Anfang*. Die größte Bedrohung ist ein ›atomarer Holocaust‹, ein möglicher ›Weltkrieg‹, der im Nahen Osten ausbricht.«

»Wann? Und wo?«, fragte Podesta.

»Der Code scheint auszusagen, dass ein Dritter Weltkrieg mit einem Terroranschlag beginnen könnte«, erklärte ich. »›Jerusalem‹ ist die einzige Stadt, die namentlich genannt wird.«

Schließlich teilte ich dem Stabschef mit, dass die Gefahr nur mit einem einzigen Jahr eindeutig codiert war – und dass

»Weltkrieg« und »atomarer Holocaust« mit derselben Jahresangabe erschienen: dem Jahr 2006.

»In fünf Jahren?«, fragte Podesta.

»Ich weiß nicht, was morgen geschehen wird«, gab ich zur Antwort. »Aber ich bin sicher, dass der Code echt ist. Daher glaube ich, dass auch die Warnungen im Code echt sein könnten.«

Podesta schien diese Informationen ziemlich ernst zu nehmen. Er sprach wenig, hörte aufmerksam zu und nahm während unserer nahezu einstündigen Unterredung im Weißen Haus keine Telefongespräche entgegen.

Ich teilte ihm mit, dass ich soeben aus dem Nahen Osten zurückgekehrt sei und dass mich das, was ich dort gesehen hätte, zutiefst beunruhige. Außerdem sagte ich, dass ich mich bereits mit zahlreichen Personen aus dem unmittelbaren Umfeld von Barak und Arafat getroffen hätte und nur eine echte Chance für einen Durchbruch sähe. »Ich habe mit Abu Ala in Ramallah gesprochen und vor kurzem mit Nabil Shaath in Gaza, und beide haben mir übereinstimmend gesagt, dass Arafat die Warnungen ernst nehmen wird.«

»Arafat glaubt an Prophezeiungen. Ja, das wäre eine Möglichkeit.«

Podesta schien sich darauf zu konzentrieren, vielleicht weil man im Weißen Haus den Palästinenserführer als Kern des Problems sah. Clinton hatte für ihn mehr Zeit aufgewendet und ihn intensiver umworben als jeden anderen politischen Machthaber und war zutiefst enttäuscht, als Arafat in Camp David zu keinem Friedensschluss bereit war.

Meiner Ansicht nach beging der amerikanische Präsident einen Fehler, wenn er versuchte, mit Arafat auf dieselbe Weise zu verhandeln wie mit Barak, Rabin oder Peres, und das sagte ich Podesta auch. »Ich glaube, Arafat ist ein Mystiker. Er glaubt an sein Schicksal und dass er einer höheren Macht dient. Aus diesem Grund könnte er für die Warnungen im Bibelcode offen sein.«

»Rufen Sie mich an, wenn Sie sich mit Arafat treffen«, bat Podesta.

Am Ende des Gesprächs fragte ich Podesta, ob er gläubig sei. »Ja«, erwiderte er. Daraufhin fragte ich ihn, ob er denke, dass der Bibelcode echt sei. »Ja, das glaube ich«, sagte er.

»Dann ist das Ganze für Sie vermutlich um einiges leichter als für mich«, entgegnete ich.

Podesta lachte. »Auch Clinton ist gläubig«, meinte er. »Ich weiß zwar nicht, ob er an Prophezeiungen glaubt, aber er ist auf jeden Fall gläubig. Und er kennt die Bibel gut.«

»Als Politiker aus dem Süden muss er das auch«, bemerkte ich.

Podesta lachte wieder. »Er ist wirklich gläubig«, wiederholte er.

»Können Sie für mich ein Treffen mit dem Präsidenten arrangieren?«, fragte ich.

Podesta sicherte es mir zu. »Den genauen Termin werde ich Ihnen noch mitteilen«, sagte er, während ich mich erhob. »Ich weiß, dass es lächerlich klingt angesichts dessen, was Sie mir erzählt haben, aber es muss in seinen Terminplan passen. Im Augenblick hat er es nicht leicht. Er ist nur noch wenige Monate im Amt und es gibt eine Menge zu tun.«

Während ich den Weg vom Weißen Haus zum Eisentor zurückging, wurde mir bewusst, mit wem ich gerade gesprochen hatte, was ich gesagt hatte und was in diesem Moment auf der Welt geschah. Mit einem Mal wurde mir die Bedeutung dieses Augenblicks klar.

Vielleicht lag es an der Kulisse – das Weiße Haus, unangefochtenes Machtzentrum unserer heutigen Welt. Vielleicht lag es auch daran, dass ich eben erst zwei Wochen in Israel gewesen war. Dort hatte ich die Gewalt erlebt, die jenem Frieden zum Verhängnis geworden war, den Arafat und Rabin vor sieben Jahren mit ihrem Handschlag an eben diesem Ort geschlossen hatten. Dieser Augenblick hatte jedenfalls etwas an sich, das mir ein bislang unbekanntes Gefühl vermittelte und in mir die Sorge weckte, die Gefahr wäre nur allzu real.

Podesta, der Mann, der leichter Zugang zum amerikanischen Präsidenten fand als jede andere Person, schien bereits vor meiner Ankunft von der Echtheit des Bibelcodes überzeugt gewesen zu sein und hatte angedeutet, dass auch Clinton seine Existenz nicht bezweifle.

Jene Worte, die ich kaum auszusprechen gewagt hatte aus Angst, dass er mich für verrückt erklären würde – die Warnung vor dem »Ende der Tage« –, hatten ihn anscheinend nicht überrascht. Er schien auch das zu akzeptieren.

In diesem Moment begriff ich, dass ich einer Minderheit angehörte: Nahezu alle anderen Menschen waren gläubig. Menschen wie der amerikanische Präsident und sein Stabschef waren mit der Bibel aufgewachsen, hatten vom »Ende der Tage« gelesen, in der Kirche davon gehört. Sie akzeptierten es als Tatsache.

Mir kam das alles sehr seltsam vor. Da stand ich im Weißen Haus, erzählte dem höchsten Mitarbeiter des Präsidenten, dass wir uns möglicherweise in der seit langem prophezeiten Periode größter Gefahr befanden – und er schien mich ernst zu nehmen und sagte, dass er bereits mit dem Präsidenten darüber gesprochen habe und dies erneut tun werde.

Als ich das Weiße Haus verließ, wirkte plötzlich alles, was ich Podesta mitgeteilt hatte, realer denn je zuvor. Vielleicht stand uns jenes grauenvolle, möglicherweise sogar endgültige Geschehen, das vor 3000 Jahren vorhergesagt worden war, in diesem Moment wirklich bereits unmittelbar bevor.

Kapitel Vier

Er existiert

Am ersten Tag des Gipfeltreffens von Camp David erhielt ich den letzten Beweis, dass ich an der richtigen Stelle nach dem »Codeschlüssel« suchte. »Er existiert in Lisan« erschien parallel zu »Bibelcode«.

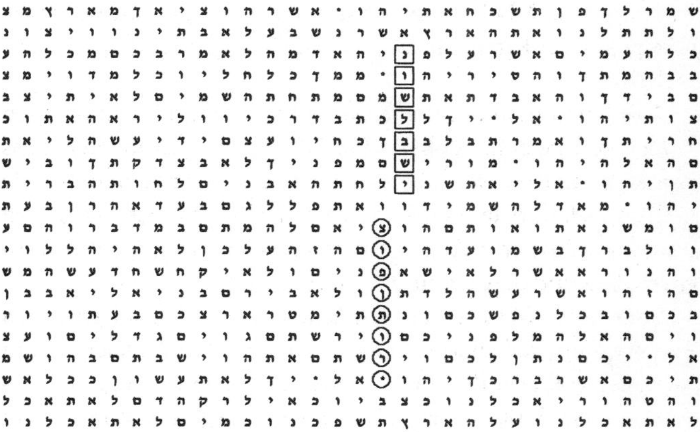

○ Bibelcode □ er existiert in Lisan

Doch dies war mehr als nur ein Beweis dafür, dass ich am richtigen Ort forschte. Im Hebräischen bedeutete »Lisan« gleichzeitig »Sprache«. Die gesamte Eintragung, die parallel zu »Bibelcode« erschien, lautete somit: »Er existiert in der Sprache der Menschen.«

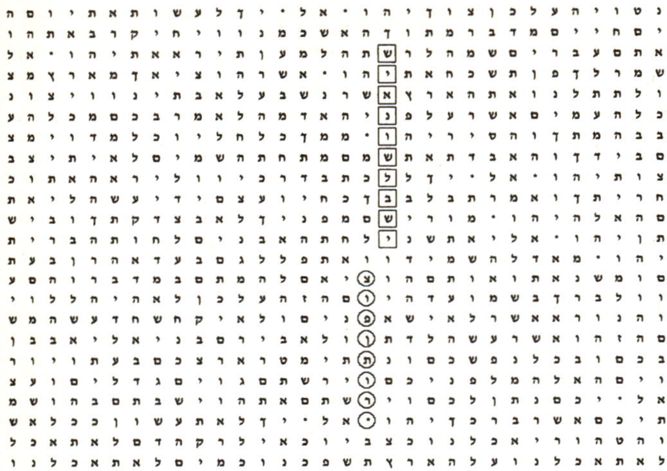

○ Bibelcode □ er existiert in der Sprache der Menschen

»Er existiert in der Sprache der Menschen« erbrachte den endgültigen Beweis, dass der Bibelcode für uns bestimmt war, dass er vom Menschen entschlüsselt werden sollte.

Ich rief Eli Rips an. Was ich gefunden hatte, war das Ergebnis einer neuen Entdeckung seines Programmierers, Dr. Alex Rotenberg. »Bibelcode« war mit einer geringeren Auslassungssequenz codiert, als es der Auftrittswahrscheinlichkeit entsprochen hätte. Für Rips war dies ein neuer und bedeutender mathematischer Beweis.

»Das ist ein guter, einfacher Beweis«, erklärte Rips, »denn derselbe lange Ausdruck – ›Bibelcode‹ – taucht zweimal mit einer kurzen Auslassungssequenz auf. Es ist ziemlich unwahrscheinlich, dass jemand etwas Derartiges in einem anderen Text findet.«

Diese Entdeckung war umso bedeutender, weil »Bibelcode« die Grundlage für alle weiteren möglichen Codierungen bildete.

Dr. Rips zeigte sich jedoch ebenso erfreut über meine übrigen Neuentdeckungen. »Das ist wirklich ein wunderbarer Fund. Denn das heißt, dass der Bibelcode in unserer Sprache geschrieben und uns dadurch zugänglich ist. Er erfordert also keine übernatürlichen Kenntnisse oder Fähigkeiten«, erklärte er.

Die Wahrscheinlichkeit, dass »Bibelcode« und »er existiert in Lisan/er existiert in der Sprache der Menschen« an derselben Stelle und mit derselben kurzen Auslassungssequenz auftraten, war so gering, dass es eine genaue Berechnung unmöglich machte.

Besonders außergewöhnlich war, dass diese neuerliche Bestätigung des »Bibelcodes« und meine Suche nach dem »Codeschlüssel« mit diesem für Israel so kritischen Augenblick zusammenfielen. In Camp David entschied sich möglicherweise das Schicksal der Nation und damit das Schicksal der gesamten Welt.

Während ich mich bemühte, meine Aufmerksamkeit von meinem archäologischen Abenteuer auf die in der Bibel codierten Gefahren zu lenken und den Präsidenten vor dem »Ende der Tage« zu warnen, zog mich der Bibelcode zurück auf die Spur zum »Codeschlüssel«. Vielleicht war es in diesem Augenblick wichtiger als je zuvor, den letzten Beweis für den Code zu entdecken, damit wir seine Warnungen in vollem Umfang begriffen und sie auch Beachtung fanden.

Vielleicht war dies der geeignete Moment, um den alten Schlüssel auszugraben, von dem es hieß, »er existiert in Lisan« und »er existiert in der Sprache der Menschen«.

Die neue Entdeckung von Rips und Rotenberg und meine plötzliche Erkenntnis, dass »er existiert in Lisan/er existiert in der Sprache der Menschen« parallel zu »Bibelcode« erschien, zeigten deutlich, dass wir uns auf dem richtigen Weg befanden. Ich erinnerte Rips daran, dass wir bereits eine ähnliche Botschaft im verschlüsselten Text gefunden hatten. Die Phrase »in eure Hände gegeben, um zu lösen« kreuzte »Codeschlüssel« an derselben Stelle, wo auch »Obelisken« auftauchte. Fast schien es, als ermutigte uns der Codierer, die Suche fortzusetzen.

Die neue Codetabelle bot jedoch weitere Enthüllungen. Die Worte »zwei steinerne Tafeln« aus dem unverschlüsselten Text kreuzten »er existiert in Lisan/er existiert in der Sprache der Menschen«. »Palast/Tempel der Schrift/des Schreibers« ging ebenfalls durch »er existiert in Lisan«. Dies verwies darauf, dass wir vielleicht mehr als einen Obelisken finden würden, dass die Obelisken vielleicht Teil eines Palastes oder Tempels waren, eines Gebäudes jedenfalls, das errichtet worden war, um den Codeschlüssel und vielleicht sogar den Codierer zu beherbergen.

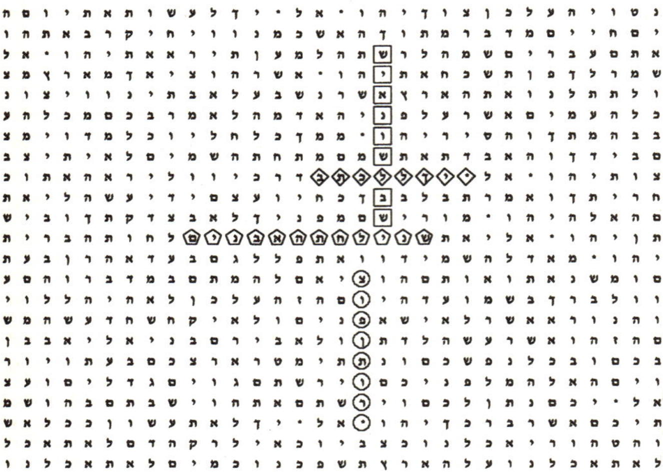

○ Bibelcode □ er existiert in der Sprache der Menschen ◇ zwei steinerne Tafeln
⬠ Palast/Tempel der Schrift/des Schreibers

Plötzlich wurde mir bewusst, dass sich der Codierer selbst enthüllte. Die Tatsache, dass der Code die Botschaft enthielt, »er existiert in der Sprache der Menschen«, sagte uns nicht nur, dass wir den Code lesen konnten, sondern deutete auch darauf hin, dass er nicht von einem menschlichen Wesen geschaffen worden war, sondern von einer fremden Intelligenz, die zu uns Kontakt aufnehmen wollte.

In derselben Tabelle war »Nadel« codiert, das zweite in der hebräischen Sprache verwendete Wort für »Obelisk«; es kreuzte die Eintragung »er gravierte, ihr werdet öffnen«.

Diese außergewöhnliche Matrix schien sämtliche Grundelemente meiner Suche nach dem »Codeschlüssel« zu bestätigen und darauf zu verweisen, dass sie zu etwas führen würde, das jenseits des Gesuchten lag.

Es gab noch eine dritte Möglichkeit, dieselben hebräischen Zeichen zu lesen, die den Ort angaben – »er existiert in Lisan« – und erklärten, dass wir den Code entschlüsseln können – »er existiert in der Sprache der Menschen«. Sie ließen sich auch mit »ein Mensch existiert in Lisan« übersetzen.

Dies schien ein Hinweis darauf zu sein, dass wir auf der Halbinsel, die ins Tote Meer hinausragte, vielleicht nicht nur den Ursprung des Bibelcodes, sondern sogar den Ursprung der Menschheit, zumindest des modernen Menschen finden würden.

Bereits zu Beginn meiner Suche war mir aufgefallen, dass der Name des Ortes gleichzeitig »Sprache« bedeutete, ein überaus passender Hinweis auf einen Code in der Bibel. Dies konnte kein Zufall sein. Darüber hinaus ist »Sprache« ein Grundelement der Menschheit. Durch diese besondere Fähigkeit hob sich der Mensch von allen anderen Lebewesen auf Erden ab.

»Mazraa«, die zweite Ortsangabe, der Name der Bucht an der Nordseite der Halbinsel, der wie das Kreuz auf einer Schatzkarte wirkte, bedeutete in der hebräischen Sprache auch »gesät«. Gemeinsam schienen die Wörter »gesät« und »Sprache« eine weitere, höhere Bedeutungsebene zu enthüllen.

Die dritte Übersetzung der Codematrix, die parallel zu »Bibelcode« verlief und »ein Mensch existiert in Lisan« lautete, könnte somit auf jenen Augenblick in der Geschichte verweisen, als der moderne Mensch »gesät« worden war, die »Sprache« erhalten hatte, jene besondere Gabe, die ihn einzigartig machte.

Darüber hinaus gab es eine vierte Möglichkeit, dieselbe Folge von Zeichen zu lesen: »Ein Mensch wird nach Lisan zurückkehren.« Es war schwer zu glauben, aber der Text schien unsere Expedition vorherzusagen.

Wieder in New York, entdeckte ich eine neue Codetabelle, die Lisan erneut und in so bestimmter Weise als Ziel unserer Suche anführte, dass kein Zweifel möglich schien. Außerdem stellte sie eine weitere Verbindung zwischen Lisan und dem Ursprung der Sprache her, jenem Ort, an dem sich der Codeschlüssel verbarg.

»Bibel von Lisan« oder »Thora von Lisan«, was im Hebräischen auch »die Gesetze der Sprache« oder »Sprachwissenschaft« bedeutete, kreuzte in der Bibel die Eintragung »codiert«. Bemerkenswerterweise überschnitt sich der einzige Vers in der Bibel, der den genauen Ort der Halbinsel angab – »Lisan, Zunge des Meeres« –, mit »Thora von Lisan«.

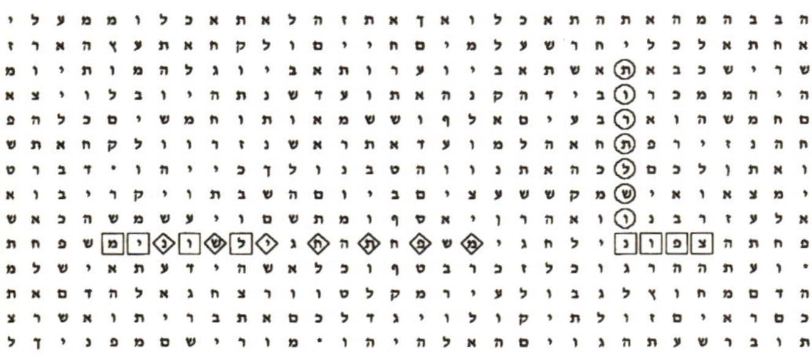

○ Thora von Lisan □ codiert ◇ alter Schlüssel □ Lisan, Zunge des Meeres

An derselben Stelle im Buch Numeri 26,15 kreuzte »alter Schlüssel« die Eintragung »Lisan, Zunge des Meeres«. In der hebräischen Sprache ergaben diese Zeichen auch »Karte des Sensors«.

»Codiert« kreuzte sich mit »Thora von Lisan« und erschien zweimal in diesem Vers. Darüber hinaus ließ sich »codiert« im Hebräischen auch als »verborgen« und »Norden« deuten. Wieder ergab sich daraus eine genaue Ortsangabe: am Kap, dem nördlichsten Punkt der Halbinsel, die in das Tote Meer hinausragte.

Die doppelte Bedeutung sämtlicher Schlüsselphrasen an ein und derselben Stelle war einfach zu außergewöhnlich, um Zufall zu sein.

Die »Gesetze der Sprache« waren in der ursprünglichen, auf Hebräisch abgefassten Bibel verschlüsselt. Bei dieser handelte es sich offensichtlich um die »Thora von Lisan«, die den Ursprung der Sprache enthüllen und gleichzeitig als »Schlüssel« für den Bibelcode dienen würde.

»Ursprüngliche Sprache« war ebenfalls codiert; im Hebräischen bedeutete es: »Lisan ist der Ursprung.« – »Code« kam an derselben Stelle vor.

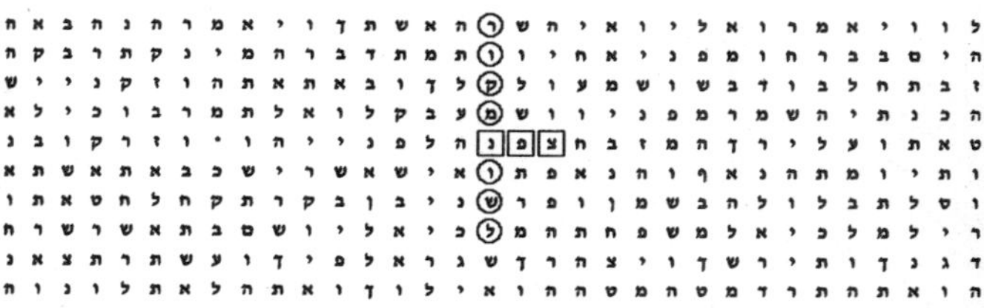

○ Ursprüngliche Sprache/Lisan ist der Ursprung □ Code

Der Beweis, dass wir am richtigen Ort nach dem Schlüssel zum Bibelcode suchten, schien unumstößlich zu sein. Aber nicht nur das. Was wir entdeckt hatten, führte uns offenbar auch an den Ursprung jener Gabe, die den Menschen einzigartig macht: der Sprache.

Auf gewisse Weise schien sich alles um »Sprache« zu drehen. Es konnte kein Zufall sein, dass der Name der Halbinsel »Lisan« auf Hebräisch gleichzeitig »Sprache« bedeutete.

Bei meiner nächsten Reise nach Israel zeigte ich Dr. Rips, dass »Bibelcode« im verschlüsselten Text die Eintragung »Wörterbuch« kreuzte und dass »Lisan« an derselben Stelle vorkam.

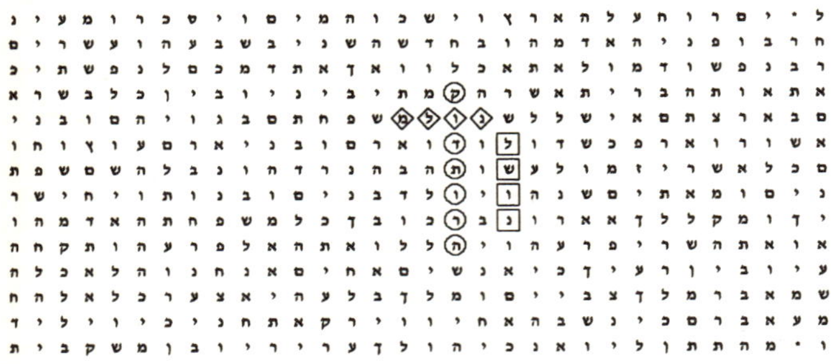

○ Bibelcode ◇ Wörterbuch □ Lisan

»Sehen Sie nur, was die Originalworte der Bibel hier sagen«, forderte mich Rips auf, während er auf den Bibelvers in Genesis 10,5 deutete, in dem sich »Lisan« und »Wörterbuch« mit »Bibelcode« kreuzten: »Von diesen haben sich ausgebreitet die Bewohner der Inseln nach ihren Sprachen.« Rückwärts gelesen ergaben dieselben hebräischen Schriftzeichen die Botschaft: »Ihr werdet nach dem Wörterbuch suchen, dem gestohlenen Gut, dem Geschenk der Wahrheit.«

Dann entdeckte Rips noch etwas Außergewöhnliches. Ein weiterer Bibelvers, der sich unmittelbar mit Sprache befasste, kreuzte ebenfalls die Eintragung »Bibelcode« an der

Stelle, wo sie gemeinsam mit »Lisan« direkt unter »Wörterbuch« aufschien. Dabei handelte es sich um die berühmte Geschichte vom Turmbau zu Babel, die im Buch Genesis 11,7 erzählt wird: »Wohlauf, lasst uns herniederfahren und dort ihre Sprache verwirren, dass keiner des anderen Sprache verstehe!«

Jene beiden Bibelverse, die sich am direktesten mit Sprache auseinander setzen, kreuzten »Bibelcode« dort, wo der Begriff gemeinsam mit »Wörterbuch« und »Lisan« codiert war, was ebenfalls »Sprache« bedeutete. Zusätzlich tauchte in derselben Tabelle das Wort »Schlüssel« auf, das sich mit »Computerprogramm« kreuzte.

Als ich erneut die Eintragungen zu »Codeschlüssel« studierte, sah ich, dass »Wörterbuch« ebenfalls »Codeschlüssel« querte. Die erweiterte Botschaft des verschlüsselten Textes war wiederum außergewöhnlich: »Das Wörterbuch, und es war geöffnet«.

○ Codeschlüssel □ das Wörterbuch, und es war geöffnet

»Wörterbuch der Obelisken« war an derselben Stelle codiert wie »Tafel erweckt den Obelisken zum Leben«. Dies war ein Hinweis darauf, dass der von mir gesuchte Gegenstand mehr war als eine gravierte Säule oder ein Wörterbuch in Stein, vielleicht etwas, das sich aktivieren ließ – eine Art künstliche Intelligenz, etwa wie ein Computer.

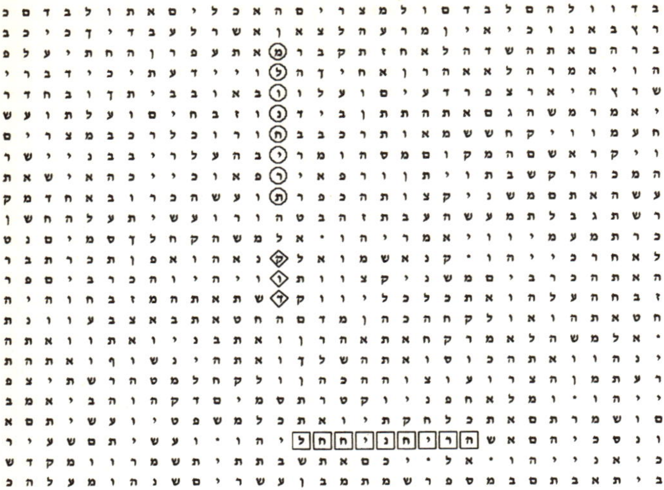

○ Wörterbuch der Obelisken ◇ Code □ Tafel erweckt den Obelisken zum Leben

Schließlich entdeckte ich, dass sich im Bibelcode sowohl »Codierer« als auch »Decoder« mit der Eintragung »Wörterbuch« kreuzten.

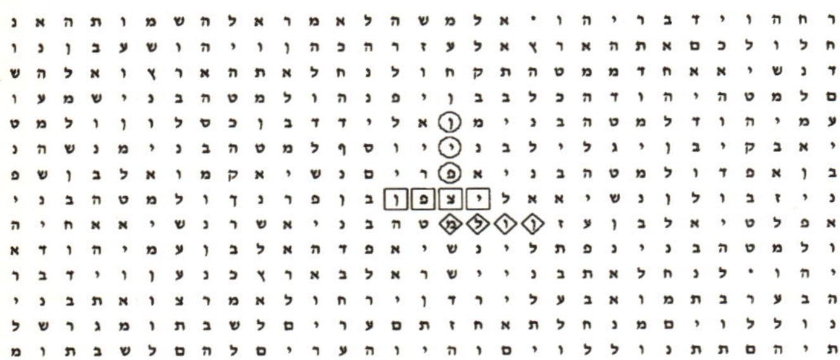

○ Codierer ◇ Wörterbuch □ er wird codieren

Die vier zentralen Ausdrücke »Bibelcode«, »Codeschlüssel«, »Codierer« und »Decoder« querten die Eintragung »Wörterbuch«. Das konnte kein Zufall sein. Vielmehr wirkte es wie ein

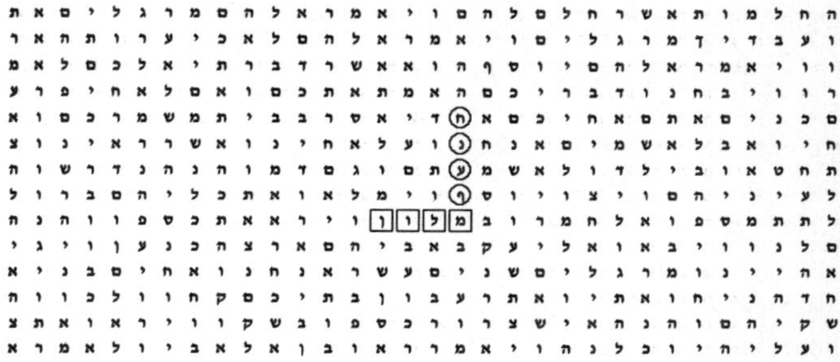

○ Decoder □ Wörterbuch

klarer Hinweis darauf, dass eine Art Lexikon existierte, das den Code erläuterte, ein »Wörterbuch« auf der Halbinsel Lisan, deren Name »Sprache« bedeutete.

Würde dieses Wörterbuch in Hebräisch oder in einer anderen Sprache abgefasst sein? Der Code selbst sagte lediglich: »Es existiert in der Sprache der Menschen.« War dies womöglich die seit langem gesuchte Ursprache der Menschheit? Vielleicht glich das »Wörterbuch« dem Stein von Rosette, jener Steintafel, die vor 200 Jahren an der Nilmündung gefunden worden war und es den Archäologen ermöglichte, die alten ägyptischen Hieroglyphen zu entziffern, jene Schriftzeichen, die sich in den Pyramiden und auf den Obelisken aus der Zeit der Pharaonen fanden. Der Stein von Rosette wies parallele Inschriften in Griechisch, der demotischen Schrift und in Hieroglyphenschrift auf und enthüllte deren mysteriöse Bilder als Sprache.

Offenbarte dieses »Wörterbuch« in Lisan womöglich den Prototyp der Sprache der gesamten Menschheit, »die Sprache des Menschen«?

Ich fragte Rips, ob die gefundenen Hinweise den Schluss zuließen, dass der »Codeschlüssel« in einer anderen Sprache als Hebräisch abgefasst sein könnte, vielleicht in der gemeinsamen Ursprache der Menschheit. »Die Ursprache des

Menschen *ist* Hebräisch«, erklärte Rips voller Überzeugung. »Hebräisch ist die Sprache der Thora und die Thora wurde vor der Schöpfung der Welt erschaffen«, erläuterte er geduldig. »Der Dialog zwischen Adam und Gott erfolgte auf Hebräisch.«

Ich wandte vorsichtig ein, dass der Bericht über das Gespräch zwischen Adam und Gott auf Hebräisch überliefert wurde, *weil* dies die Sprache der Thora sei. Das bedeute jedoch keinesfalls zwangsläufig, dass dieses Gespräch auf Hebräisch stattgefunden habe.

»Nein, das Gespräch fand definitiv auf Hebräisch statt«, antwortete Rips erneut mit einer Bestimmtheit, die keinen Zweifel zuließ. »Es gibt aber noch eine tiefere Dimension«, fuhr er fort. »Die Buchstaben selbst, die Wurzeln der Wörter – das sind nicht bloß Symbole, sondern sie besitzen eine eigene, unabhängige Bedeutung und sind jeweils mit den Gegenständen verbunden, die sie beschreiben.«

Rips berief sich auf das Wissen des Talmud und des Midrasch, der alten Kommentare zur Bibel. Alle religiösen Juden glauben, dass Gott die Thora verfasste, bevor er die Welt schuf, und dass Hebräisch nicht nur die Ursprache ist, sondern dass jedes Wort in der hebräischen Sprache das Wesen des Gegenstandes verkörpert, das es bezeichnet, und dass jeder Buchstabe des hebräischen Alphabets einen Grundstein der Schöpfung bildet.

»Die Sprache ist Teil des Schöpfungsplans der Welt«, sagte Rips. »Sie existierte vor der Welt, da auch die Thora vor der Welt existierte. Weil der Code und die Thora gleichzeitig geschaffen wurden, existierte auch der Code vor der Erschaffung der Welt.«

Dann zitierte Rips die höchste Autorität in Glaubensfragen, den Gelehrten Raschi, der den berühmtesten Kommentar zur Thora verfasst hatte. Er zeigte mir, dass Raschi zu der Stelle im Buch Genesis, an der es heißt: »Es hatte aber alle Welt einerlei

Zunge und Sprache«, Folgendes sagte: »eine Sprache – die heilige Sprache (Hebräisch)«.

Ich bewunderte Rips wegen seiner unerschütterlichen Überzeugung. Allerdings hätte es mich keineswegs überrascht, wenn der »Codeschlüssel« in einer Sprache verfasst gewesen wäre, die der modernen Welt vollkommen unbekannt ist.

Niemand weiß, wann oder wie sich die Sprache entwickelte.

Die Aussage des Bibelcodes, »es existiert in der Sprache der Menschen«, war mir ein Rätsel, bis eine verblüffende wissenschaftliche Neuentdeckung verkündet wurde. »Ein Team von Genetikern und Linguisten erklärt, ein Gen entdeckt zu haben, das der Sprache zugrunde liege«, berichtete die *New York Times* während meiner Suche.

Falls sich das bewahrheiten sollte, warf es eine weitere Frage auf: Wann entstand diese einzigartige menschliche Fähigkeit? Entwickelte sie sich allmählich oder trat sie plötzlich auf? Und wie?

»Das Sprachgen« fand sich in codierter Form in der Bibel und kreuzte einen verschlüsselten Text, der bereits die Antwort zu enthalten schien: »Gen Gottes«.

○ das Sprachgen □ Gen Gottes

Dem Code zufolge schenkte uns »Gott« die Fähigkeit zu sprechen, offenbar eine Art genetisches Upgrade. Die Bibel selbst verknüpfte eindeutig die Begriffe »Sprache« und »Code«, als wären sie immer schon miteinander verflochten gewesen, als wäre das eine ein natürlicher Bestandteil des anderen.

Die Eintragung »Gen für die Sprache« war gemeinsam mit jenen Worten verschlüsselt, die ich als Erste zusammen mit »Codeschlüssel« entdeckt hatte: »Mund der Obelisken« und »Herr des Codes«.

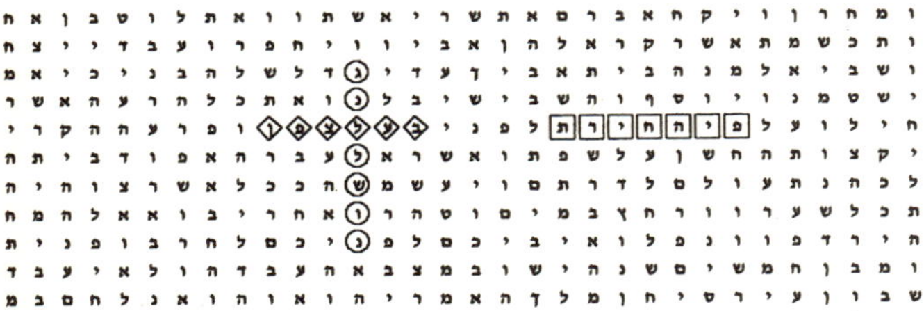

○ Gen für die Sprache ◇ Herr des Codes □ Mund der Obelisken

Eine dritte Eintragung von »Sprachgen« fand sich gemeinsam mit »Obelisken«, »alter Schlüssel« und »Lisan, Zunge des Meeres«.

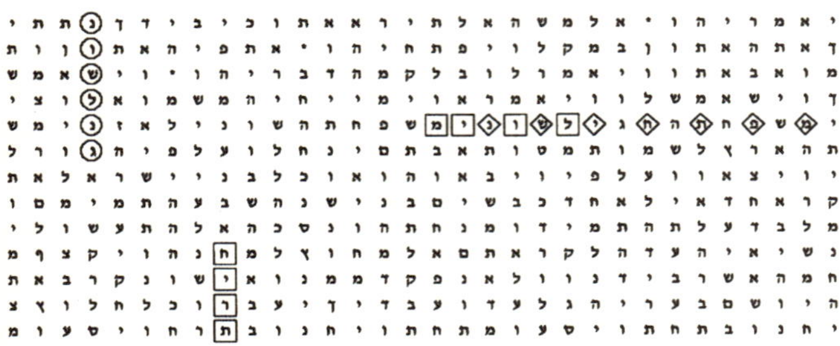

○ Sprachgen □ Obelisken ◇ alter Schlüssel □ Lisan, Zunge des Meeres

Der Ort stand zweifelsfrei fest. In Josua, dem einzigen Buch der Bibel, das die genaue Lage unseres archäologischen Fundortes beschrieb, kreuzte »Sprachgen« jenen Vers, der die Grenze

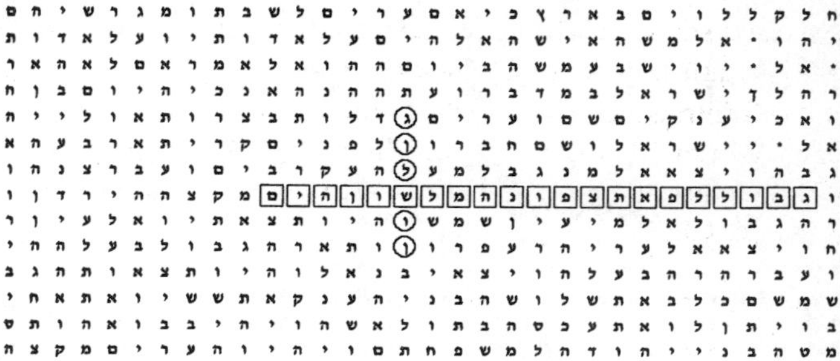

○ Sprachgen □ für die Nordseite beginnt die Grenze bei der Jordanmündung

angab (Josua 15,5) – »für die Nordseite beginnt die Grenze bei der Jordanmündung«[5].

Dies war eine eindeutige Beschreibung des Kaps am Nordende der Halbinsel, wo das Tote Meer zur Bucht von Mazraa wurde. In derselben Tabelle erklärte der Code, dass das »Sprachgen« noch immer an diesem Ort zu finden sei: »In unversehrtem Zustand bis auf diesen Tag«.

Die vielleicht interessanteste codierte Textstelle in Bezug auf das »Sprachgen« fand sich im Buch Hesekiel. »Genius« kreuzte »Sprachgen« und direkt darunter erschien quer die Eintragung »in den Menschen«.

Zusätzlich fanden sich in derselben Codetabelle im Buch Hesekiel die verschlüsselten Worte: »um ein Gen zu schaffen, Gott für den Menschen«. Der Bibelcode schien in klaren Worten zu verkünden, dass der Mensch bewusst mit der einzigartigen Gabe der Sprache ausgestattet worden war. Damit bestätigte er, was der Linguist Noam Chomsky erstmals vor vierzig Jahren behauptet hatte: dass die Sprache eine natürliche Fähigkeit des Menschen sei und dass der Mensch spezifische Nervenschal-

---

5 Einheitsübersetzung der Bibel, a. a. O.

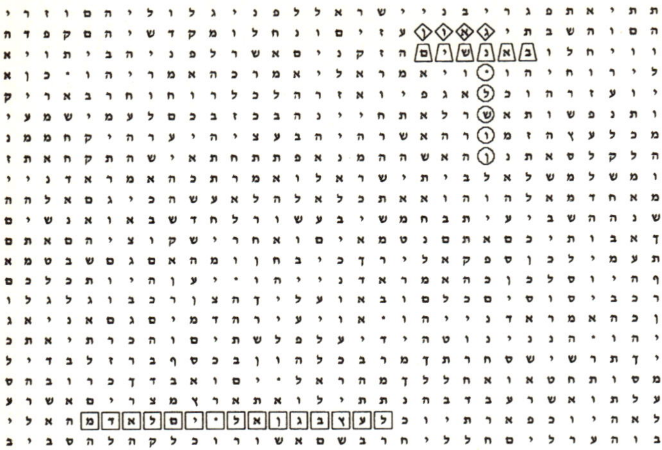

○ das Sprachgen ◇ Genius △ in den Menschen
□ um ein Gen zu schaffen, Gott für den Menschen

tungen im Gehirn habe. Die Sprache ist jene Fähigkeit, die den Menschen zum Menschen macht.

Im Bibelcode wurde diese einzigartige menschliche Fähigkeit wieder und wieder mit dem Code verknüpft, als wären Sprache und Code eine Einheit. Die Hinweise beschränkten sich nicht darauf, dass »Herr des Codes« die Eintragung »Gen für die Sprache« kreuzte und Sprache ein ums andere Mal mit dem genauen Zielort unserer Suche verbunden war.

Der Weg führte noch weiter, bis zum Ursprung der hebräischen Sprache und den ältesten Erzählungen der Schöpfungsgeschichte. Im Hebräischen bedeutete »Sprachgen« auch »Garten von Lisan«. Und an der Stelle, wo im codierten Text »Garten von Lisan« erschien, verkündeten die unverschlüsselten Worte der Bibel: »Denn ehe der Herr Sodom und Gomorra vernichtete, war die Gegend wasserreich, wie der Garten des Herrn.«

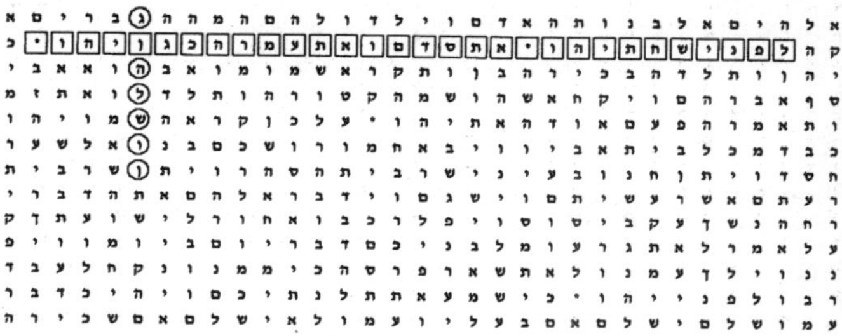

○ Garten von Lisan ☐ Denn ehe der Herr Sodom und Gomorra vernichtete, war die Gegend wasserreich, wie der Garten des Herrn

Der Code verwies beständig darauf, dass diese heute vollkommen unfruchtbare Halbinsel einst ein wahrer Garten Eden gewesen war und auf irgendeine Weise mit dem Ursprung des modernen Menschen in Zusammenhang stand.

Dem Menschen die Gabe des Sprechens zu verleihen war ein bewusster Akt in der Ausarbeitung unseres genetischen Bauplans. Der Code brachte das in klaren Worten zum Ausdruck. »Ich werde das Sprachgen einbauen« war in der Bibel codiert und kreuzte die Eintragung: »Ich werde intelligent machen«.

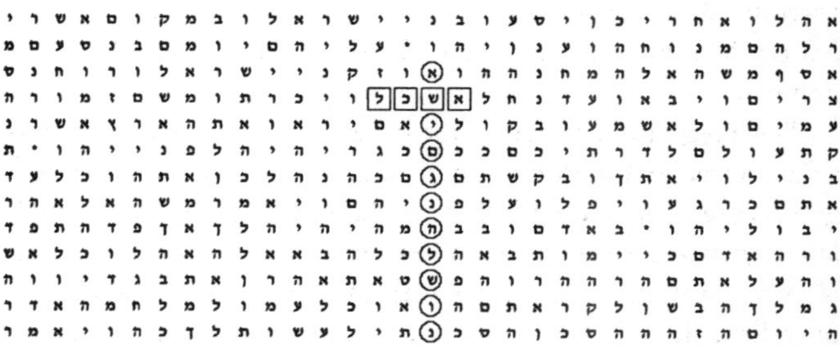

○ ich werde das Sprachgen einbauen ☐ ich werde intelligent machen

Die bemerkenswerte Tabelle, in der »Bibelcode« gemeinsam mit »er existiert in Lisan« begegnete – was sich zu »er existiert in der Sprache des Menschen« erweitern ließ –, war mehr als bloß eine Bestätigung des Fundortes, mehr als eine Versicherung, dass der Code für uns bestimmt war, mehr als ein Versprechen, dass der Mensch ihn entschlüsseln konnte. Sie enthielt eine klare Aussage über unser einzigartiges genetisches Erbe und jenen besonderen Augenblick, als der Mensch über die übrige Schöpfung erhoben worden war.

Die Eintragung »Geburtswehen der Sprache« fand sich einmal im verschlüsselten Text der Bibel und hielt jenen Moment der Geschichte fest, als der Mensch zu sprechen begonnen hatte. »Schlüssel«, »Obelisk« und »Code« erschienen an derselben Stelle und wiederum enthüllte der verschlüsselte Text etwas Magisches: »Seine Tafel erweckt den Obelisken zum Leben.«

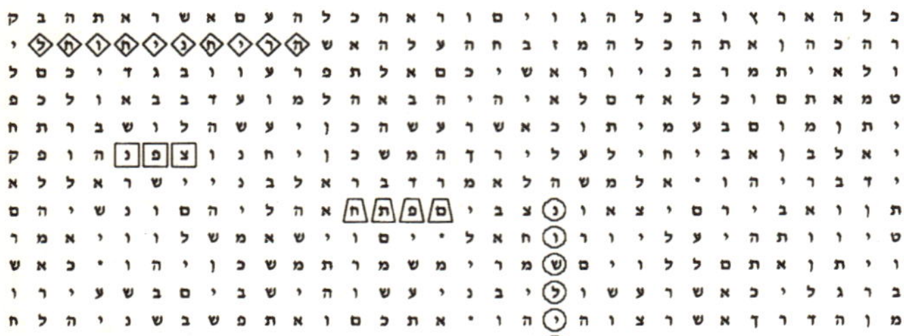

○ Geburtswehen der Sprache △ Schlüssel ◇ seine Tafel erweckt den Obelisken zum Leben □ Code ⬡ der Ursprung davon, dies ist die Gegend der gravierten Briefe, verborgen

Erneut fand sich »Lisan« in verschlüsselter Form quer über »Geburtswehen der Sprache« und bestätigte wiederum den Ort und seine Beziehung zu »Sprache«.

Diese außergewöhnliche Codetabelle enthielt sämtliche Schlüsselelemente meiner archäologischen Suche. Zudem beinhaltete dieser neu entdeckte hebräische Ausdruck zumindest drei Bedeutungsebenen.

Auf der höchsten Ebene verkündete er die Schöpfungsgeschichte der Sprache in einer längst vergangenen Zeit – die »Geburtswehen der Sprache«. Vielleicht stand die nördliche Spitze der Halbinsel sogar in Zusammenhang mit dem Ursprung der Sprache.

Dieselben hebräischen Worte waren auch ein Idiom, das »die Schwierigkeit, eine neue Sprache zu erlernen«, ausdrückte. Das ließ sich als weiterer Hinweis darauf werten, dass der »Codeschlüssel« nicht auf Hebräisch, sondern in einer anderen Sprache niedergelegt war, von der die Menschheit vielleicht nichts mehr wusste.

Schließlich besaßen dieselben hebräischen Worte auf der praktischen Ebene eine dritte Bedeutung: »die Vermessungslinien von Lisan«. Dies war eine passende Beschreibung jener Methode, der sich mein archäologisches Team bedienen würde. Denn als ersten Schritt spannte man an einer Grabungsstelle stets die Schnüre für das Vermessungsnetz.

Der verschlüsselte Text, der diese vieldeutige Phrase kreuzte, schien alle ihre Bedeutungsebenen zu bestätigen: »Sein Code, er wird den Ursprung davon sehen, denn dies ist die Gegend der gravierten Briefe«.

Als ich Dr. Rips anrief und ihm meine Entdeckung mitteilte, war er ebenso begeistert wie ich. »Rein technisch gesehen ist das alles überaus bemerkenswert«, sagte er. »Das ist Absicht, daran besteht kein Zweifel. Und wieder rein technisch gesprochen: Es ist mehr als außergewöhnlich, dass ›Code‹, ›Obelisk‹ und ›Schlüssel‹ an derselben Stelle codiert sind und dass ›Lisan‹ die Eintragung ›Geburtswehen der Sprache‹ kreuzt, was ebenfalls ›Lisan‹ bedeutet. Offensichtlich will der Code auf diese Weise bestätigen, dass dies alles Absicht ist.«

Wieder sagte ich Rips, dass ich mich wie bei einer Schatzsuche fühlte, auf der ich einen Hinweis nach dem anderen erhielt. »Und das ist auch so«, meinte er.

Ich wies seine Schlussfolgerung zurück, denn ich hatte es immer als Zufall betrachtet, dass ich über diese Sache gestolpert war, auch wenn ich mittlerweile akzeptierte, dass es ein intelligentes Wesen gab, das die Fähigkeit besaß, über die Zeit hinweg mit mir zu kommunizieren.

»Warum wollen Sie nicht akzeptieren, dass dieses intelligente Wesen daran interessiert ist, mit Ihnen Kontakt aufzunehmen?«, fragte er.

Erneut erklärte ich Rips, dass ich zwar an die Existenz eines Codes in der Bibel glaubte, aber nicht an Gott. Selbst wenn ich imstande gewesen wäre, an einen Gott zu glauben, der alles erschaffen hatte, einschließlich des Codes, hätte ich gewiss nicht in Erwägung gezogen, dass er irgendein Interesse daran hatte, mit mir in Kontakt zu treten. Außerdem fühlte ich mich jedes Mal zutiefst unbehaglich, wenn es so aussah, als würde der Code und somit »Gott« direkt zu mir sprechen; auch das sagte ich Rips.

»Sie sind nicht der Einzige, dem das unangenehm ist«, meinte er. »Adam fühlte sich genauso.«

Es gab jedoch etwas, das mich mit noch größerem Unbehagen erfüllte. Das jordanische Ministerium für Tourismus und Altertümer, von dem ich bereits eine schriftliche Bewilligung für die archäologische Expedition erhalten hatte, zog seine Zustimmung zu unserer Grabung ohne jede Erklärung plötzlich zurück.

Zur selben Zeit veröffentlichte eine jordanische Lokalzeitung auf der Titelseite einen Artikel über die geplante Expedition – offenbar waren aus dem Ministerium Informationen durchgesickert. Der Artikel war voller antijüdischer Schmähungen und Lügen und sprach von einer Verschwörung zwischen

Israel und meiner Non-Profit-Foundation Ark. »Was haben die Arbeit der Ark-Foundation und die Region El Lisan wirklich miteinander zu tun? Warum soll man einer jüdischen Stiftung gestatten, auf jordanischem Territorium nach jüdischen Artefakten zu suchen?«

Als ich den amerikanischen Botschafter, William Burns, anrief, sagte er, dass wir diesen unwahren Bericht ernst nehmen müssten, da er die Lage in Jordanien widerspiegle. »Sie müssen die Kultur verstehen«, sagte er.

»Der Artikel hat einen hässlichen religiösen und rassistischen Unterton, den wir Amerikaner meiner Meinung nach nicht tolerieren sollten«, erwiderte ich.

»Diese Kräfte sind in Jordanien sehr mächtig«, erklärte der Botschafter. »Es gibt hier eine schwarze Liste, auf die jeder gesetzt wird, der Kontakt mit Juden hat, und eine lautstarke Bewegung gegen einen Friedensvertrag mit Israel. Dies ist nicht der richtige Zeitpunkt, um neue Kontakte zu schließen.«

»Ein amerikanischer Beamter sollte diese Art von Fanatismus nie entschuldigen«, sagte ich. »Sie können dem Minister mitteilen, dass ich davon überzeugt bin, dass dies in keiner Weise seine persönliche Haltung widerspiegelt. Sollte ich mich irren, werde ich sowohl in Jordanien als auch in Washington dagegen angehen.«

Ich wusste, dass sich Abdullah II., der junge neue König von Jordanien, öffentlich gegen die schwarze Liste ausgesprochen hatte und sogar einige Gegner des Friedens mit Israel hatte festnehmen lassen. Burns warnte jedoch eindringlich davor, in der gegenwärtigen Lage Kontakt mit dem König aufzunehmen. »Er befindet sich in einer überaus schwierigen Position«, erklärte er. »Sein Volk besteht zum Großteil aus Palästinensern.«

Das Warten fiel mir schwer, weil ich zu wissen glaubte, dass uns womöglich nicht mehr viel Zeit blieb, den »Codeschlüssel« zu finden. Der Bibelcode warnte wiederholt davor, dass der

Schlüssel – jener Obelisk – grauenvolle Ereignisse enthüllen könne, die uns noch bevorstünden – die letzte und größte Gefahr. Vielleicht bestätigte er auch, was der Bibelcode bereits verkündet hatte, aber in einer Weise, die niemand mehr ignorieren konnte.

Mittlerweile war im Heiligen Land der Krieg offen ausgebrochen.

Kapitel Fünf

Jassir Arafat

Am 12. April 2001, als die neue Intifada bereits sieben Monate andauerte, fuhr um Mitternacht ein Wagen ohne Kennzeichen vor meinem Hotel an der Grenze zwischen Ost- und Westjerusalem vor, um einen Brief abzuholen, den ich an Jassir Arafat geschrieben hatte. »Ich verfüge über Informationen, die besagen, dass Ihr Leben möglicherweise in Gefahr ist«, stand darin. »Die Warnung stammt aus derselben Quelle, die Jitzhak Rabins Ermordung ein Jahr im Voraus prophezeite. Die Quelle ist ein Code in der Bibel, der die Zukunft zu verkünden scheint – uns aber auch vor künftigen Gefahren warnt, damit wir sie verhindern können.«

Ich erwartete nicht, dass sich Arafat mit mir treffen würde, denn ich ging davon aus, dass der Präsident der Palästinenser kein Interesse daran hatte, sich mit einem Geheimcode im heiligsten Buch seines Feindes auseinander zu setzen und über Warnungen zu sprechen, die im Alten Testament auf Hebräisch codiert waren, vor allem inmitten dieser Krise. Israel und die Palästinenser standen kurz vor einem Krieg. Ariel Scharon, der neue Premierminister, hatte geschworen, Arafats Aufstand niederzuschlagen, der bereits mehr als 450 Tote gefordert hatte.

Allerdings glaubte Arafat an Prophezeiungen. Jeder seiner engsten Berater hatte mir dies bestätigt. Seit einem Jahr versuchte ich nun, an ihn heranzukommen.

»Arafat wird das ernst nehmen«, hatte sein Außenminister, Nabil Shaath, gesagt, den ich zu Beginn der Intifada in Gaza getroffen hatte, nur wenige Tage, bevor israelische Kampfhubschrauber das Gebäude in die Luft jagten, in dem die Unterredung stattgefunden hatte. »Er ist sehr gläubig.«

Abu Ala, der Vorsitzende des Palästinenserrates, sagte dasselbe, als wir uns unmittelbar nach dem Scheitern der Friedensgespräche von Camp David getroffen hatten. Doch er schien resigniert zu haben und meinte, Arafats Schicksal sei bereits besiegelt. »Dann ist es der Wille Gottes«, sagte er, stimmte aber zu, meinen Brief an Arafat weiterzuleiten und den Sicherheitschef der Westbank zu alarmieren.

Allerdings gaben weder Shaath noch Abu Ala meinen Brief weiter. Beide versprachen es immer wieder, Monat für Monat, ohne es zu tun. Schließlich nannte mir Shaath den Grund. »Arafat würde Ihnen glauben«, erklärte er. »Es würde ihn zutiefst erschrecken.«

Ein Jahr später war der Brief schließlich doch zu Arafat unterwegs. Gegen Mitternacht packte ich meinen Koffer, um Israel am nächsten Morgen frühzeitig zu verlassen. Um 1.15 Uhr wurde ich durch einen Anruf geweckt. Man fragte mich, ob ich bereit sei, Arafat am nächsten Tag zu treffen. »Der Präsident hat Ihren Brief gelesen und will Sie sehen«, erklärte sein Stabschef nervös. »Würden Sie bitte bleiben?«

Die ganze nächste Stunde lag ich wach. Arafat hatte offenbar augenblicklich darauf bestanden, mich zu treffen, nachdem er den Brief gelesen hatte. In wenigen Stunden musste ich ihm ins Gesicht sagen, dass er möglicherweise getötet würde. Plötzlich war ich nicht mehr sicher, ob ich diese Aufgabe übernehmen wollte.

Ich bin Journalist, kein Prophet. Doch Arafat wollte mich nicht treffen, weil ich Journalist war und für die *Washington Post* und das *Wall Street Journal* arbeitete. Seit gut zehn Jahren hatte er keinem einzigen amerikanischen Journalisten mehr ein Interview gegeben. Nein, Arafat wollte mich sehen, weil ich in seinen Augen ein Prophet war.

Ich hatte meinem Brief an ihn jenen Brief beigefügt, den ich seinem Verhandlungspartner, dem israelischen Premierminister

Jitzhak Rabin, ein Jahr vor dessen Ermordung am 4. November 1995 geschrieben hatte. Mein Brief an Rabin vom 1. September 1994 begann mit folgenden Worten: »Ein israelischer Mathematiker entdeckte einen in der Bibel verborgenen Code, der allem Anschein nach Einzelheiten von Ereignissen enthüllt, die Jahrtausende nach der Niederschrift der Bibel eintrafen. Ich teile Ihnen dies mit, weil Ihr Name an der Stelle, wo er in der Bibel in verschlüsselter Form komplett auftaucht – also Jitzhak Rabin –, von den Wörtern ›Mörder, der morden wird‹ gekreuzt wird.«

Während ich durch die israelischen Kontrollpunkte fuhr, um Arafat auf der Westbank in der Stadt Ramallah zu treffen, über eine Straße, auf der mitunter Scharfschützen den Autofahrern auflauerten, in eine Stadt, in der unzählige Palästinenser erschossen worden waren und eine enthemmte Menschenmenge in der örtlichen Polizeistation zwei israelische Soldaten gelyncht und verstümmelt hatte, erinnerte ich mich an jenen Augenblick im September 1993, als Rabin und Arafat einander auf dem Rasen vor dem Weißen Haus die Hände geschüttelt hatten und der Friede in greifbarer Nähe zu sein schien.

Nun war Rabin tot, wie es der Bibelcode vorhergesagt hatte, und wenn er Recht behielt, könnte auch Arafat bald ermordet werden.

Am Freitag, dem 13. April 2001, traf ich um 9.00 Uhr morgens in Arafats scharf bewachtem und von einer hohen Mauer umgebenem Hauptquartier ein. Man führte mich rasch durch das große Eisentor und an schwer bewaffneten palästinensischen Wachsoldaten mit grimmigen Gesichtern vorbei in einen kleinen Besprechungsraum.

Obwohl ich eine halbe Stunde zu früh gekommen war, trat Arafat nahezu im selben Augenblick ein. Er wusste, warum ich hier war.

Arafat nahm kaum dreißig Zentimeter von mir entfernt Platz, wie immer bekleidet mit seiner Keffiyeh, dem schwarzweiß gewürfelten Kopftuch, und seiner Kaki-Uniform. Erneut zeigte ich ihm den Brief, den ich dem ermordeten israelischen Premierminister Rabin geschickt hatte, sowie die Codetabelle, in der die Eintragung »Mörder, der morden wird« den Namen »Jitzhak Rabin« kreuzte.

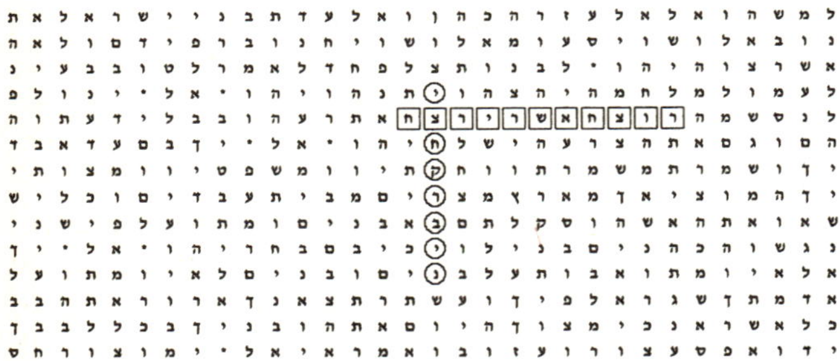

○ Jitzhak Rabin □ Mörder, der morden wird

»Ich trauere Tag für Tag um ihn«, sagte Arafat auf Englisch. In seinen Augen lag eine Traurigkeit, die echt wirkte. Nun zeigte ich ihm die Bibelcodetabelle, in der sein Name – Jassir Arafat – mit denselben Wörtern aus demselben Bibelvers kombiniert war: »Mörder, der morden wird«.

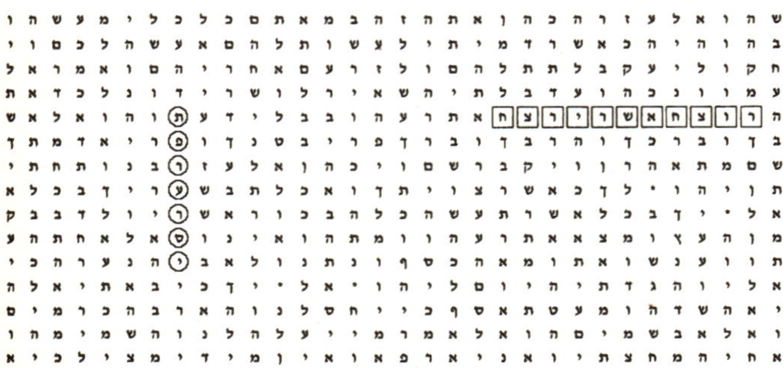

○ Jassir Arafat □ Mörder, der morden wird

Während Arafat die Tabelle eingehend betrachtete, bebte seine Lippe und seine Hand zitterte. Er schien jedoch nicht überrascht. Mir war bekannt, dass er bereits wusste, dass sein Leben in Gefahr war, denn er hatte diesen Umstand bei den Verhandlungen in Camp David genutzt. Als Präsident Clinton ihn gedrängt hatte, den Anspruch auf Jerusalem aufzugeben, fragte Arafat: »Wollen Sie an meinem Begräbnis teilnehmen?«

Es ist nicht leicht, einem Mann mitzuteilen, dass er womöglich ermordet wird, vor allem nicht, wenn er kaum dreißig Zentimeter von einem entfernt sitzt. Die Tatsache, dass Arafat mir offensichtlich glaubte, machte es für mich noch schwieriger. »Es gibt drei eindeutige Warnungen mit Ihrem Namen«, erklärte ich, während ich auf die jeweiligen Eintragungen in der Codetabelle zeigte und die hebräischen Begriffe ins Englische übersetzte. Saeb Erekat, Arafats Chefunterhändler bei den Friedensverhandlungen, übertrug sie vom Englischen ins Arabische.

Während ich sprach, sah Arafat mir direkt in die Augen. »›Mörder, der morden wird‹«, sagte ich laut, »und ›der Mann aus dem Hinterhalt wird ihn töten‹. Diese Phrase kreuzt ›Mörderschützen von Jassir Arafat‹.«

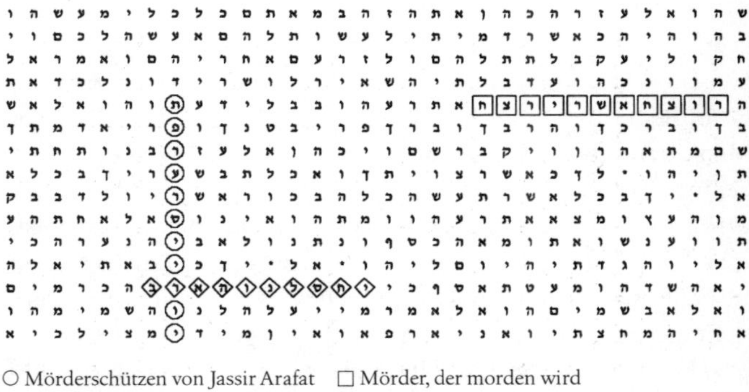

○ Mörderschützen von Jassir Arafat □ Mörder, der morden wird
◇ der Mann aus dem Hinterhalt wird ihn töten

Erekat wiederholte alles auf Arabisch. Arafat starrte mich so intensiv an, dass seine Augen hervortraten. »Wann wird es geschehen?«, fragte er dann.

»Das weiß ich nicht«, gab ich zur Antwort. »Wir haben kein Datum im Code entdeckt und ich bin nur Journalist. Ich weiß nichts über die Zukunft, abgesehen von dem, was im Code steht.«

Arafat sah mich durchdringend an, als wollte er prüfen, ob ich etwas vor ihm verbarg. Er schien mehr von mir zu erwarten, als würde ich die Zukunft kennen.

»Ich weiß nicht einmal, ob die Gefahr real ist«, sagte ich schließlich. »Aber deshalb sollten Sie die Warnung nicht ignorieren. Rabin wurde an dem im Bibelcode vorhergesagten Datum und Ort getötet und die Morde an Anwar as-Sadat und John F. Kennedy waren ebenfalls in der Bibel codiert – in allen Einzelheiten. Deshalb sage ich Ihnen, was ich Rabin sagte: Ich befürchte, dass Sie sich tatsächlich in Gefahr befinden, bin jedoch gleichzeitig der Meinung, dass diese Bedrohung abgewendet werden kann, wenn Sie die Einzelheiten der Warnung verstehen.«

»Wenn es geschrieben steht, was kann ich dann tun?«, fragte Arafat.

»Ich halte es für eine Warnung, nicht für eine Prophezeiung«, erwiderte ich. »Aber ich glaube nicht, dass es in Stein geschrieben ist.« Ich wusste, dass ich damit im Widerspruch zu einer Grundlehre des Islam stand, der sagt, dass das Schicksal des Menschen besiegelt und sein gesamtes Leben schon vor seiner Geburt vorbestimmt sei. Das war einer der Gründe, warum ich gezögert hatte, Arafat zu kontaktieren. Shaath, der palästinensische Außenminister, hatte mir erzählt, dass Arafat mehr als nur einmal verkündet habe: »Gott entscheidet, was er mit mir beabsichtigt.« »Er glaubt daran, dass unser Schicksal vorbestimmt ist«, hatte Shaath gesagt. »Und dass wir keinen Tag länger und keinen Tag kürzer zu leben haben.«

Deshalb erklärte ich Arafat nun, dass dieser Computercode anders sei – dass er existiere, damit wir in der Lage seien, unsere Zukunft zu ändern. »Der Bibelcode enthüllt nicht nur eine Zukunft, sondern alle möglichen Zukunftsaussichten«, erklärte ich. »Aber was dann letztlich geschieht, bestimmen wir.« Arafat lächelte, ohne zu antworten. Ich fragte mich, ob sein Lächeln als Zustimmung zu werten war oder ob es nur seine Überzeugung ausdrückte, dass er es besser wusste und dass ich noch viel zu lernen hatte.

Es gab einen weiteren Grund, warum ich gezögert hatte, mit Arafat in Kontakt zu treten, und diesen nannte ich ihm nun offen: »Ich habe Freunde in Israel und auch in den Vereinigten Staaten, die es mir nie verzeihen würden, wenn sie wüssten, dass ich hergekommen bin, um den Versuch zu unternehmen, Ihr Leben zu retten.«

Ich bin Jude. Viele, vielleicht sogar die meisten Juden sehen in Arafat nach wie vor einen Terroristen und Mörder. Premierminister Scharon hatte ihn erst kürzlich in der Öffentlichkeit so bezeichnet. Als ich an diesem Morgen Eli Rips mitgeteilt hatte, dass ich mich mit Arafat treffen würde, verglich er ihn mit Hitler und Saddam Hussein.

Ich sah ihn nicht so. Selbstverständlich erkannte ich, dass Arafat eine große Gefahr für Israel darstellen konnte, gleichzeitig war ich überzeugt, dass mit seiner Ermordung die letzte Chance auf einen Frieden zerschlagen würde. In jedem Fall fühlte ich mich verpflichtet, ihn zu warnen, um zumindest den Versuch zu unternehmen, einen weiteren Mord zu verhindern. »Ich bin hier, weil ich Journalist bin und dieselbe Verpflichtung fühle, Sie zu warnen, wie damals bei Rabin«, sagte ich.

»Ja«, stimmte er zu, »ein Journalist darf nicht Partei ergreifen.«

»Außerdem glaube ich, dass Ihre Ermordung sowohl für Israel wie auch für Ihr eigenes Volk eine Katastrophe wäre«, fuhr ich fort. »Ich bin zudem davon überzeugt, dass sie zu verhindern ist.«

Daraufhin zeigte ich Arafat eine zweite Version derselben Codetabelle, in der sich die Wörter »Terrorist« und »Hamas«, die einander überlagerten und seinen Namen querten, ein weiteres Mal mit der Eintragung »Mörderschützen von Jassir Arafat« kreuzten.

Die Anordnung wirkte wie eine klare Warnung, dass jene extreme Palästinensergruppierung, die sich einem Frieden mit Israel entgegenstellte und die Verantwortung für die meisten Terroranschläge übernommen hatte, versuchen könnte, ihren eigenen Anführer – Arafat – zu töten.

»Die Hamas«, wiederholte Arafat, während er nickte.

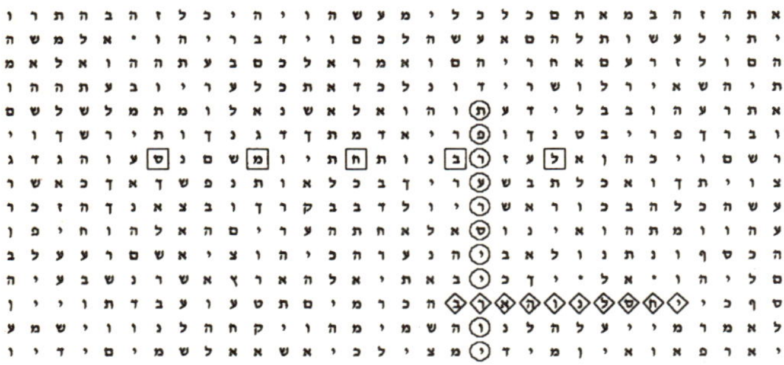

○ Mörderschützen von Jassir Arafat ◇ der Mann aus dem Hinterhalt wird ihn töten □ Terrorist/Hamas

Ich zeigte Arafat eine dritte Codetabelle, die Rips an jenem Morgen entdeckt hatte. »Sie erschossen Arafat« kreuzte »Ismaeliter«, den biblischen Namen der Araber, der Söhne Ismaels.

»Araber, nicht Juden«, sagte ich.

Arafat sah von mir zu seinem Unterhändler Erekat und weiter zu seinem Stabschef Abu Rudaineh und nickte wieder. Wenn tatsächlich Gefahr für ihn bestand, dann ging sie vermutlich

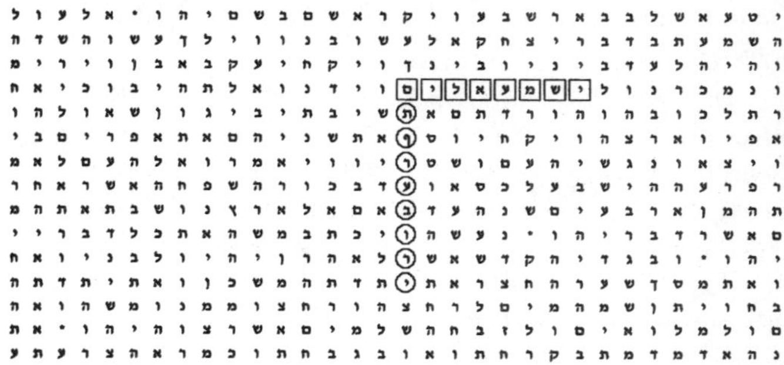

○ sie erschossen Arafat □ Ismaeliter/Araber

von seinen eigenen Leuten aus, und das war den Männern bewusst. Sein Mörder würde ein Araber sein, so wie der Mörder von Rabin ein Jude gewesen war.

»Khomeini setzte ein Kopfgeld auf mich aus, als ich mit Rabin Frieden schloss«, sagte Arafat. Er bezog sich auf den Iraner Ayatollah Khomeini, der die Besetzung der amerikanischen Botschaft in Teheran angeordnet und die anwesenden Amerikaner als Geiseln genommen hatte.

Ich war besorgt, dass Arafat meine Warnung als weiteren Grund benützen würde, keinen Frieden zu schließen. Er wusste zweifellos, dass die Wahrscheinlichkeit, ermordet zu werden, bedeutend größer war, wenn er Frieden schloss, als wenn er es nicht tat. Sadat war von einem Ägypter getötet worden, weil er mit Israel Frieden geschlossen hatte, Rabin von einem Israeli, weil er mit Arafat Frieden geschlossen hatte.

»Wenn Sie Frieden schließen, sind Sie in Gefahr«, sagte ich. »Doch wenn Sie keinen Frieden schließen, ist Ihr gesamtes Volk in Gefahr.« Das war der eigentliche Grund für mein Treffen mit Arafat. Ich wollte ihm nicht nur mitteilen, dass möglicherweise ein Anschlag auf sein Leben bevorstand, sondern weit mehr als das. Ich wollte ihm sagen, was ich bereits Clinton und Barak gesagt hatte und was ich nun auch Scharon und Bush zu sagen versuchte: dass der Bibelcode die grauenvolle Warnung enthielt, dass *wir alle* getötet werden könnten.

»Dem Bibelcode zufolge befinden wir uns in diesem Augenblick in der letzten Periode der Gefahr«, erklärte ich. »Diese Bedrohung könnte größer sein als alles, was die Welt bisher erlebt hat. Es könnte jene Periode größter Gefahr sein, die von den drei großen Weltreligionen seit langem vorhergesagt wird.«

Ich schlug mein Buch auf jener Seite auf, auf der beide biblischen Ausdrücke für »Ende der Tage« gemeinsam codiert waren, und zeigte Arafat die Matrix aus hebräischen Schriftzeichen. »Wie lauten diese Worte?«, fragte er. Er konnte Hebräisch nicht lesen und wollte, dass ich sie ihm vorlas. Die erste Eintragung, eine Phrase aus dem Buch Daniel, erkannte er nicht. Sobald ich ihm jedoch die Worte aus der Thora vorlas, begriff Arafat augenblicklich. »Auf Arabisch ist es dasselbe«, rief er überrascht auf Englisch aus. »Genau dasselbe.«

»Der Tag des Jüngsten Gerichts«, erklärte sein Stabschef, Rudaineh.

»Das Ende«, sagte Erekat.

»Das Ende der Tage«, bestätigte Arafat.

Dass wir uns bereits am Ende der Tage befanden, war meine zentrale Mitteilung an Arafat gewesen. Nun fragte ich mich, ob ich nicht zu weit gegangen war. Ich fühlte mich nicht wie ein Journalist, sondern wie ein Prophet aus dem Alten Testament, der an den Hof des Königs gekommen war, um ihm eine Warnung Gottes vor drohendem Unheil zu überbringen.

Doch ich hätte mir deswegen keine Sorgen zu machen brauchen. Arafat fasste die Warnung so auf, wie sie gemeint war, und sie hatte ihn betroffen gemacht. »Ich war schon davon überzeugt, dass wir in einer kritischen Zeit leben«, sagte er. »Mohammed erklärte, dass uns tausend Jahre gegeben seien, aber nicht zweitausend.«

Ich verstand, was er meinte: Dem muslimischen Kalender zufolge schrieben wir das Jahr 1422. Somit befanden wir uns bereits seit mehr als 400 Jahren im zweiten Jahrtausend, das wir laut Mohammed nicht überleben würden.

Nun zeigte ich Arafat etwas, das nicht in meinem Buch stand, da ich es bei der Veröffentlichung vor vier Jahren noch nicht gewusst hatte.

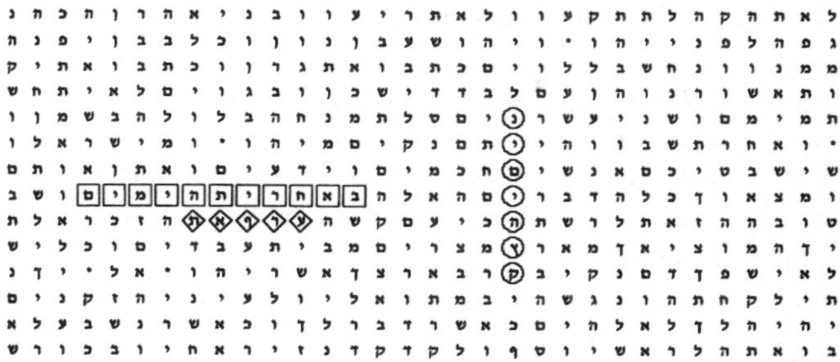

○ Ende der Tage □ am Ende der Tage ◇ Arafat

Mit einem Füllfederhalter kreiste ich die hebräischen Zeichen ein, die direkt unter »am Ende der Tage« standen: »A – R – A – F – A – T«. Arafat erkannte seinen Namen augenblicklich. Anscheinend hatte er ihn oft genug in den Schlagzeilen israelischer Zeitungen gesehen. Er wies mit der Hand auf das Papier und bedeutete Erekat und Rudaineh, es sich näher anzusehen. Zunächst wirkte er weder überrascht noch betroffen.

Die meisten Menschen, die ihren Namen richtig buchstabiert in einem verschlüsselten Text der Bibel finden würden, und dies an jener Stelle, wo die Apokalypse, das Ende der Welt, verkündet wurde, wären entsetzt. Arafat hingegen schien es erwartet zu haben.

Nun kreiste ich die Buchstaben ein, aus denen sich »E. Barak« ergab, der Name des früheren israelischen Premierministers, der versucht hatte, mit Arafat in Camp David den Frieden auszuhandeln. Sein Name kreuzte die zweite Eintragung von »Ende der Tage«. Dann markierte ich auf dieselbe Weise die

Buchstaben, die den Namen des neuen israelischen Premierministers, Scharon, ergaben. Und zuletzt umringelte ich jene Buchstaben, aus denen sich »Bush« ergab.

Arafat starrte gebannt auf die Codetabelle. Jetzt war er wirklich erschüttert. Seine Lippe bebte unkontrolliert und seine Augen traten noch weiter hervor. Diese Botschaft schien ihn wesentlich mehr zu treffen als die Warnung vor seiner Ermordung.

Einen Augenblick lang schwiegen alle im Raum. Meine Gesprächspartner versuchten, das Ausmaß der codierten Gefahr zu begreifen und die außergewöhnliche Tatsache zu verarbeiten, dass Arafat, die israelischen Staatschefs und der Präsident der Vereinigten Staaten an derselben Stelle namentlich genannt wurden, an der die beiden biblischen Warnungen vor dem »Ende der Tage« das einzige Mal zusammen codiert waren.

Schließlich brach Erekat das Schweigen. »Haben Sie denn auch eine gute Nachricht?«, fragte er.

Ich kreiste die Buchstaben ein, die auf Hebräisch das Wort »Friede« ergaben.

»Wenn der Code Recht behält, geht es nicht um Frieden oder Straßenkämpfe, sondern um Frieden oder völlige Auslöschung«, erklärte ich wie zuvor Shaath nun auch Arafat, der mir unverwandt in die Augen sah.

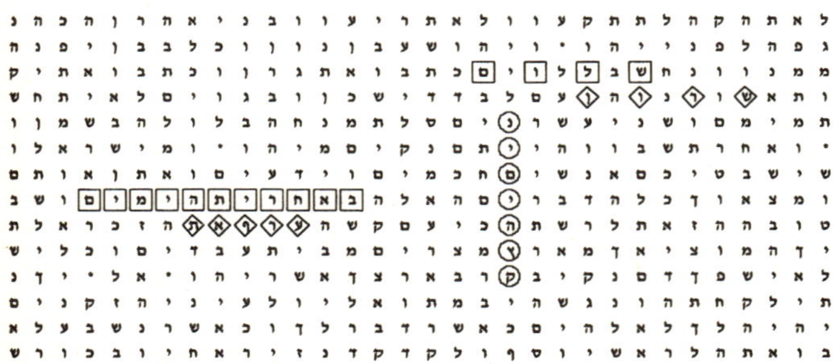

○ Ende der Tage □ am Ende der Tage ◇ Arafat □ Friede ◇ Scharon

Dann zeigte ich ihm zwei weitere Codetabellen: »Weltkrieg« und »atomarer Holocaust« waren jeweils mit demselben hebräischen Jahr »in 5766« codiert. »Das ist das Jahr 2006 nach dem modernen Kalender«, sagte ich. »Dem Code zufolge bleiben uns fünf Jahre.«

Wieder herrschte Schweigen. Schließlich sagte ich, dass ich jedes Jahr während der kommenden einhundert Jahre überprüft hätte und dass nur das Jahr 2006 sowohl mit »Weltkrieg« als auch mit »atomarer Holocaust« auftauche. Die Wahrscheinlichkeit, dass dies Zufall sei, liege etwa bei eins zu 100 000, die Wahrscheinlichkeit, Arafats Namen gemeinsam mit den Namen der politischen Führer Israels und der Vereinigten Staaten und dem Ausdruck »Ende der Tage« anzutreffen, sogar bei eins zu einer Million.

Doch solche Zahlen interessierten Arafat nicht. Ich versuchte, ihm klar zu machen, dass dies alles von einem der größten Wissenschaftler unserer Zeit, dem Entdecker des Bibelcodes, am Computer ermittelt worden sei, aber Arafat schien sich für Wissenschaft und Computer ebenso wenig zu interessieren. Er hörte sich an, was ich sagte, aber es kümmerte ihn nicht. Da hatte ich ihm soeben meinen letzten Beweis – den unbestreitbaren mathematischen Beleg – präsentiert, und Arafat, der bisher vollkommen überzeugt gewirkt hatte, reagierte nicht. Deshalb fragte ich ihn, ob er glaube, dass der Bibelcode echt sei und dass die Gefahren tatsächlich drohten.

»Selbstverständlich«, erwiderte er ohne das geringste Zögern. »Botschaften wie diese finden sich auch im Koran.« Er glaubte also an die Vorhersagen des Bibelcodes, doch nicht etwa deshalb, weil ein Computer sie entdeckt hatte oder weil die Statistik sie bestätigte, sondern weil es Prophezeiungen waren.

»Wenn es geschrieben steht, was kann ich dann tun?«, fragte er erneut.

Ich erwiderte, dass es sich wie mit einem Kometen verhielt, der daran gehindert werden musste, auf der Erde einzuschlagen. Wenn man fünf Jahre im Vorhinein davon wusste, war man vielleicht imstande, seine Bahn abzuändern, ihn zu zerstören und zu überleben. Entdeckte man ihn jedoch eine Woche vor dem erwarteten Einschlag, war dies nicht möglich, und alle würden sterben.

»Eine Woche vor dem Einschlag wäre er so groß und hell wie der Mond«, meinte Arafat. »Dann wäre es zu spät.«

»Ich glaube, der Bibelcode existiert als Vorwarnung, damit uns genug Zeit bleibt, um uns zu retten«, sagte ich. »Wir dürfen aber nicht erst fünf Jahre warten und dann plötzlich einen verzweifelten Rettungsversuch unternehmen. Was wir heute tun – was *Sie* heute tun – wird das bestimmen, was in fünf Jahren geschieht.«

Arafat nickte zustimmend. »Wir müssen jetzt handeln«, bestätigte er.

Dann teilte ich ihm mit, was ich auch zu Clinton – in dessen letzten Amtstagen – gesagt hatte: »Es wird wohl erst dann einen Friedensvertrag und einen dauerhaften Frieden geben, wenn alle Parteien begreifen, dass es nur die Wahl zwischen Frieden und vollständiger Auslöschung gibt. Dieser Friede muss so stark sein, dass er den nächsten Selbstmordanschlag, die nächsten Schüsse auf eine Moschee oder Synagoge und den nächsten Terrorakt übersteht. Er muss so stark sein, dass er den nächsten Mord an einem israelischen Minister oder einem palästinensischen Führer aushält.«

»Werden Sie das auch Scharon sagen?«, fragte Arafat.

Ich erwiderte, dass ich auf ein Treffen mit dem neuen israelischen Premierminister Scharon gehofft und ihm bereits einen Brief gesandt hätte, in dem ich ihm dasselbe mitteilte: dass es dem Bibelcode zufolge nur die Alternativen Frieden oder vollständige Auslöschung gebe.

Außerdem erklärte ich, dass die Gefahr durch einen Friedensschluss mit Scharon vielleicht nicht gebannt sei. »Der Bibelcode scheint zu sagen, dass eine dritte Partei mit nicht konventionellen Waffen angreifen und sowohl Israelis als auch Palästinenser töten könnte.«

»Wer?«, fragte Arafat.

»Wenn Sie mit Scharon Frieden geschlossen haben, werde ich zurückkehren und es Ihnen sagen«, entgegnete ich.

»Sie sind mir immer als Freund willkommen«, sagte Arafat lachend.

Als ich mich erhob, um zu gehen, schüttelte er mir die Hand, umarmte mich und küsste mich auf beide Wangen. Dann nahm er meine Hand erneut und ließ sie nicht mehr los. Er hatte mich nahezu wie einen Propheten empfangen, und obwohl ich oft wiederholt hatte, dass ich nur ein Journalist sei und nichts über die Zukunft wisse, was nicht im Code geschrieben stehe, betrachtete er mich offenbar immer noch als solchen.

Er hielt meine Hand auf dem gesamten Weg durch den Korridor bis zum Lift und winkte mir dann freundlich zum Abschied, während sich die Türen des Aufzugs schlossen.

Ich kannte Arafats Vergangenheit und wusste, dass an seinen Händen Blut klebte. Dennoch war ich überzeugt davon, dass er den Warnungen im Bibelcode glaubte und dass er meine beste und vielleicht einzige Chance auf Frieden war.

Kapitel Sechs

Die stählerne Arche

Ich sah zwei kolossale Säulen, vielleicht das Tor zu einem Tempel oder Palast, vielleicht die Zwillingstürme einer alten Stadt.

Die Vision verschwand und ich blieb allein auf der vollkommen unfruchtbaren Halbinsel Lisan zurück. Umgeben vom Toten Meer, versuchte ich, mir die »Obelisken« vorzustellen, die einst hier gestanden hatten. Ringsum sah ich jedoch nichts außer glitzerndem weißem Kalk, der sich kilometerweit erstreckte, die Mergelklippen am Kap, die die ehemalige Uferlinie enthüllten, und die dicke Salzkruste, die das Meer zurückgelassen hatte. Ich schritt über das Riff, das die Halbinsel umgab, zum tiefsten Punkt der Erde, dem Grund der Welt, wo das Wasser auf seinem Rückzug Land freigelegt hatte, das seit 5000 Jahren unter dem Toten Meer verborgen gelegen hatte, seit der Morgenröte der menschlichen Zivilisation.

Existierten die »Obelisken« heute noch, selbst wenn sie einst hier gestanden hatten? Oder hatte die Zeit sie zerschmettert und das Meer sie verschlungen? Waren sie bloß Geister einer längst vergangenen Welt oder ließ sich der »Codeschlüssel« noch finden?

Ich suchte in der Bibel nach »Schlüssel heute« und fand die Worte codiert in jenem Vers der Genesis, in dem auch »Bibelcode« und »Code auf dem Obelisken« standen und der mir den ersten Hinweis auf den gesuchten Ort gegeben hatte: »das Tal Siddim, wo nun das Salzmeer ist«. »Schlüssel heute« fand sich auch mit den beiden Ortsangaben, die auf modernen Karten angeführt sind: einem Dorf und einer Bucht namens »Mazraa« an der Nordspitze der Halbinsel, die den Namen »Lisan« trägt.

Selbst wenn ich am richtigen Ort suchte und an genau der Stelle stand, wo sich der Schlüssel verbarg, und selbst wenn er direkt unter meinen Füßen lag, wusste ich nicht, wie ich ihn finden sollte. Der Code erklärte, dass ich einen »Sensor« benötigte, ein Hightechgerät, das den Boden durchleuchtete. Niemand konnte mir jedoch sagen, welches Instrument ich benützen sollte, solange ich nicht wusste, woraus der »Schlüssel« bestand. Aus welchem Stein, welchem Mineral waren die »Obelisken« gehauen?

Daher suchte ich im Buch Daniel, dessen verschlüsselter Text bereits »Lisan wie Siddim« und »Mazraa« als Kreuz auf der Schatzkarte angegeben hatte und der von einer »Säule im Palast« sprach, auf der »alle Weisheit« der alten Welt eingraviert war.

»Schlüssel heute« kam im Buch Daniel vor, jedoch nicht gemeinsam mit »Marmor«, »Granit« oder einer anderen Gesteinsart. »Eisen« kreuzte die Eintragung »Schlüssel heute«. »Ein Geheimnis, das er nicht enträtselte, ich werde es enthüllen« überlappte im verschlüsselten Text das Wort »Eisen« an der Stelle, wo es sich mit »Schlüssel« kreuzte. Und parallel zu »Schlüssel heute« zeigte sich in derselben Auslassungssequenz der Hinweis »stählerne Arche«.

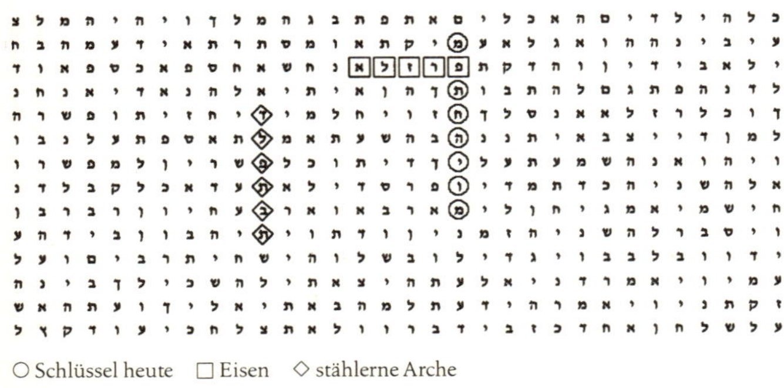

○ Schlüssel heute □ Eisen ◇ stählerne Arche

»Er gibt den Weisen ihre Weisheit und den Verständigen ihren Verstand«, verkündete der alte Prophet in jener Textstelle, die »Schlüssel heute« direkt über »Eisen« kreuzte. »Er offenbart, was tief und verborgen ist«, sagte Daniel mit Worten, die im Hebräischen auch »sein Behälter ist tief, an einem verborgenen Ort« bedeuten können. Diese Eintragung tauchte rechts über »stählerne Arche« auf.

Die unverschlüsselten Worte des Buches Daniel schienen die Versprechungen des Codeschlüssels zu bestätigen und der codierte Text offenbarte zusätzlich ein Geheimnis, an das ich nie gedacht hätte – der Schlüssel war entweder aus »Eisen« gefertigt oder wurde in einer »stählernen Arche« aufbewahrt.

Daher suchte ich im Buch Daniel nach »Codeschlüssel«. Wieder war »Stahl« an derselben Stelle codiert und kreuzte sich mit »Lisan« und »Säule«. In den beiden weiteren Eintragungen von »Code« querte das Wort den Ausdruck »geschweißt«. Der unverschlüsselte Text des Buches Daniel schien erneut zu bestätigen, was der Code versprach: »Doch zuvor will ich dir kundtun, was geschrieben ist im Buch der Wahrheit.«

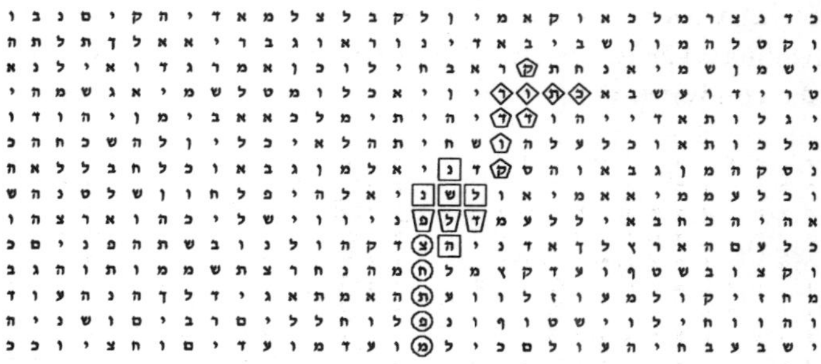

○ Codeschlüssel □ Lisan □ Lisan ▽ Stahl ⬠ Code/Code ◇ geschweißt

Als ich die Stelle in der Thora, an der ich erstmals auf das Wort »Codeschlüssel« gestoßen war, das zweimal von »Obelis-

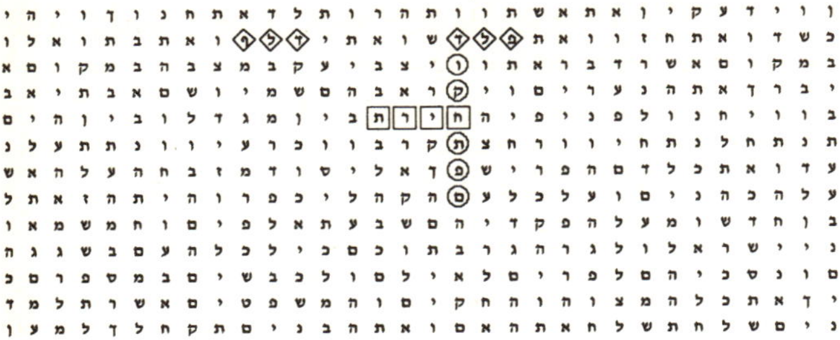

○ Codeschlüssel □ Obelisken ◇ Stahl ◇ Stahl

ken« gekreuzt wurde, erneut betrachtete, entdeckte ich zwei weitere Eintragungen von »Stahl«.

Ich konnte kaum glauben, was ich da entdeckt hatte.

Erst vor 3000 Jahren, etwa zu jener Zeit, als Gott Moses am Berg Sinai die Bibel übergeben hatte, hatte mit der Eisenzeit ein neues Zeitalter der menschlichen Zivilisation begonnen. Tatsächlich fand sich »Eiserner Schmelzofen« im unverschlüsselten Text der Bibel. Archäologen waren in Ägypten und Kleinasien auf Gegenstände aus Eisen gestoßen, die aus dieser Zeit stammten. Man entdeckte jedoch lediglich kleine Objekte, Messer und Schmuckgegenstände, die durch Erhitzen von Eisenerz in einfachen Gruben hergestellt worden waren, die man mit Holzkohle befeuert hatte.

Stahl war in der Welt der Antike ebenfalls bereits bekannt. Eine Eintragung darüber fand sich auch in der Bibel: »Wie funkelnder Stahl glänzen die Wagen.« Diese Textstelle ist jedoch aus einem späteren Buch, das annähernd eintausend Jahre nach Moses niedergeschrieben wurde.

Es gab keinen Hinweis darauf, dass vor Beginn der Moderne, dem im 18. Jahrhundert einsetzenden Industriezeitalter, eine massive »stählerne Arche« in geschweißter Ausfertigung hergestellt werden konnte. Auch die Archäologen waren der Ansicht, dass ein massives, aus »Eisen« oder »Stahl« gefertigtes Objekt vor tausenden Jahren nicht existiert hatte. Dennoch fand sich in der Thora die codierte Eintragung »stählerne Arche« an derselben Stelle wie »Lisan«.

Die Worte aus dem unverschlüsselten Text, die »Lisan« überlappten, ließen keinen Zweifel zu: »Das ist die Lösung.«

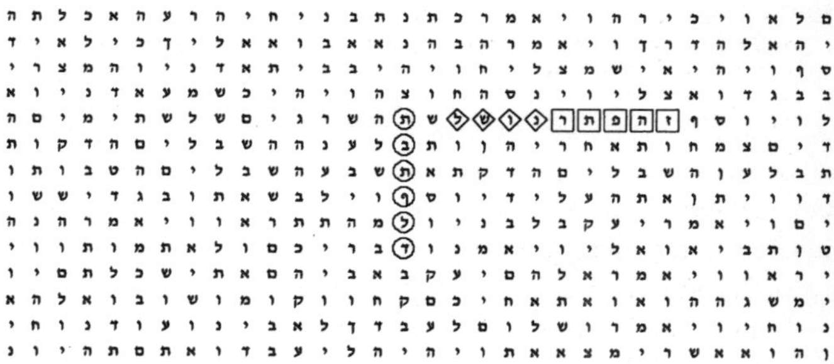

○ stählerne Arche ◇ Lisan □ das ist die Lösung

Es wäre wirklich die Lösung, wenn sich der »Codeschlüssel« und die »Obelisken« in einer »stählernen Arche« befänden. Ein aus Eisen oder Stahl gefertigter Gegenstand ließ sich möglicherweise finden. Unter der Oberfläche von Lisan, diesem mächtigsten Salzlager der Erde, das von Radarstrahlen kaum zu durchdringen war, etwas anderes als einen Gegenstand aus Metall aufspüren zu wollen wäre vermutlich aussichtslos. Doch ein aus Eisen bestehendes Objekt war in jedem Fall magnetisch. Ein Magnetometer würde es selbst in großen Tiefen entdecken. Dieses Gerät war imstande, selbst das Salz von Lisan und das Wasser des Toten Meeres zu durchdringen. Außerdem stand nicht zu erwarten, dass sich an diesem seit biblischen Zeiten unbewohnten Ort andere Gegenstände aus Eisen oder Stahl befanden.

Sollten wir tatsächlich ein vor mehreren tausend Jahren aus Stahl gefertigtes, massives Objekt entdecken, wäre dies ein Anachronismus, der schwer zu erklären wäre. Selbst wenn auf diesem Gegenstand nicht der Schlüssel zum Bibelcode eingraviert wäre und er keine höher entwickelte Wissenschaft als die unserer Zeit enthüllte, würde seine bloße Existenz Fragen aufwerfen, die sich nur schwer beantworten ließen.

Wie der prophetische Code selbst und die Obelisken, die, wie es hieß, vom Himmel stammten, würde ein antiker Gegenstand aus Stahl auf einen außerirdischen Ursprung verweisen.

Doch wenn er existierte, konnte man ihn auch finden.

Ich traf mich mit Eli Rips und teile ihm mit, dass sich der »Codeschlüssel« möglicherweise in einer »stählernen Arche« befand. Um diese bemerkenswerte, wenn auch unglaubliche Entdeckung zu überprüfen, schlug Rips vor, nach einer »eisernen Arche« zu suchen. Tatsächlich fand sich die Eintragung in verschlüsselter Form in der Thora. Und dann entdeckten wir etwas Außergewöhnliches.

Dieselben Worte, die gemeinsam mit »stählerne Arche« auftauchten, kreuzten auch »eiserne Arche«: der Name der Halbinsel »Lisan«, den die Phrase »das ist die Lösung« überschnitt.

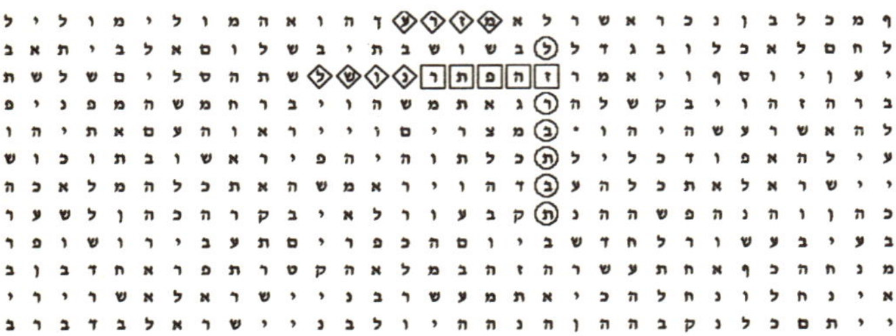

○ eiserne Arche ◇ Lisan □ das ist die Lösung ◇ Mazraa

»Mazraa« erschien rechts über »Lisan«. Kein Zweifel: Der Bibelcode sagte eindeutig aus, dass ein »eiserner« oder »stählerner« Behälter an genau jener Stelle existierte, wo ich nach dem Codeschlüssel und den Obelisken suchte.

Rips war skeptisch gewesen, musste jetzt jedoch eingestehen, dass es mehr als außergewöhnlich war, dieselbe einzigartige Phrase aus der Bibel und dieselben Ortsangaben, die gemeinsam mit »stählerne Arche« auftauchten, auch mit »eiserne Arche« zu entdecken.

»Dafür gibt es einen mathematischen Ausdruck«, erklärte er. »Man nennt das ›Rekombination‹. Wenn man einen bestimmten Wortschatz nimmt und ihn in allen möglichen Kombinationen zusammenfügt, erhält man ein ungewöhnlich hohes Maß an Beziehungen zwischen den einzelnen Wörtern. Das ist ein gutes Experiment. Wirklich bemerkenswert. Ich kann nicht in Abrede stellen, dass es Absicht ist – selbstverständlich ist es Absicht! Aber wie lässt es sich erklären? Was bedeutet es? Ich weiß es nicht. Ich kann nur beobachten, wie konsequent diese Eintragungen auftreten, und aus Sicht der Mathematik bestätigen, dass dies jenseits aller Wahrscheinlichkeit liegt.«

»Warum sollte mich der Code so beharrlich und vorsätzlich an diesen Ort führen, als wollte er auf der Schatzkarte ein Kreuz einzeichnen, wenn es dort keinen Schatz gibt?«, fragte ich.

Wie immer stellte Rips keinerlei Vermutungen an. »Ich weiß nicht, ob das, was wir im Code entdecken, etwas widerspiegelt oder prophezeit, was wir in der realen Welt finden«, gab er zur Antwort. »Die Konsequenz, mit der diese verschlüsselten Botschaften auftreten, ist jedoch an sich bereits interessant und bedeutungsvoll, einerlei, ob wir den Obelisken nun finden oder nicht.«

Dies mag für einen Mathematiker gelten oder für einen religiösen Menschen. Ich hingegen strebte nach einem physischen Beweis. Und es schien, als wäre ich ihm einen Schritt näher gekommen.

»Das ist die Lösung« – ich war davon überzeugt, dass diese Wörter »Lisan« nicht zufällig genau an der Stelle überlappten, an der auch »stählerne Arche« und »eiserne Arche« codiert waren.

»Arche.« Im Hebräischen wie im Englischen *(ark)* kennzeichnet dieser Begriff lediglich eine Truhe, die vielleicht einen heiligen Gegenstand enthalten mag, aber auch dann bloß eine Kiste ist. Die bekannteste Arche ist natürlich die Arche Noah, und die war ein Fahrzeug.

Deshalb suchte ich im Bibelcode nach »Stahl Wagen«. Die Worte erschienen, und zwar an jener Stelle, an welcher der unverschlüsselte Text verkündete: »Seinen Wagen warf er ins Meer.«

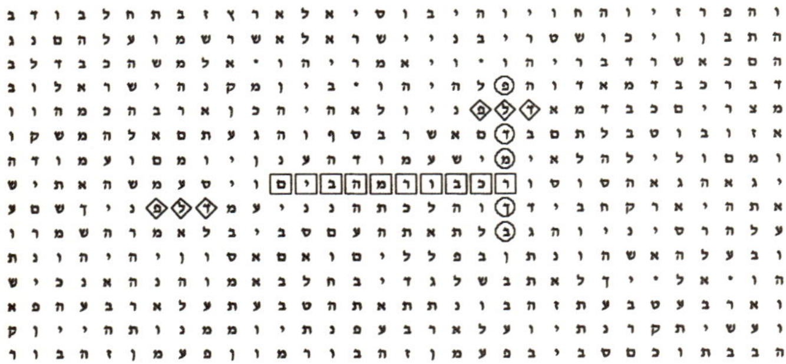

○ Stahl, Wagen □ seinen Wagen warf er ins Meer ◇ Stahl/Stahl

Diese Worte stammten aus dem berühmten Vers des Buches Exodus, in dem Gott die alten Israeliten rettet, indem er das Wasser des Roten Meeres teilt und die ägyptischen Verfolger in den Fluten ertränkt. Ich fragte mich, ob diese Textstelle auch von einem alten Fahrzeug berichtet, das nun unter der Wasseroberfläche des Toten Meeres verborgen lag, von jener »stählernen Arche«, die ich suchte.

»Stahl« kam zweimal vor, es überlappte »Säule« und kreuzte »Stahl Wagen«. »Eiserner Wagen« war ebenfalls codiert. Und wieder schienen die unverschlüsselten Worte der Bibel, die »eiserner Wagen« kreuzten, zwei unterschiedliche Geschichten zu erzählen.

Die traditionelle Übersetzung des Originaltextes sprach vom Bau der Stiftshütte, jenes tragbaren Tempels, den die alten Israeliten während ihres Auszugs aus Ägypten mit sich führten. »Und habe ihn erfüllt mit dem Geist Gottes, mit Weisheit, Verstand und Erkenntnis«, berichtet der Vers aus dem Buch Exodus über den Künstler, der die Stiftshütte baute, »um jene Arbeit zu vollbringen«.

Dort, wo diese Worte die Eintragung »eiserner Wagen« kreuzten, ließen sich die hebräischen Buchstaben aber auch als »geschmiedetes Eisen, die Arbeit des Computers« übersetzen.

»Lisan« tauchte im verschlüsselten Text direkt über »eiserner Wagen« auf, und »Kap, geschweißt« kreuzte »Eisen«.

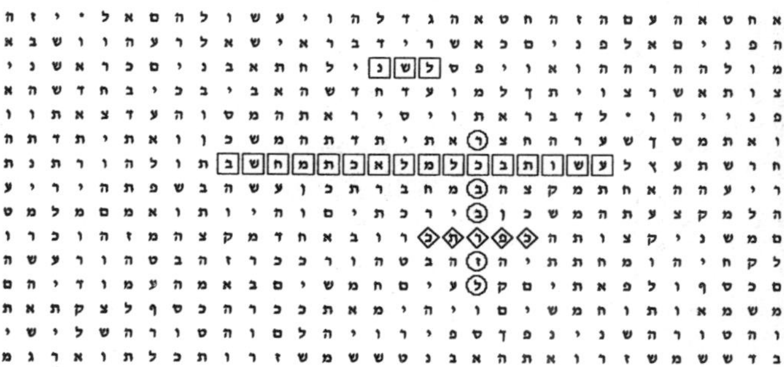

○ eiserner Wagen □ geschmiedetes Eisen, die Arbeit des Computers
◇ Kap, geschweißt □ Lisan

»Eiserner Wagen« begegnete auch zweimal im Originaltext des Buches Josua. Erneut schienen die alten Bibelworte zwei unterschiedliche Bedeutungen in sich zu bergen.

»Dazu gibt es eiserne Wagen bei allen Kanaanitern, die im ebenen Land wohnen«, lautet die traditionelle Übersetzung, die vor der gewaltigen Macht jenes Volkes warnt, welches das Gelobte Land besiedelt. Josua, der Anführer der Israeliten, versichert seinem Volk: »Dann wirst du die Kanaaniter vertreiben, obwohl sie eiserne Wagen haben.« Beide Eintragungen von

○ Tel der Obelisken
□ eiserner Wagen
□ eiserner Wagen

»eiserne Wagen« kamen im Buch Josua gemeinsam mit der verschlüsselten Botschaft »Tel der Obelisken« vor.

Das hebräische Wort »Tel« bezeichnet einen archäologischen Fundort, an dem ein Erdhügel die Überreste alter Ruinen bedeckt. »Er entdeckte den genauen Ort, Lisan« war ebenfalls gemeinsam mit »eiserner Wagen« codiert. Diese Worte tauchten im verschlüsselten Text an der einzigen Bibelstelle im Buch Josua auf, die eine exakte Ortsangabe enthielt: »Lisan, Zunge des Meeres«.

Konnte es sich bei dem von mir gesuchten eisernen Wagen um einen von Menschenhand gefertigten Gegenstand aus biblischen Zeiten handeln? Allerdings kam es mir unwahrscheinlich vor, dass etwas in der Größe eines »Wagens« einen »Obelisken« enthielt.

Wenn sich auf der ins Tote Meer hinausragenden Halbinsel tatsächlich ein jahrtausendealtes Fahrzeug verbarg, dann war es vermutlich nicht von dieser Welt.

Was war diese »stählerne Arche«? Woher kam sie? Und die wichtigste Frage von allen: Existierte sie noch?

War es möglich, dass ein antiker Gegenstand aus Eisen oder Stahl Jahrtausende überdauerte? Ich betrachtete erneut die Codetabelle, die bestätigte, dass ich am richtigen Ort suchte, da »Bibelcode« gemeinsam mit »er existiert in Lisan« erschien.

Da entdeckte ich, dass der verschlüsselte Text, der »Bibelcode« kreuzte, eine weitere Botschaft enthielt: »in einem Wagen dort, bis auf diesen Tag«. »Stahl« war im selben Bibelvers codiert. Und wenn der Code Recht behielt, lag der »Wagen« immer noch auf der zungenförmigen Halbinsel verborgen.

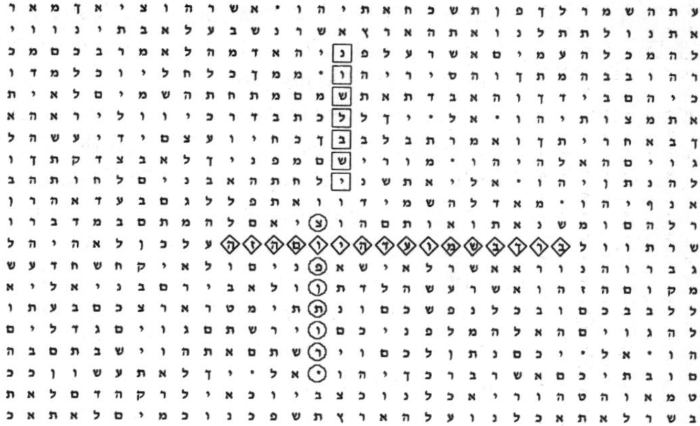

○ Bibelcode □ er existiert in Lisan ◇ in einem Wagen dort, bis auf diesen Tag

Aber als ich mit einem jordanischen Archäologen vom Ministerium für Altertümer nach Lisan zurückkehrte, bezweifelte er, dass ein Gegenstand aus Eisen in der Umgebung vom Toten Meer und vor allem in dem salzgetränkten Boden erhalten geblieben sein könnte. Und der führende israelische Geophysiker und Experte auf dem Gebiet der Entdeckung von Eisen im Untergrund, den ich konsultiert hatte, erklärte, dass ein Magnetometer nicht imstande sei, die Überreste eines eisernen Gegenstandes zu entdecken, sofern sie verrostet wären.

Plötzlich war meine gesamte Suche in Frage gestellt. Wenn sich die »stählerne Arche« unter Wasser – noch dazu unter Salzwasser – befand, wäre sie auf jeden Fall verrostet. Selbst wenn sie nur unter Bodenschichten verborgen lag, wäre sie in dieser feuchten, salzhaltigen Gegend gewiss schon seit langer Zeit zersetzt.

Auf der Halbinsel Lisan herrschte die höchste Salzkonzentration der Erde. Sie bestand kilometertief aus Steinsalz und war von einem derart salzhaltigen Meer umgeben, dass nichts darin lebte – deshalb hatte es den Namen »Totes Meer« erhalten.

Ich rief jeden Fachmann an, den ich auftreiben konnte, und alle bestätigten, dass ein Gegenstand aus Eisen vor Jahrtausenden zu Rost und Staub zerfallen wäre. Archäologen, Metallurgen und Museumsdirektoren erklärten übereinstimmend, dass nahezu alle antiken Eisenobjekte, die je gefunden worden waren, vollständig korrodiert gewesen seien, und dass die Korrosion durch Salz bedeutend beschleunigt werde. Die meisten Gegenstände aus Eisen verschwänden innerhalb weniger Jahre. Keiner könne Jahrhunderte überdauern.

Ich war am Boden zerstört und fürchtete, dass meine Suche zu einem abrupten Ende gekommen war. Dennoch war ich nicht bereit aufzugeben und tätigte einen letzten Telefonanruf.

Ronald Latanision war der führende Korrosionsexperte des MIT (Massachusetts Institute of Technology). Ihm stellte ich die Frage, ob ein Gegenstand aus Eisen mehrere tausend Jahre unter Wasser überstehen könne. »Das hängt von der Salzkonzentration ab«, antwortete er.

Ich wollte ihm eigentlich nicht mitteilen, dass es sich um das Tote Meer handelte, das die höchste Salzkonzentration auf Erden aufwies, aber ich hatte keine andere Wahl. »Dann könnte er noch vorhanden sein«, sagte Latanision.

Das einzigartige Milieu von Lisan und dem Toten Meer führte zu einer Umkehrung der gültigen Regeln. Alles, was man mir bislang gesagt hatte, stimmte – nur war das Tote Meer die einzige Ausnahme. »Es ist richtig, dass Wasser die Rostbildung fördert und dass Salz die Korrosion beschleunigt«, sagte Latanision. »Ist die Salzkonzentration jedoch sehr hoch, kann sie die Korrosion sogar *verhindern*. Bei einem Sättigungsgrad von 35 Prozent Salz im Wasser sinkt der Sauerstoffgehalt rapide ab. Und ohne Sauerstoff gibt es keinen Rost.«

Ich rief den Geologen David Neev an, den führenden Experten für die Region des Toten Meeres, und fragte ihn, ob die Salzkonzentration dort über oder unter 35 Prozent liege. »Darüber«, gab er zur Antwort. »Und das ist einzigartig. Es kommt an keinem anderen Ort der Welt vor.«

Neev bestätigte, was Latanision gesagt hatte: Ein im Toten Meer versunkener Eisengegenstand existiere mit höchster Wahrscheinlichkeit noch, da das Wasser keinen Sauerstoff enthalte. Und ohne Sauerstoff gebe es keinen Rost.

Was aber, wenn die »stählerne Arche« an Land verborgen lag, fragte ich Neev und Latanision.

Ein Objekt aus Eisen würde vermutlich auch im Schlamm oder Lehm von Lisan überdauern, da der Boden für Sauerstoff nahezu undurchdringlich sei, erklärte Neev.

Ein Eisengegenstand, der im Steinsalz begraben sei, aus dem die gesamte Halbinsel Lisan bestehe, könne unbegrenzt lange erhalten bleiben, bekräftigte Latanision. »Eine Höhle im Salz würde Feuchtigkeit absorbieren. Ohne Feuchtigkeit hingegen gibt es keinen Rost, und auch ohne Sauerstoff nicht. Somit würde in einer gegen Luft und Wasser abgeschlossenen Höhle, Zelle oder Kapsel ein aus Eisen oder Stahl gefertigter Gegenstand bewahrt bleiben.«

Meine Suche richtete sich also auf den einzigen Ort auf Erden, an dem eine »stählerne Arche« Jahrtausende überdauern konnte.

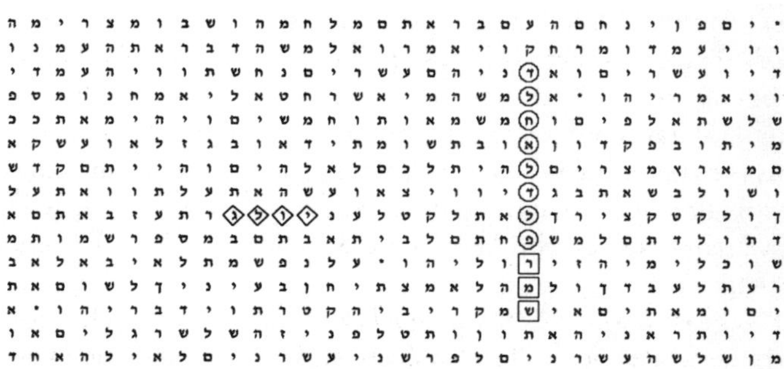

○ Stahl rostete nicht □ es blieb bewahrt ◇ Entdeckung, Enthüllung

Ich forschte im Bibelcode nach der letzten Bestätigung. »Stahl rostete nicht« war einmal in der Bibel codiert. »Bewahrt« und »Entdeckung, Enthüllung« erschienen an derselben Stelle.

Der Code konnte immer noch existieren – in Stahl erhalten. Jedoch enthielt der Bibelcode auch Hinweise darauf, dass es vielleicht gar nicht nötig war, eine Expedition auszurüsten und ein Team von Geophysikern mit einem Magnetometer auszusenden, um die Obelisken zu finden. Dieselbe Phrase – »aufbewahrt in Stahl« – erschien ein weiteres Mal mit der Ortsangabe »jenseits des Meeres an der Grenze zu Moab«, dem biblischen Namen von Jordanien. Genau an dieser Stelle enthüllte der verschlüsselte Text: »Du wirst es von dort aus sehen, eine kleine Spitze davon.«

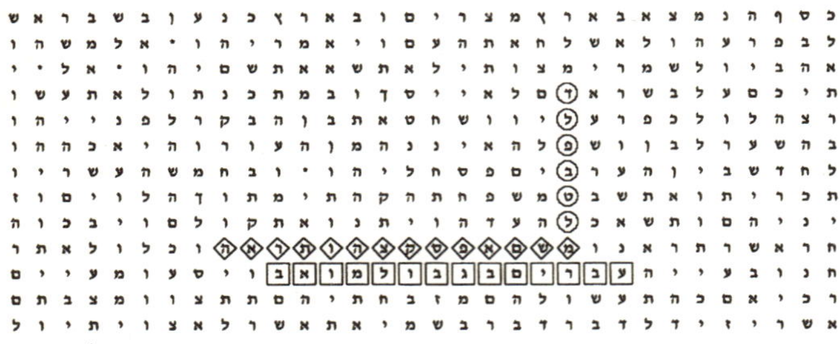

○ aufbewahrt in Stahl □ jenseits des Meeres an der Grenze zu Moab (Jordanien)
◇ du wirst es von dort aus sehen, eine kleine Spitze davon

Dies ließ den Schluss zu, dass der Codeschlüssel möglicherweise leicht zu finden war, vielleicht sogar zufällig – womöglich ragte der Obelisk aus dem Boden hervor. »Obelisk ragt hervor, sichtbar« war sowohl mit »Mazraa« als auch mit »Lisan« codiert. »Aus Lisan ragte er empor« erschien mit »das ist die Lösung«, denselben Worten aus dem unverschlüsselten Text, die »stählerne Arche« und »eiserne Arche« kreuzten, und überlagerte die Eintragung »Lisan«.

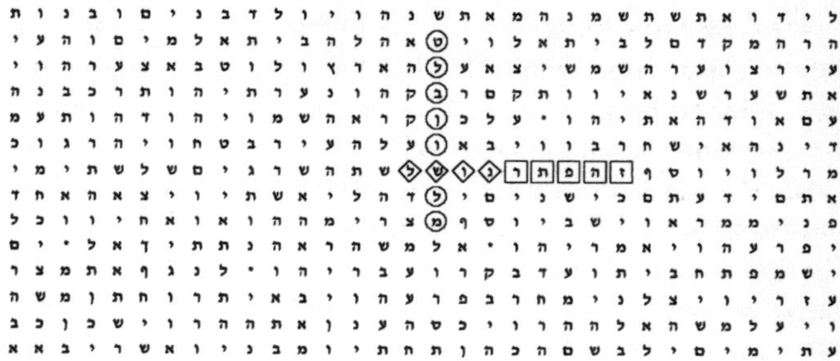

○ aus Lisan ragte er empor ◇ Lisan □ das ist die Lösung

Die einzigartige geografische Beschaffenheit der Halbinsel ließen diesen Hinweis glaubwürdig erscheinen. Ich suchte in einem Landstrich, der 5000 Jahre von Wasser bedeckt gewesen war, nach dem Codeschlüssel. Der Wasserspiegel des Toten Meeres hatte seinen seit Anbeginn der menschlichen Zivilisation niedrigsten Stand erreicht und sank weiterhin rasch ab. Ein israelischer Geologe hatte erst kürzlich einen Bericht veröffentlicht mit der Überschrift »Der tiefste Punkt der Erde versinkt«.

Angesichts dessen bestand eine geringe Wahrscheinlichkeit, dass ein Gegenstand, der tausende Jahre unter der Oberfläche verborgen gewesen war, plötzlich von selbst auftauchte.

Es gab nur ein Problem. Jedes Objekt aus Eisen oder Stahl, das jahrtausendelang unterirdisch oder unter Wasser erhalten geblieben war, würde sofort zerfallen, sobald es freigelegt oder aus dem Wasser gehoben würde. Wenn es erst einmal der Luft und somit dem Sauerstoff ausgesetzt war, würde das, was Jahrtausende überdauert hatte, innerhalb von Tagen, vielleicht sogar Stunden für immer verschwinden.

Die Suche musste also beschleunigt werden.

Am 5. Oktober 2000 flog ich in die jordanische Hauptstadt Amman, um mich mit dem amerikanischen Botschafter, William Burns, zu treffen. Er hatte versprochen, hochrangige jordanische Beamte und sogar den neuen König, Abdullah II., zu kontaktieren und ihre Zustimmung einzuholen, damit wir unsere archäologischen Forschungen ohne weitere Verzögerung aufnehmen konnten. Doch als ich ankam, war die amerikanische Botschaft von 20000 wütenden Demonstranten umringt, die antiisraelische und antiamerikanische Parolen riefen.

Jenseits der Grenze, in Israel, waren während der neuen Intifada, die eine Woche zuvor am Tempelberg in Jerusalem ausgebrochen war, beinahe einhundert Palästinenser getötet worden. Israelische Panzer und Kampfhubschrauber hatten die Westbank und den Gaza-Streifen angegriffen. Viele Demonstranten vor der Botschaft hielten das Bild eines zwölfjährigen palästinensischen Jungen hoch, der von israelischen Soldaten erschossen worden war.

Die Unruhen breiteten sich in den Flüchtlingslagern außerhalb von Amman aus, erfassten die Universitäten und drohten nun, die jordanische Regierung zu Fall zu bringen.

Botschafter Burns, der sich im Gebäude der amerikanischen Botschaft aufhielt, war sichtlich beunruhigt. Er sagte, dass es in dieser Situation überaus schwierig sei, die Jordanier dazu zu bewegen, in meine archäologische Grabung auf Lisan einzuwilligen, da die Halbinsel direkt an der Grenze zu Israel liege. »Jetzt ist nicht einmal der richtige Zeitpunkt, um auch nur zu *fragen*«, meinte er.

Drei Tage später traf ich mich mit dem Minister für Tourismus und Altertümer und mit dem stellvertretenden Premierminister von Jordanien, die beide versicherten, dass sie meine Expedition unterstützen würden – aber nicht jetzt.

Plötzlich drohten uns die in Israel neu ausgebrochenen kriegerischen Auseinandersetzungen daran zu hindern, den »Codeschlüssel« zu finden, und dies genau in dem Augenblick, da die Warnungen aus dem Bibelcode allmählich Wirklichkeit wurden und der gesamte Nahe Osten kurz vor jener Explosion zu stehen schien, die einen Dritten Weltkrieg auslösen konnte.

Kapitel Sieben

Ariel Scharon

»Bei den Arabern habe ich mehr Erfolg als bei den Juden«, sagte ich zu Omri Scharon, dem Sohn des israelischen Premierministers. Omri lachte. Ich hatte mich erst kürzlich mit Jassir Arafat getroffen, der, ohne zu zögern, akzeptiert hatte, dass in der hebräischen Bibel ein verborgener Code existierte. Hingegen war es mir nicht gelungen, mit dem neuen israelischen Premierminister – Ariel Scharon, Omris Vater – auch nur einen Gesprächstermin zu vereinbaren.

Es war Dienstag, der 17. April 2001. Israelische Panzer waren in der Nacht zuvor in den Gaza-Streifen vorgerückt und damit zum ersten Mal seit dem Friedensabkommen von Oslo (1993) in palästinensisches Gebiet eingedrungen. Deshalb überraschte es mich, dass sich Omri bereit erklärte, mich inmitten dieser Krise zu empfangen.

Ich erkannte ihn augenblicklich. Sein Gesicht war auf der Titelseite jeder israelischen Zeitung abgedruckt gewesen, als herauskam, dass der Premierminister seinen 36-jährigen Sohn heimlich als Gesandten zu Arafat geschickt hatte. Die Linke war wütend gewesen, weil Scharon Außenminister Schimon Peres umgangen hatte. Die Rechte war wütend gewesen, weil Scharon versprochen hatte, keine Verhandlungen zu führen, solange die gewalttätigen Auseinandersetzungen anhielten.

Omri war der engste Vertraute und zuverlässigste Berater seines Vaters. Einige behaupteten sogar, dass er der zweitmächtigste Mann in Israel sei. Auf jeden Fall stand fest, dass er der ausgebuffteste Vermittler im Hintergrund war.

Wir saßen gemeinsam auf der Terrasse des König-David-Hotels, von dem man die Altstadt überblicken konnte, jenes von Steinmauern begrenzte, biblische Jerusalem, das nun Hauptschauplatz des militärischen Konflikts zwischen Israelis und Palästinensern war.

Die neue Intifada dauerte mittlerweile schon sieben Monate an und hatte annähernd 500 Tote gefordert. Nun schien es, als wäre Scharon mit der Entsendung von Panzern in den Gaza-Streifen bereit, den Palästinensern den totalen Krieg zu erklären.

Viele machten Scharon sogar dafür verantwortlich, den Ausbruch der Unruhen heraufbeschworen zu haben, indem er kurz nach den gescheiterten Friedensverhandlungen von Camp David in Begleitung von eintausend schwer bewaffneten Bereitschaftspolizisten und -soldaten den Tempelberg besucht hatte – das höchste Heiligtum sowohl der Araber als auch der Juden in Israel.

Und nun war der General des rechten Flügels, der das Blutvergießen ausgelöst hatte, neuer Premierminister von Israel. Niemand, nicht einmal Scharon selbst, hätte dies für möglich gehalten.

Doch das alles war im Bibelcode vorhergesehen gewesen.

»Als noch niemand ahnte, dass Ihr Vater kandidieren wird, prophezeite der Code bereits, dass er Premierminister wird«, erzählte ich Omri, während ich ihm die Codetabelle übergab, die den Wahlausgang vom 6. Februar 2001 vorhersagte.

»›Scharon‹ ist mit dem hebräischen Datum ›13. Schebat‹ codiert, und ›Premierminister Scharon‹ mit dem hebräischen Jahr ›5761‹. Das ist der 6. Februar 2001.«

Omri betrachtete die Codetabelle skeptisch. »Ich glaube nicht an solche Sachen«, erklärte er schließlich. »Darin findet man doch alles, was man finden will.«

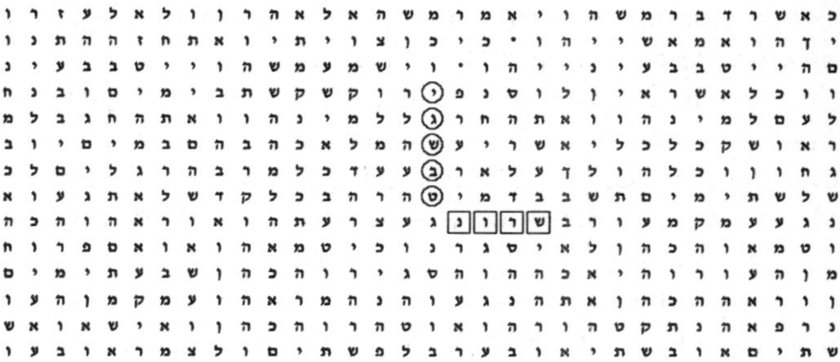

○ 13. Schebat/6. Februar 2001 □ Scharon

»Aber wir haben es zwei Monate im Vorhinein gefunden«, sagte ich. »Es bewahrheitet sich immer wieder. Der Bibelcode sagte die Ergebnisse der letzten drei Wahlen in Israel präzise vorher – während die Meinungsumfragen nicht ein einziges Mal Recht behielten.«

Omri blieb ungerührt. »Was ich nicht verstehe, glaube ich nicht«, sagte er. »Und mein Vater ist da genauso.«

Ariel Scharon ist nicht nur ein Mann, der mit beiden Beinen fest auf dem Boden steht, sondern er ist im wahrsten Sinne des Wortes ein Mann der Erde. Er wuchs auf einer Farm auf und ist geradezu herausfordernd weltlich eingestellt. An ihm ist nicht die geringste Spur von Mystik zu finden. Er ist kein Intellektueller wie Peres, lässt sich nicht für abstrakte Konzepte begeistern wie Barak und ist gewiss kein wahrer Gläubiger wie Arafat.

Israel ist kein Gottesstaat, auch wenn diese Tatsache in der Welt kaum beachtet wird. Mindestens die Hälfte der Bevölkerung ist stark weltlich orientiert und es hat in Israel nie einen religiösen Premierminister gegeben.

Wenn Scharon einer Religion huldigt, dann der Verteidigung des Landes Israel mit allen notwendigen Mitteln. Er ist davon überzeugt, dass die Araber die Juden hassen und dass sich das nie ändern wird. Bevor Scharon daran glaubte, dass er eines

Tages Premierminister werden würde, und als niemand ihn auf der Rechnung hatte, legte er seine Position dem Frieden gegenüber unmissverständlich offen: »Sie kennen meine Haltung dazu. Ich glaube nicht, dass wir je einen Frieden erreichen werden.«

»Die Araber wollen nicht, dass die Juden hier sind«, sagte er in einem Interview vor seiner Wahl. »Das ist das Geheimnis der ganzen Geschichte. Sie wollen dieses Land mit Gewalt einnehmen.

Ich werde das Leben der israelischen Bürger schützen«, verkündete er. »Und ich glaube nicht, dass ich das näher erklären muss. Die Araber kennen mich. Und ich kenne sie.«

Das war Scharons Religion.

Ich wusste, dass es nicht einfach sein würde, Ariel Scharon den Bibelcode zu verkaufen. Gleichzeitig wusste ich, dass Omri der beste Mann im Umfeld des Premiers war. Er hatte sich gegen den Besuch seines Vaters auf dem Tempelberg ausgesprochen, mit arabischen Führern der eigenen Generation verhandelt und strebte den Frieden an.

Deshalb übergab ich Omri eine Kopie jenes Briefes, den ich Jitzhak Rabin ein Jahr vor seiner Ermordung geschickt hatte. »Zeigen Sie mir das«, forderte er mich auf, während er auf die Stelle in meinem Brief deutete, wo ich Rabin den Grund für mein Schreiben nannte: »Ich teile Ihnen dies mit, weil sich Ihr Name das einzige Mal, wo er in der Bibel in verschlüsselter Form komplett auftaucht – also Jitzhak Rabin –, mit den Wörtern ›Mörder, der morden wird‹ kreuzt.«

Ich überreichte Omri eine Ausgabe meines Buches, das diese Bibelcodetabelle auf dem Umschlag trägt. »Und Sie haben Rabin diesen Brief 1994 geschickt?«, fragte er. »Ein Jahr, bevor er getötet wurde?« Zum ersten Mal wirkte er nicht mehr unbeteiligt.

»Ja«, bestätigte ich. »Der Code prophezeite nicht nur, dass Rabin getötet würde, er führte sogar das Jahr an, in dem er sterben würde. Später fanden wir an derselben Stelle den Namen seines Mörders. Rabin las den Brief, aber er ignorierte die Warnung.«

Omri schwieg einen Augenblick. Dann studierte er die Codetabelle erneut. »Warum wollten Sie mich treffen?«, erkundigte er sich schließlich.

Ich zeigte ihm dieselbe Codetabelle, die ich Arafat gezeigt hatte, jene, in der die beiden Warnungen vor dem »Ende der Tage« gemeinsam mit den Namen »Arafat«, »Bush« und »Scharon« erschienen.

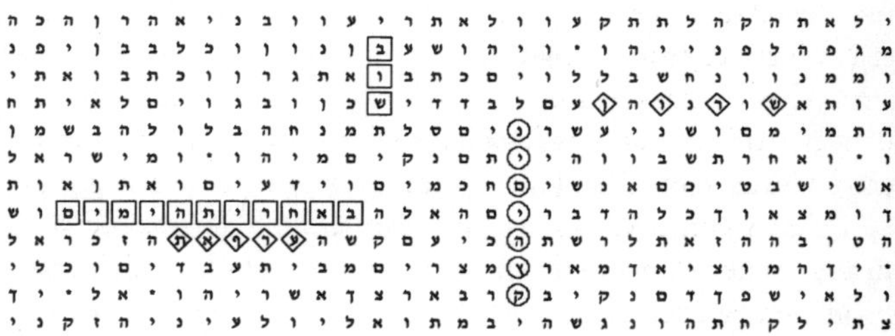

○ Ende der Tage □ am Ende der Tage ◇ Arafat □ Bush ◇ Scharon

»Die Wahrscheinlichkeit, dass diese Anordnung zufällig auftritt, liegt unter eins zu einer Million«, sagte ich.

»Das ist bloß Statistik«, gab Omri zurück. »Mit Statistiken lässt sich alles machen.«

»Selbst wenn Sie nicht glauben, dass es in der Bibel einen Code gibt, der die Zukunft enthüllt, und Ihr Vater auch nicht, könnte es doch wichtig sein, dass ich ihn treffe, denn Arafat glaubt felsenfest daran«, erklärte ich.

Omri Scharon wusste schon, dass ich mich nur wenige Tage nach seiner geheimen Unterredung mit Arafat ebenfalls mit dem Palästinenserführer getroffen hatte. »Auf die Gefahr hin, Sie zu beleidigen – ich glaube, dass Arafat den Bibelcode ernster nahm als alles, was Sie zu ihm sagten«, fuhr ich fort. »Denn er glaubt an Prophezeiungen. Das trifft ihn im Kern seines Wesens.«

»Ich weiß, wie man mit Arabern sprechen muss«, erwiderte Omri.

»Er ist nicht aus dem Westen«, sagte ich.

»Das bin ich auch nicht. Ich bin aus dem Nahen Osten, und ich weiß, wie Arafat denkt.«

»Barak und Clinton wussten es offenbar nicht.«

»Da haben Sie Recht«, erwiderte Omri.

Dann übergab ich Omri einen an den Premierminister gerichteten Brief. »Ihr Vater steht dem Ganzen vielleicht offener gegenüber, weil er ein gutes Gespür für sein Schicksal hat«, sagte ich.

»Ich wünschte, dieses Gespür wäre weniger ausgeprägt, dann wäre sein Leben bedeutend einfacher«, meinte Omri.

Er las meinen Brief langsam und sorgfältig. Anschließend stellte er eine Frage: »Ich sehe nur Gefahren. Und die Rettung?«

»Der Bibelcode bietet uns lediglich Informationen«, erklärte ich. »Er sagt uns nicht, was wir tun sollen. Aber er scheint zu sagen, dass Ihr Vater Frieden schließen kann.«

Ich zeigte ihm, dass an jener Stelle, an der »Scharon« gemeinsam mit »Ende der Tage« codiert war, auch das Wort »Friede« aufschien.

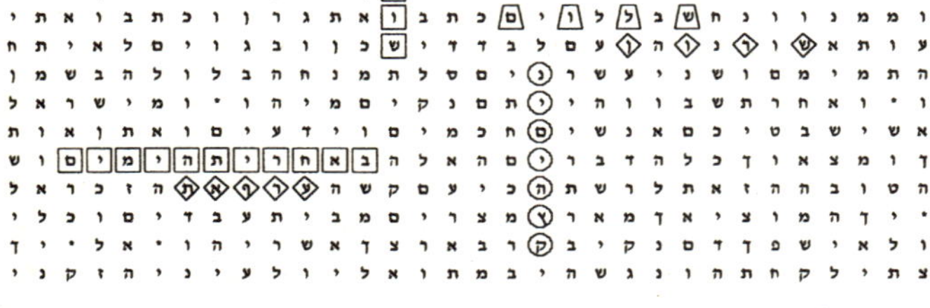

○ Ende der Tage □ am Ende der Tage ◇ Arafat □ Bush ◇ Scharon △ Friede

Dann wies ich ihn darauf hin, dass gemeinsam mit »atomarer Holocaust« auch »Scharon« und »Friedensvertrag« im verschlüsselten Text zu finden waren.

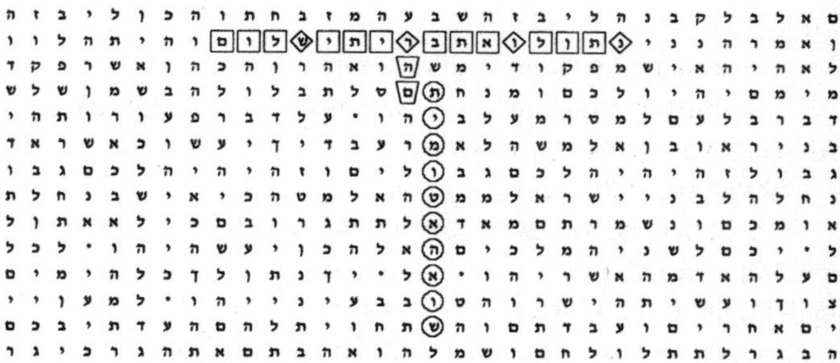

○ atomarer Holocaust □ er gab ihm meinen Friedensvertrag ▽ Premierminister ◇ Scharon

Omri las einige Absätze meines Briefes ein zweites Mal und versicherte mir schließlich, dass er ihn seinem Vater noch an diesem Tag übergeben werde.

Mein Brief an Scharon lautete: »Ich habe Ihren Sohn Omri ersucht, Ihnen diesen Brief zu überbringen und ein Treffen zwischen uns zu arrangieren, da der Code die Warnung enthält, dass Israel eine grauenvolle, vielleicht sogar endgültige Gefahr bevorsteht.

Dieser kritische Augenblick in der Geschichte Israels wurde eindeutig vorhergesagt.

›Scharon‹, ›Arafat‹ und ›Bush‹ werden in der Thora gemeinsam namentlich angeführt, und dies mit den beiden biblischen Warnungen vor der letzten Zeit der Gefahr, dem ›Ende der Tage‹.

Es gibt zwar zahlreiche Auslegungen von ›Ende der Tage‹, in einem Punkt jedoch stimmen alle Gelehrten überein: dass diese Wörter auf eine mindestens so große Bedrohung verweisen, wie sie der unverschlüsselte Text im Buch Daniel verkündet: ›Denn es wird eine Zeit so großer Trübsal sein, wie sie nie gewesen ist, seitdem es Menschen gibt.‹«

»Wenn es um Israel geht, bedeutet das einiges«, meinte Omri, während er sich erhob, um zu gehen.

Das eigentliche Problem bestand meiner Ansicht nach nicht darin, dass Scharon womöglich nicht an den Bibelcode glaubte, sondern dass er nicht geneigt war, Frieden zu schließen.

Zu dieser Überzeugung war ich nicht durch mein Treffen mit seinem Sohn gelangt, sondern durch meine Unterredung mit meinem alten Freund General Isaac Ben-Israel, dem führenden Wissenschaftler im Verteidigungsministerium.

Ich kannte Isaac seit zehn Jahren. Ein Jahr vor Rabins Ermordung hatte ich Isaac und den Premier gleichzeitig gewarnt, dass der Bibelcode einen Anschlag auf Rabins Leben vorhersage. Später hatte ich Dr. Rips zu einem Treffen mit Ben-Israel ins militärische Hauptquartier des Landes in Tel Aviv gebracht. Isaac war jener Physiker, der entschied, welche Waffen Israel herstellte oder kaufte, und der Einzige in der israelischen Regierung, der über ausreichende wissenschaftliche Kenntnisse verfügte, um den Bibelcode auf jener Ebene zu begreifen, auf der Rips ihn erklären konnte.

Weil Isaac die Grundlagen verstand und miterlebt hatte, wie sich Rabins Prophezeiung bewahrheitete, zögerte er nie, die Warnungen, die er von mir erhielt, an andere weiterzugeben. Er erzählte Generälen davon, sämtlichen Geheimdienstchefs und mindestens einem Premierminister.

Doch bei unserem Treffen im April 2001 in Tel Aviv machte Isaac mir Angst. Wir hatten nie ausführlicher über Politik diskutiert. Ich hatte einfach angenommen, dass er der Linken angehörte, ebenso wie Rabin, Peres und Barak.

Nun schien General Ben-Israel sich intensiver mit den Positionen der neuen Regierung Scharon zu befassen. Ich wusste, dass er sich wöchentlich mit den höchsten Beamten des Verteidigungsministeriums traf, einschließlich des Premierministers. Seine Haltung war radikaler geworden.

Ich gab ihm alle Codetabellen, die ich Omri gezeigt hatte und Scharon zu zeigen hoffte. Besonderen Nachdruck legte ich auf die Tabelle, in der »Scharon«, »Arafat« und »Bush« gemeinsam mit »Ende der Tage« erschienen. Schließlich sagte ich auch zu Isaac, was ich zu allen anderen gesagt hatte: dass es dem Code zufolge nur Frieden oder völlige Auslöschung gebe.

»Was kann Arafat uns schon tun?«, fragte Ben-Israel. »Arafat kann uns nichts anhaben.«

»Selbstverständlich könnt ihr ihn militärisch schlagen«, meinte ich. »Aber wenn ihr das tut, wird euch die ganze Welt verurteilen und islamische Verrückte werden euch mit Raketen und nichtkonventionellen Waffen angreifen.«

»Ich glaube nicht, dass die Welt uns verurteilen wird«, widersprach Ben-Israel. »Nicht, wenn unser Angriff auf einen größeren Terroranschlag folgt.«

»Was verstehen Sie unter einem größeren Terroranschlag?«, fragte ich.

»Nicht drei Tote, sondern dreihundert«, gab Isaac zur Antwort. »Wir haben mehrere Verschwörungen aufgedeckt, deren Ziel es war, ein Regierungsgebäude in Tel Aviv in die Luft zu sprengen. Etwas in der Art.«

»Was würde Israel in diesem Fall tun?«, fragte ich.

»Etwas Verheerendes.«

Isaac war nicht bereit, Einzelheiten zu nennen. Mir war klar, dass er sich auf Alternativpläne bezog, die in den höchsten Kreisen der militärischen Führung und des Geheimdienstes ausgearbeitet worden waren.

In diesem Augenblick begriff ich, dass Scharon nur auf einen Vorwand wartete, um eine entscheidende Militäraktion gegen die Palästinenser zu unternehmen. Alles war längst geplant.

Ich sagte zu Isaac, dass ich eine Katastrophe für Israel befürchtete – dass ein derartiges Vorgehen zwangsläufig genau jene Reaktion hervorrufen werde, vor der im Bibelcode gewarnt worden sei: die größte und letzte Gefahr, die dem Code zufolge innerhalb der nächsten fünf Jahre über Israel hereinbrechen werde.

»Einen chemischen Angriff würden wir überstehen«, sagte Ben-Israel. »Das haben wir bereits berechnet. Etwa zwölftausend Menschen würden sterben. Das wäre tragisch, aber keineswegs das Ende.«

Erneut zeigte ich ihm eine Codetabelle. Der Name »Arafat« kreuzte das Wort »Plage«, und der vollständige Vers im unverschlüsselten Text der Bibel lautete: »Die aber gestorben waren an der Plage waren vierzehntausendsiebenhundert.«

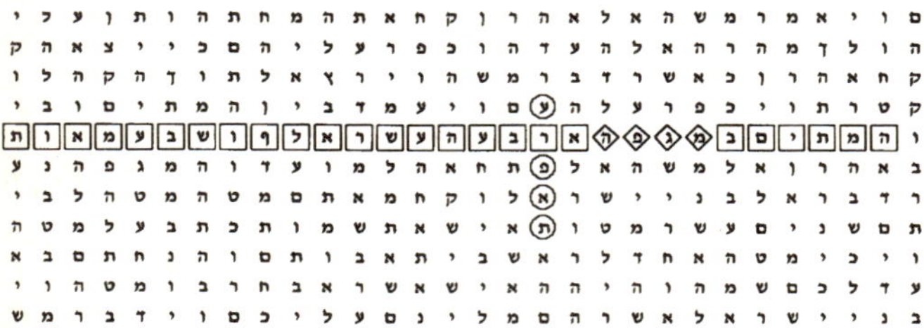

○ Arafat ◇ Plage □ die aber gestorben waren an der Plage waren vierzehntausendsiebenhundert

»Was wäre bei einem Atomangriff?«, forschte ich weiter. »Das allerdings könnte das Ende sein«, meinte Isaac.

Ich verließ die Unterredung, von einer größeren Angst erfüllt als nach jedem anderen Treffen mit einem israelischen Funktionär. Alles, was in den nächsten Tagen folgte – der israelische Bombenangriff auf die syrische Radarstation im Libanon, der Einmarsch israelischer Truppen im Gaza-Streifen –, war sorgfältig geplant, um Jordanien daran zu hindern, Scharon einen Friedensvorschlag zu unterbreiten. Mir wurde klar, dass der

Premierminister nur auf den richtigen Augenblick wartete, um sein vermeintliches Schicksal zu erfüllen – den Augenblick, in dem er die Palästinenser mit seiner gesamten militärischen Macht zurückschlagen würde.

Die in der Bibel codierten Gefahren waren mir nie realer erschienen als jetzt. Es genügte nicht, dass Arafat den Warnungen des Codes Glauben schenkte. Ich musste auch zu Scharon durchdringen und ihn ebenso tief beeindrucken wie Arafat. Ich musste Scharon davon überzeugen, dass dies tatsächlich das »Ende der Tage« war.

Als ich mich von meinem Freund Isaac verabschiedete, fragte ich ihn, wer mir Zugang zu Scharon verschaffen könne. Er schlug mir vor, mich an einen pensionierten General zu wenden, den der Premierminister zum neuen Leiter des Mossad, des israelischen Geheimdienstes, ernennen wollte.

»Ich habe Gerüchte gehört, dass Sie der künftige Chef des Mossad sein werden«, sagte ich General Meir Dagan, als wir uns in der nordisraelischen Stadt Rosh Pina trafen, wo er wohnte.

»Diese Gerüchte habe ich auch gehört«, erwiderte Dagan.

Ich war zu dem General, der dem rechten Flügel angehörte, gereist, weil er nach Omri der engste Vertraute des Premierministers war. Nachdem Scharon den Tempelberg gestürmt hatte, war Dagan einer der führenden Redner bei der Antifriedensdemonstration in Jerusalem gewesen. »Wir müssen Krieg mit Krieg beantworten«, hatte er der Menge erklärt. »Es ist Zeit, dass wir Jassir Arafat nach Tunesien zurückschicken«, in jenes nordafrikanische Land also, wo er im Exil gelebt hatte.

Diesen Mann musste ich überzeugen, dass es für Israel keine Alternative gab als den Frieden. Alles andere würde zu völliger Auslöschung führen.

Ich zeigte Dagan dieselben Codetabellen wie Omri, auf denen »Scharon« und »Arafat« gemeinsam mit »Ende der Tage«

erschienen, ebenso wie die Warnungen »atomarer Holocaust« und »Weltkrieg« im Jahr 2006.

»Was bedeutet das?«, fragte Dagan. »Und was können wir tun?«

»Vermutlich heißt es, dass Israel eine Gefahr droht, die das Ende bedeuten könnte, und dass Ihnen fünf Jahre bleiben, um einen Ausweg zu finden und zu überleben«, antwortete ich. »Allerdings bin ich davon überzeugt, dass sich die Zukunft verändern lässt. Das ist auch der Grund, warum ich Sie sprechen wollte.«

Ich wusste, dass Dagan vollkommen weltlich orientiert war. Dennoch fragte ich ihn, ob er den Bibelcode ernst nehme. »Ja«, sagte er, »denn falls die Gefahr wirklich besteht, können wir sie nicht einfach ignorieren.«

Als der rechte politische Flügel unter Premierminister Benjamin Netanjahu das letzte Mal die Macht in Israel inne gehabt hatte, war Dagan mit der Terrorismusbekämpfung betraut. Mir war aufgefallen, dass sich Personen aus dem Umfeld des Geheimdienstes dem Bibelcode gegenüber häufig aufgeschlossener zeigten, auch wenn sie nicht religiös waren, als andere. Das sagte ich Dagan.

»Sie haben Recht«, stimmte er zu. »Das müssen wir auch, denn wir können es uns nicht erlauben, eine Warnung einfach in den Wind zu schlagen.«

Es gab einen weiteren Grund, den mir Dagan aber erst bei einem weiteren Treffen einige Monate später mitteilte. Diese Unterredung fand im Dezember 2001 statt. Scharon hatte Dagan eben mit der Leitung der israelischen Verhandlungsdelegation beauftragt, die unter Vermittlung des amerikanischen Sonderbeauftragten, General Anthony Zinni, Waffenstillstandsgespräche mit den Palästinensern führte.

Jeder wusste, dass Scharon Dagan diese Aufgabe übertragen hatte, um sicherzustellen, dass kein Friedensschluss vereinbart wurde. Deshalb war ich überrascht, als sich Dagan bereit erklärte, mit dem Premierminister zu reden, um ihn davon zu überzeugen, dass er mit mir über die Warnungen im Bibelcode sprechen solle.

Ich zeigte Dagan die Tabellen aus dem Bibelcode, welche die Ereignisse vom 11. September vorhergesagt hatten – der Angriff auf die »Zwillingstürme« war gemeinsam mit »Flugzeug« codiert –, und erklärte, dass der Code auch für Israel Terroranschläge von bislang unbekanntem Ausmaß prophezeie.

»Ich werde mit dem Premierminister und mit Omri sprechen«, meinte Dagan, »Scharon wird sich aber sicher nicht jetzt mit Ihnen treffen.«

Irsael befand sich inmitten einer schweren Krise. In den letzten Tagen hatten drei Terroranschläge 25 Menschenleben gefordert und israelische Kampfjets griffen den Gaza-Streifen und die Westbank an.

»Ich verstehe Ihre Lage«, sagte ich. »Aber alles, was jetzt geschieht, ist nur das Vorprogramm. Fünfundzwanzig Tote sind eine Tragödie – wenn der Code jedoch Recht behält, steht Ihnen die wahre Gefahr noch bevor. Tausende werden sterben und dann Zehntausende, bis schließlich Ihr gesamtes Land ausgelöscht wird.«

Dagan schwieg. Ich wusste, dass er ein harter, kampferprobter General war; in diesem Augenblick fragte ich mich jedoch, ob ich nicht zu weit gegangen war. »Ich sage es nicht gern so direkt«, lenkte ich ein, »und wenn ich mehr Zeit hätte, würde ich mich auch vorsichtiger ausdrücken. Aber ich versuche nun schon seit Monaten, zum Premierminister vorzudringen, und ich will, dass Sie begreifen, dass wir über die weitere Existenz Ihres Landes sprechen, und dass Sie ihm das auch sagen.«

»Ich habe Ihnen zugesichert, dass ich mit Scharon sprechen werde, und das werde ich auch tun«, sagte Dagan. »Ich bin nicht religiös, aber ich glaube daran, dass es übernatürliche Kräfte gibt, die das Geschehen im Diesseits beeinflussen.«

Ich war verblüfft, obwohl ich von meinem ersten Treffen her wusste, dass Dagan dem Bibelcode gegenüber aufgeschlossen war. Nun kannte ich den Grund.

»Aus persönlicher Erfahrung?«, fragte ich.

»Ja«, bestätigte er ohne weitere Erklärung.

Ich beschloss, nicht nachzuforschen, auch wenn ich mich fragte, was dieser hart gesottene General des rechten Flügels wohl erlebt hatte, dass er an übernatürliche Kräfte glaubte und dadurch die Existenz eines Codes in der Bibel anerkannte, der die Zukunft enthüllte.

»Ich glaube, dass etwas Derartiges existieren kann. Dass es real sein kann«, sagte Dagan, und das genügte mir.

Mein Ziel war es, Ariel Scharon ebenso von Angesicht zu Angesicht gegenüberzusitzen wie Jassir Arafat.

Ich teilte Dagan mit, dass ich mich möglicherweise erneut mit Arafat treffen werde.

»Tun Sie das aber nicht in den nächsten Tagen«, sagte er.

»Ich habe keine Angst.«

»Tun Sie es nicht jetzt«, wiederholte Dagan.

Nach einem weiteren Terroranschlag einige Tage später beschossen israelische Kampfhubschrauber Arafats Hauptquartier in der auf der Westbank gelegenen Stadt Ramallah und israelische Panzer belagerten sein Büro.

Der Palästinenserführer sollte während der kommenden Monate Gefangener in seinem eigenen Büro sein.

Meir Dagan wurde tatsächlich im September 2002 von seinem alten Freund, dem Premierminister Ariel Scharon, zum Leiter des Mossad ernannt.

Das Bild an der Wand glich einer Zeitkapsel. Jassir Arafat und Jitzhak Rabin schüttelten einander auf dem Rasen vor dem Weißen Haus die Hand, während Bill Clinton die Szene wohlwollend beobachtete. Neben Rabin stand Schimon Peres.

Ich befand mich in Peres' Büro im Außenministerium in Tel Aviv. Der Friede, für den sich niemand intensiver eingesetzt hatte als Peres, wirkte wie eine ferne, traurige Erinnerung.

Man führte mich sofort zu Peres.

Er war meine letzte Hoffnung, doch er wirkte alt, müde und deprimiert. Vermutlich empfand niemand den Verlust schmerzlicher als er, da er mehr als jeder andere zu diesem auf dem Foto festgehaltenen Augenblick beigetragen hatte.

Ich hatte Peres zuletzt im Januar 1996 gesehen, wenige Monate nach Rabins Ermordung, als er Premierminister war. Nun war er das linke Gegengewicht in einer von Scharon angeführten Koalitionsregierung.

Ich zeigte Peres dieselben Bibelcodetabellen wie Omri und Dagan, auf denen »Ende der Tage«, »Weltkrieg« und »atomarer Holocaust« gemeinsam mit der Jahresangabe 2006 erschienen.

»Als ich Sie das erste Mal sah, war die Gefahr noch zehn Jahre von uns entfernt«, sagte Peres. »Jetzt, wo es nur noch fünf Jahre sind, wirkt sie längst nicht mehr so unwahrscheinlich.«

Der Gipfel von Camp David war gescheitert, die neue Intifada dauerte nun schon beinahe sieben Monate an, Scharon war Premierminister – plötzlich erschien das, was ich Peres während seiner Amtszeit als Premier nicht zu sagen gewagt hatte, weil es einfach zu apokalyptisch klang, vernünftig und plausibel.

Ich erklärte Peres, dass es dennoch Hoffnung gebe. »Vor kurzem habe ich mich mit Arafat getroffen und er scheint an die Warnungen aus dem Bibelcode zu glauben«, sagte ich.

Peres wollte Einzelheiten wissen. »Was haben Sie ihm mitgeteilt und wie hat er darauf reagiert?«

»Ich habe ihm gesagt, dass es dem Code zufolge nicht um Frieden oder Straßenkämpfe geht, sondern um Frieden oder völlige Auslöschung. Und er schloss sich dieser Einschätzung uneingeschränkt an.«

Dann schlug ich jene Tabelle in meinem Buch auf, in der die beiden Ausdrücke »Ende der Tage« aufschienen, und kreiste die hebräischen Buchstaben ein, die »A-R-A-F-A-T« ergaben.

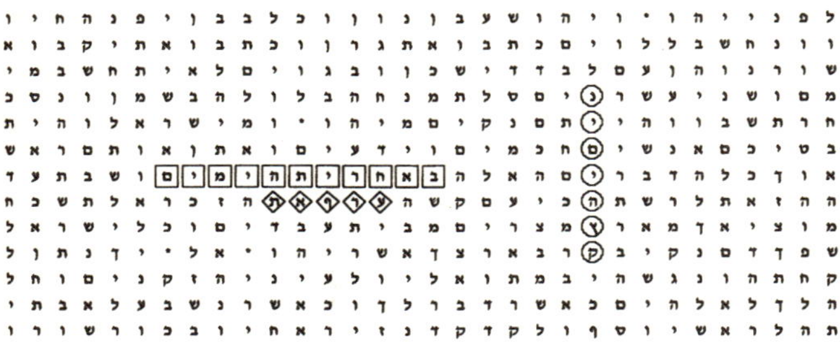

○ Ende der Tage □ am Ende der Tage ◇ Arafat

»Wie hat er reagiert?«, erkundigte sich Peres.

»Er schien keineswegs überrascht zu sein«, antwortete ich. »Er sagte, dass er ohnehin glaube, dass wir in kritischen Zeiten lebten. Als er bemerkte, dass der hebräische Ausdruck für ›Ende der Tage‹ mit dem arabischen übereinstimmt, wirkte er betroffen. Er wiederholte die Wörter, und auch seine Berater schienen erschüttert zu sein.«

»Wenn es vorhergesagt ist, was können wir dann tun?«, fragte Peres.

Dasselbe hatte er mich bei unserem Treffen vor fünf Jahren gefragt. Als Antwort zeigte ich ihm, dass »atomarer Holocaust« mit der Jahreszahl 2006 codiert war.

»Arafat hat mir dieselbe Frage gestellt. Nur dass er ›Wenn es *geschrieben* steht‹ sagte.«

»Ja, so sagen es die Araber. ›Es steht geschrieben.‹ Sie glauben, dass alles vorherbestimmt ist.«

»Ich habe versucht, ihm zu erklären, dass die Zukunft geändert werden kann. Dass das, was in der Bibel codiert ist, nur eine Warnung und keine Prophezeiung ist. Was wir tun, was Sie tun, was er tut – das wird bestimmen, was tatsächlich geschieht.«

Ich teilte Peres auch mit, dass ich mit Scharon über dessen Sohn Omri in Kontakt stand, aber nicht glaubte, dass Scharon bereit sei, Frieden zu schließen.

Peres widersprach mir nicht und unterließ es, Scharon zu verteidigen. »Ich war immer davon überzeugt, dass wir keine andere Wahl haben, als Frieden zu schließen. Warum also erzählen Sie mir das alles?«, fragte er stattdessen.

»Weil Ihnen der Umstand, dass Arafat an den Bibelcode glaubt und seine Warnungen ernst nimmt, möglicherweise einen neuen Weg eröffnet – auch wenn Sie selbst nicht vollkommen davon überzeugt sind, dass es in der Bibel einen Code gibt, der die Zukunft vorhersagt.«

»Wir kommen aus verschiedenen Welten«, entgegnete Peres. »Arafat entstammt einer nach wie vor bäuerlichen Kultur. Ich gehöre einer wissenschaftsorientierten, demokratischen Kultur an. Darin liegt der Unterschied. Deshalb ist es so schwierig für uns, miteinander zu kommunizieren.«

Peres schwieg einen Augenblick. Seine Niedergeschlagenheit war deutlich fühlbar.

Er war zweifellos der klügste israelische Politiker, dem ich je begegnet war. Alle taten ihn als Träumer ab und sagten, Scharon sei der Realist. Doch ich hatte genau den gegenteiligen Eindruck. Scharon war der Träumer, denn er glaubte immer noch daran, einen militärischen Sieg erringen und alles mit seinen Panzern regeln zu können. Peres war Realist, denn er wusste, dass der Code Recht hatte, dass die Araber schon bald über Nuklearwaffen verfügten und dass Israel fünf Jahre Zeit blieben, um eine Möglichkeit zu finden zu überleben.

Kapitel Acht

Der Code des Lebens

Alles Leben auf diesem Planeten stammt von einem Code, der in einem einzigen DNS-Molekül unauslöschlich festgelegt wurde. Niemand weiß jedoch, woher dieser Code kommt.

Irgendwann zu Beginn meiner Suche nach dem Schlüssel zum Bibelcode war ich vielleicht auch über den Schlüssel zum Code des Lebens gestolpert.

Das Geheimnis des genetischen Codes wird an jener Stelle in der Genesis enthüllt, an der Gott zu Abraham spricht: »Ich will dein Geschlecht segnen und mehren wie die Sterne am Himmel und wie den Sand am Ufer des Meeres; und durch dein Geschlecht sollen alle Völker auf Erden gesegnet sein.«

In diesen berühmten Worten verbirgt sich die wahre Geschichte unserer Schöpfung. Dem Bibelcode zufolge wurde unsere »DNS in einem Fahrzeug gebracht«.

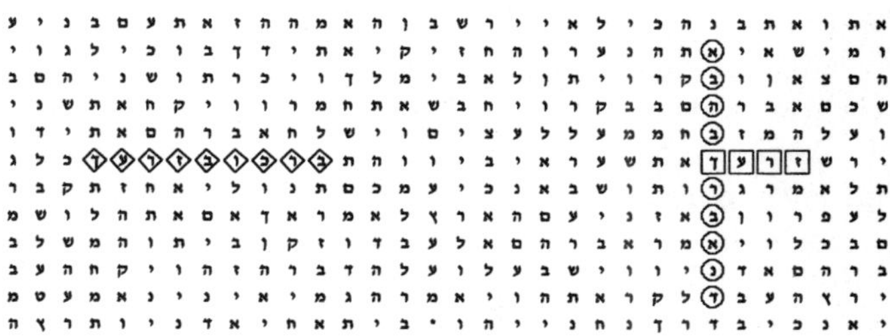

○ DNS in einem Fahrzeug gebracht □ dein Geschlecht ◇ dein Geschlecht in einem Fahrzeug

»Dein Geschlecht« kreuzt »DNS in einem Fahrzeug gebracht«. Die Eintragung »in einem Fahrzeug, dein Geschlecht, alle Völker auf Erden« aus dem verborgenen Text der Bibel findet sich an jener Stelle des unverschlüsselten Textes, wo Gott sagt: »Und durch dein Geschlecht sollen alle Völker auf Erden gesegnet sein.«

Als ich diese codierte Botschaft in der Bibel fand, konnte ich es kaum glauben. Es erschien mir wie Sciencefiction. Die DNS, das Molekül des Lebens, sollte in einem Raumschiff zur Erde gesandt worden sein? Ich fragte mich, ob es irgendwo einen angesehenen Wissenschaftler gab, der über eine solch fantastische Idee auch nur nachdenken würde.

Schließlich rief ich Francis Crick an, den weltweit bedeutendsten DNS-Fachmann. Er war für die Entdeckung der Doppelhelix, des spiralförmigen DNS-Strangs, mit dem Nobelpreis für Medizin ausgezeichnet worden. Dies war eine der großartigsten wissenschaftlichen Entdeckungen aller Zeiten. »Wir haben das Geheimnis des Lebens gefunden«, hatte Crick unmittelbar nach der Entdeckung gesagt.

»Ist es möglich, dass unsere DNS von einem anderen Planeten stammt?«, fragte ich ihn, als ich ihn telefonisch am Salk Institute in San Diego erreicht hatte.

»Diese Theorie habe ich bereits vor fünfundzwanzig Jahren veröffentlicht«, erwiderte Crick. »Ich nannte sie ›Directed Panspermia‹.«

»Ist das Erbgut Ihrer Ansicht nach durch einen Meteor oder einen Kometen auf die Erde gelangt?«

»Weder noch. Jede Form von Leben wäre bei einer derartigen zufälligen Reise durch das Weltall zugrunde gegangen.«

»Wollen Sie damit sagen, dass die DNS in einem Fahrzeug hierher geschickt wurde?«, forschte ich weiter.

»Das ist die einzige Möglichkeit«, erwiderte Crick.

Damit hatte Crick soeben die Aussage des Bibelcodes über den Ursprung des Lebens bestätigt. Ich ließ ihm gegenüber den

Bibelcode unerwähnt, weil er betont weltlich eingestellt war. Stattdessen ersuchte ich ihn, mir seine Theorie über die Entstehung der DNS zu erläutern.

Crick erklärte, dass das DNS-Molekül viel zu kompliziert sei, als dass es sich in der kurzen Zeit zwischen der Bildung dieses Planeten vor vier Milliarden Jahren und dem ersten Auftreten von Leben vor 3,8 Milliarden Jahren auf Erden urplötzlich hätte entwickeln können.

»Es ist allerdings unwahrscheinlich, dass lebende Organismen die Erde als Sporen von einem anderen Stern oder eingebettet in einen Meteoriten hätten erreichen können«, fuhr er fort. Deshalb gebe es nur eine einzige Möglichkeit: »Eine primitive Lebensform wurde von einer höher entwickelten Zivilisation eines anderen Planeten vorsätzlich auf der Erde eingepflanzt«, erklärte Crick.

Eine außergewöhnliche These. Crick sagte genau das, was der Bibelcode verkündete: »DNS in einem Fahrzeug gebracht«. Er erläuterte, dass unsere DNS absichtlich in einem »Raumschiff« hierher gebracht worden und dass »alles Leben auf Erden ein Klon eines einzigen außerirdischen Organismus« sei. Diese Auffassung hatte er in seiner 1973 erstmals veröffentlichten Theorie detailliert dargelegt.

Schließlich fragte ich Crick, ob er noch daran glaube, dass Außerirdische bewusst Erbgut im All verbreitet hätten, wie er in seiner »Directed Panspermia«-Theorie erläutert hatte.

»Wir wissen sehr wenig über den Ursprung des Lebens«, meinte er. »Doch sämtliche wissenschaftlichen Neuentdeckungen stützen meine These und keine einzige hat sie bisher widerlegt. Seit der ersten Veröffentlichung unserer Theorie hat sich eine großartige Möglichkeit eröffnet«, fuhr er fort. »Wir wissen mittlerweile, dass auch andere Sterne Planeten haben. Daher ist es möglich, dass bereits vor der Bildung der Erde an einer anderen Stelle in der Galaxie eine Zivilisation mit hoch entwickelter Technologie existierte.«

Crick war von seiner Theorie überzeugter denn je. »Die DNS wurde in einem Raumschiff hierher geschickt«, sagte er bestimmt. »Von Außerirdischen.«

Dies entsprach nicht genau dem, was die Genesis verkündete, aber es stimmte mit den Aussagen des Bibelcodes überein.

Ich fragte mich, was Eli Rips zu dieser Theorie über unseren Ursprung sagen würde. Stünde sie im Widerspruch zu seiner religiösen Überzeugung, seinem Glauben an die Worte der Bibel, die selbstverständlich verkündeten, dass Gott den Menschen und alles Leben auf Erden geschaffen habe?

Als ich im November 1998 im Nahen Osten eintraf, um meine Suche nach den Obelisken und dem verborgenen Schlüssel zum Bibelcode aufzunehmen, zeigte ich Rips, was der Bibelcode über den Code des Lebens sagte: »DNS in einem Fahrzeug gebracht«.

»Das ist eine außergewöhnliche Übereinstimmung«, meinte er. »›DNS in einem Fahrzeug‹ und ›dein Geschlecht in einem Fahrzeug‹ – das ist einfach perfekt, eine wechselseitige Referenz.«

Dann teilte ich Rips mit, was Crick mir kürzlich gesagt und vor fünfundzwanzig Jahren niedergeschrieben hatte. »Diese Theorie unterscheidet sich von der Schöpfungstheorie nur in einem einzigen Punkt – indem sie die intelligente treibende Kraft der Schöpfung anders bezeichnet«, entgegnete Rips. »Wenn es nicht realistisch ist, dass sich die DNS auf Erden entwickelte, dann wurde sie von einem außerirdischen Wesen hierher gebracht. Dr. Crick schreckt bloß davor zurück, den Helden beim Namen zu nennen.«

Rips, für den Wissenschaft und Religion nie im Widerspruch zueinander standen und der davon überzeugt war, dass beide nach der letzten Wahrheit strebten und zwangsläufig zum selben Ergebnis kommen mussten, war von dieser Entdeckung begeistert.

Ermutigt durch diese Reaktion, zeigte ich ihm weitere verschlüsselte Eintragungen. »Genetischer Code« tauchte in der Bibel gemeinsam mit »sein Gen wirst du erben« auf. An derselben Stelle fand Rips die codierten Wörter: »um den Menschen zu erhöhen«.

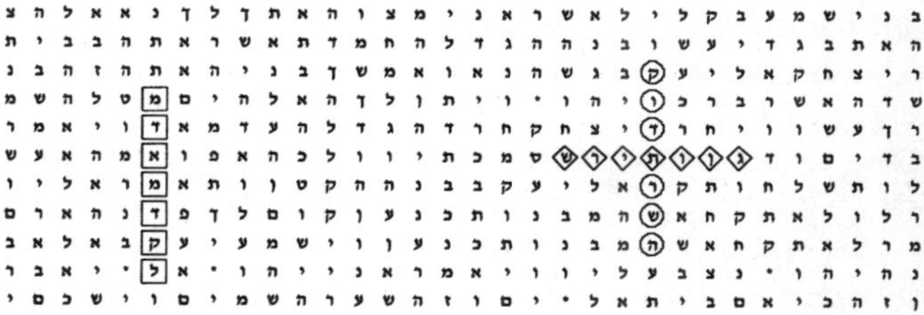

○ genetischer Code ◇ sein Gen wirst du erben □ um den Menschen zu erhöhen

»DNS-Spirale« war ebenfalls in der Bibel codiert und kreuzte die Wörter »in Adam das Modell, die Schablone« aus dem verschlüsselten Text. »Aus einem Code« erschien in derselben Tabelle.

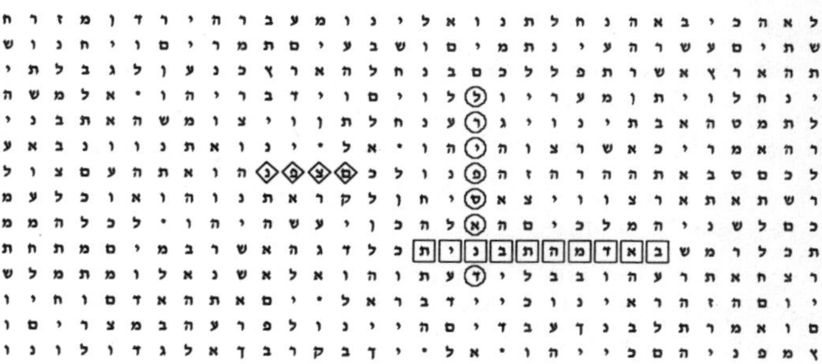

○ DNS-Spirale □ in Adam das Modell, die Schablone ◇ aus einem Code

»Das ist eine sehr gute Anordnung mit einer klaren, einfachen Aussage über die Bedeutung des codierten Textes«, meinte Rips. »Die Wahrscheinlichkeit, dass ›DNS-Spirale‹ überhaupt vorkommt, liegt unter eins zu dreihundert.«

Ich fragte ihn, ob er glaube, dass der Bibelcode und der DNS-Code möglicherweise dieselbe Doppelhelix-Struktur aufwiesen, dass sie beide aus zwei miteinander verflochtenen Spiralen bestünden – dass es vielleicht *nur einen* universellen Code gebe.

Schließlich zeigte ich Rips, dass die beiden Codes – der »DNS-Code« und der »Bibelcode« – trotz einer überaus geringen Auftrittswahrscheinlichkeit in der Bibel gemeinsam an derselben Stelle codiert waren.

○ DNS-Code ◇ Bibelcode

Rips war im höchsten Maße begeistert. Er verschwand für einige Augenblicke in seinem Arbeitszimmer und kehrte schließlich mit einer auf Transparentfolie gedruckten Bibelcodetabelle zurück. In ihr erschienen die beiden Eintragungen »Gerechtigkeit Gottes« und »Gnade Gottes« an derselben Stelle. Rips nahm die Folie und legte die gegenüberliegenden Kanten übereinander, sodass sich ein Zylinder bildete.

Die beiden Zeichenstränge von »Gerechtigkeit« und »Gnade« drehten sich nun umeinander.

»Wir haben uns die ganze Zeit über einen dreidimensionalen Zylinder angesehen«, erklärte Rips. »Wir haben ihn nur aufgerollt, um den Code auf dem Computerbildschirm zweidimensional betrachten zu können. Wie bei einer Landkarte, die man flach auflegt, statt sie als Globus darzustellen. Sehen Sie nur, was geschieht, wenn wir die Abbildung wieder in einen Zylinder zurückverwandeln.«

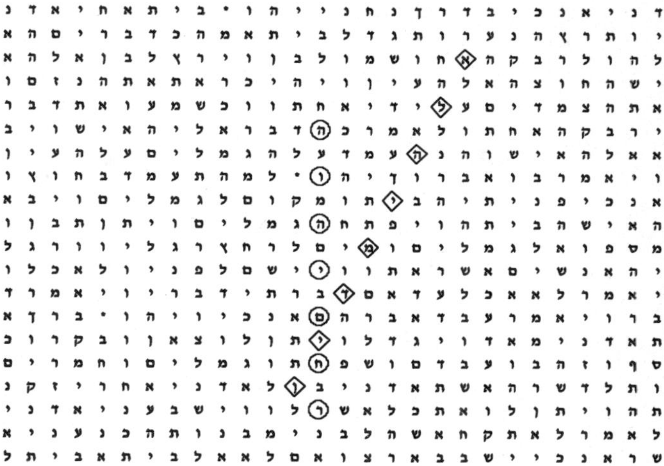

○ Gnade Gottes ◇ Gerechtigkeit Gottes

»Gnade Gottes« wand sich um »Gerechtigkeit Gottes«. Die beiden Gesichter des Allmächtigen stellten sich auf dieselbe Weise dar wie die beiden Stränge der DNS.

»Es ist eine Doppelhelix«, erläuterte Rips. »Beide Codes, der Code des Lebens und der Code der Thora, könnten dieselbe Struktur aufweisen. Und auf beide trifft zu, dass sie nicht von dieser Welt stammen.«

»Die Wurzeln unserer Lebensform gehen mit größter Sicherheit auf einen anderen Ort des Universums zurück, auf einen anderen Planeten«, schrieb Crick zu seiner »Directed Panspermia«-Theorie. »Sie hat dort bereits einen hohen Entwicklungsstand erreicht, bevor sie hier begann. Das Leben auf Erden wurde von Mikroorganismen verbreitet, die von einer höher entwickelten Zivilisation in irgendeiner Art von Raumschiff hierher gesandt wurden.«

Er führte für seine Behauptung zwei Beweise an: 1. »Der genetische Code aller Lebewesen ist identisch.« 2. »Die frühesten Organismen traten plötzlich auf, ohne Anzeichen auf einfachere Vorformen hier auf Erden.

Wir sollten davon ausgehen, dass sich vor etwa vier Milliarden Jahren auf einem entfernten Planeten bereits eine höhere Lebensform entwickelt hatte, die, ähnlich wie wir, Wissenschaft und Technologie entdeckte und sie bis auf eine Ebene weiterentwickelte, die weit jenseits all dessen liegt, was wir bisher erreicht haben«, schrieb Crick.

»Dieser Lebensform war bekannt, dass ihre Zivilisation langfristig gesehen dem Untergang geweiht war. Es könnte auch Gründe gegeben haben anzunehmen, dass selbst das Überleben in der nahen Zukunft gefährdet war. Offenbar plante sie deshalb, die benachbarten Planeten zu besiedeln.

Sobald wir das Ausmaß und Wesen der Galaxie kennen und verstehen, wäre es unverzeihlich, wenn wir nicht den Versuch unternähmen festzustellen, ob wir ihre einzigen Bewohner sind. Dies zu unterlassen könnte sogar gefährlich sein.«

Schließlich stellte Crick die zentrale Frage, die uns nach wie vor am meisten interessiert: »Sind die Absender oder ihre Nachkommen noch am Leben? Oder waren die Gefahren von vier Milliarden Jahren zu zahlreich und zu groß?«

Die DNS ist eine Sprache, die mit vier Buchstaben auskommt. »Der DNS-Strang ist Information, eine Botschaft, die in einem Code aus Chemikalien festgelegt ist, eine chemische Substanz für jeden Buchstaben«, erklärte Matt Ridley in seinem Buch *Alphabet des Lebens. Die Geschichte des menschlichen Genoms*, das vom jüngst entschlüsselten menschlichen Bauplan erzählt.

»Es ist beinahe zu gut, um wahr zu sein«, merkte Ridley an, »aber der Code scheint tatsächlich in einer Weise verfasst zu sein, die wir verstehen können, vergleichbar mit geschriebenem Englisch. Der genetische Code ist eine lineare Sprache, die in einer geraden Linie niedergeschrieben ist.«

Dieselbe verblüffende Entdeckung hatte Dr. Rips in Bezug auf den Bibelcode gemacht. Auch er war für uns bestimmt und in einer uns verständlichen Sprache verfasst. Wie der Code selbst an jener Stelle verkündete, an der »Codeschlüssel« erschien, ist er »in unsere Hände gegeben, um zu lösen«.

Der DNS-Code ebenso wie der Bibelcode »existiert in der Sprache der Menschen«.

War es möglich, dass uns die Suche nach dem »Codeschlüssel« zu einem Universalcode führte, zum Code des Lebens, dem Code der gesamten Schöpfung?

In der Tabelle, die Ausgangspunkt meiner Suche gewesen war und in der »Mund der Obelisken« die Eintragung »Codeschlüssel« kreuzte, machte ich eine weitere außergewöhnliche Entdeckung.

An derselben Stelle waren die Wörter »Stammbaum in Lisan« codiert, die sich auch als »er wird den Ursprung der Vorväter in Lisan zurückverfolgen« übersetzen ließen.

○ Codeschlüssel □ Mund der Obelisken/Herr des Codes ◇ Stammbaum in Lisan/er wird den Ursprung der Vorväter in Lisan zurückverfolgen

Diese Eintragung stellte eine eindeutige Beziehung zwischen dem Bibelcode und dem genetischen Code her und verband beide mit demselben Ort. Sie ließ sogar den Schluss zu, dass der »Herr des Codes« nicht nur der Codierer, sondern auch unser Schöpfer war.

»In Lisan DNS« war ebenfalls in der Bibel codiert. Im Hebräischen bedeutete »Lisan« auch »Sprache«, sodass sich

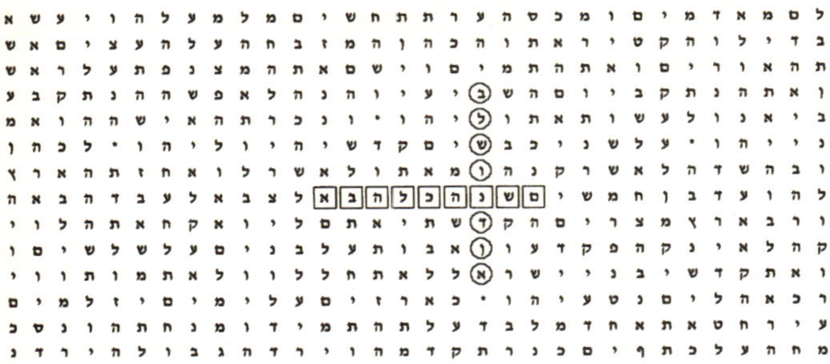

○ in Lisan DNS/in der Sprache der DNS □ eine Kopie von allem wurde gebracht

dieselben Wörter als »in der Sprache der DNS« deuten ließen. Diese Phrase kreuzte die Botschaft: »Eine Kopie von allem wurde gebracht.«

Offenbar handelte es sich um eine Hightech-Arche Noah, die den DNS-Code jeder Lebensform enthielt. »In Lisan DNS« erschien ein zweites Mal gemeinsam mit »Mazraa«.

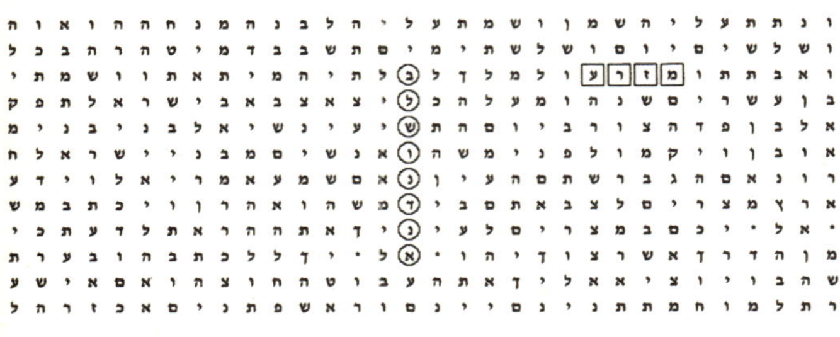

○ in Lisan DNS □ Mazraa/gesät

Im Hebräischen bedeutete »Mazraa« auch »gesät«. Dies war eine weitere perfekte Beschreibung dafür, wie das Leben Crick und dem Bibelcode zufolge unseren Planeten erreicht hatte.

An derselben Stelle fand sich jener Vers aus der Genesis, der gemeinsam mit »DNS in einem Fahrzeug gebracht« vorkam und Gottes Versprechen an Abraham enthielt: »Ich will dein Geschlecht segnen und mehren wie die Sterne am Himmel.«

»Code des Lebens« war ebenfalls mit »Mazraa« und ein weiteres Mal mit »gesät« codiert.

○ Code des Lebens □ Mazraa/gesät

Wie das Kreuz auf der Schatzkarte tauchten immer wieder »Mazraa« und »Lisan« mit »DNS« auf, so wie die beiden Ortsangaben mit allem in Verbindung zu stehen schienen, was sich auf »Bibelcode« bezog.

»DNS-Spirale« war gemeinsam mit »Mazraa« und »Lisan, Zunge des Meeres« codiert.

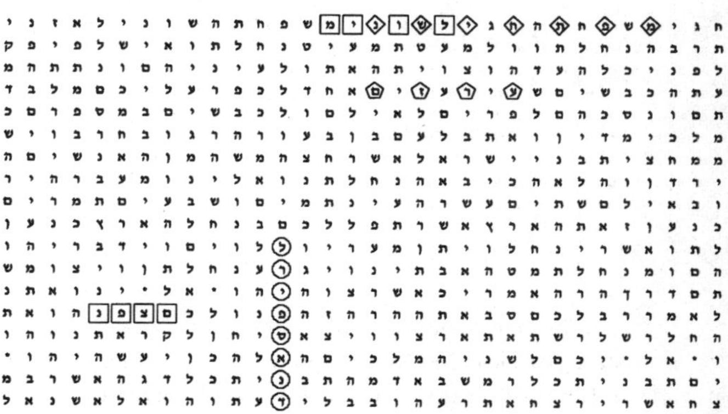

○ DNS-Spirale □ aus einem Code ◇ alter Schlüssel □ Lisan, Zunge des Meeres ⬠ Mazraa

Zusätzlich verkündete der Bibelcode erneut eindeutig, dass der genetische Code auf einem »Obelisken« zu finden sei. »Auf Obelisken« kreuzte die Eintragung »DNS-Code«.

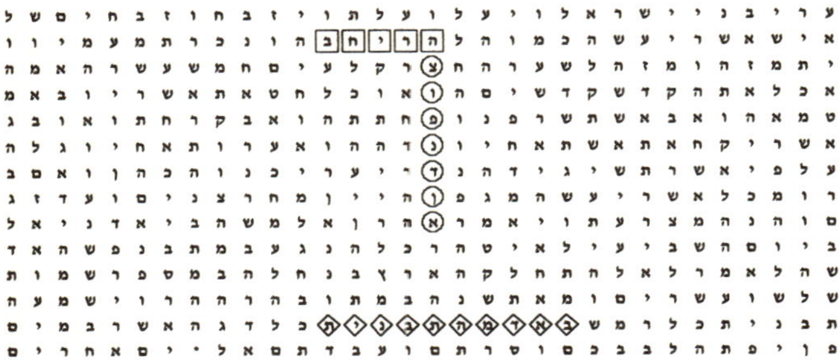

○ DNS-Code □ auf Obelisken ◇ in Adam das Modell, die Schablone

»Menschliche DNS« erschien ebenfalls gemeinsam mit »Obelisk« und der verschlüsselte Text verkündete: »Kopie auf einer Säule«.

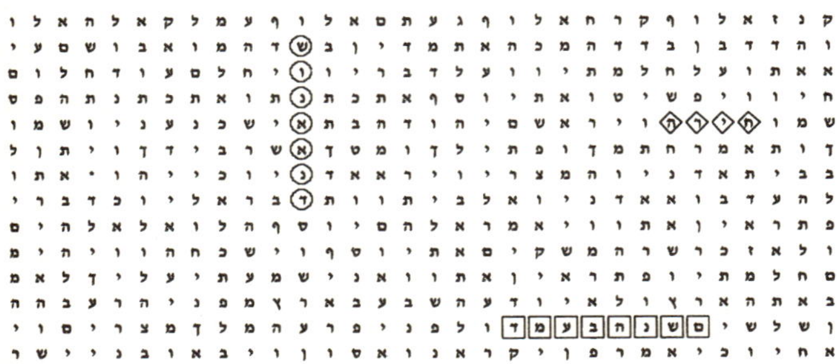

○ menschliche DNS ◇ Obelisk □ Kopie auf einer Säule

»Erschaffung des Menschen« war zweimal codiert, einmal mit »Lisan« und einmal mit »Mazraa«. Die Phrase »das ist die Lösung« aus dem unverschlüsselten Text der Bibel überschnitt sich mit »Lisan« an jener Stelle, an der diese Ortsangabe ge-

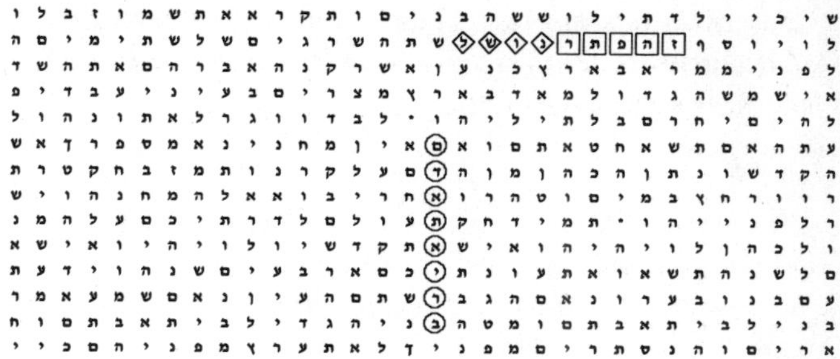

○ Erschaffung des Menschen ◇ Lisan □ das ist die Lösung

meinsam mit der Eintragung »Erschaffung des Menschen« vorkam.

»Und ich will es euch zum Erbe geben, ich bin der Herr«, lauteten die Worte des unverschlüsselten Textes, welche die Eintragung »Erschaffung des Menschen« an jener Stelle kreuzten, an der sie gemeinsam mit »Mazraa« codiert war.

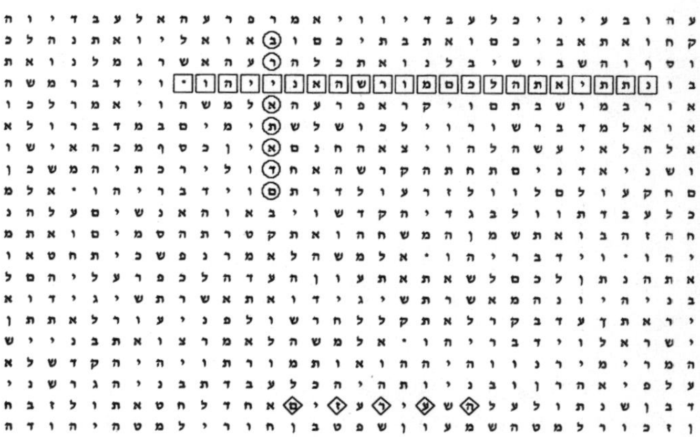

○ Erschaffung des Menschen ◇ Mazraa/gesät
□ und ich will es euch zum Erbe geben, ich bin der Herr

Dies besagte außergewöhnlich deutlich, dass der Schlüssel zum Code des Lebens ebenso wie der Schlüssel zum Bibelcode möglicherweise auf jener Halbinsel verborgen lagen, die »Sprache« bedeutete, in der Bucht, deren Name sich mit »gesät« übersetzen ließ.

Die Tabelle schien auch eindeutig darauf hinzuweisen, dass der Bibelcode und der genetische Code aus einer gemeinsamen Quelle stammten – dass sie also von demselben außerirdischen Wesen auf die Erde gebracht worden waren.

Kapitel Neun

Invasion

Jedes Mal, wenn ich in den Nahen Osten reiste, verstärkte sich mein Gefühl, tatsächlich dem »Ende der Tage« nahe zu sein.

Am Freitag, dem 29. März 2002, als im Heiligen Land das Oster- und Passahfest gefeiert wurde, entsandte der israelische Premier Ariel Scharon sechzig Panzer und 200 Truppentransporter mit 2500 Soldaten zu Jassir Arafats Hauptquartier in Ramallah – eine Vergeltungsaktion für die Selbstmordanschläge der Vorwoche.

Die schweren Raupenfahrzeuge der Armee schlugen eine Bresche durch die Mauern des Hauptquartiers des Palästinenserführers. Israelische Soldaten besetzten das gesamte Gelände mit Ausnahme einiger weniger Räume, sodass Arafat an jenem Ort zum Gefangenen wurde, an dem wir einander ein Jahr zuvor getroffen hatten.

Israel okkupierte nahezu jede größere Stadt auf der Westbank. Es war die umfangreichste Offensive seit dem Sechs-Tage-Krieg von 1967.

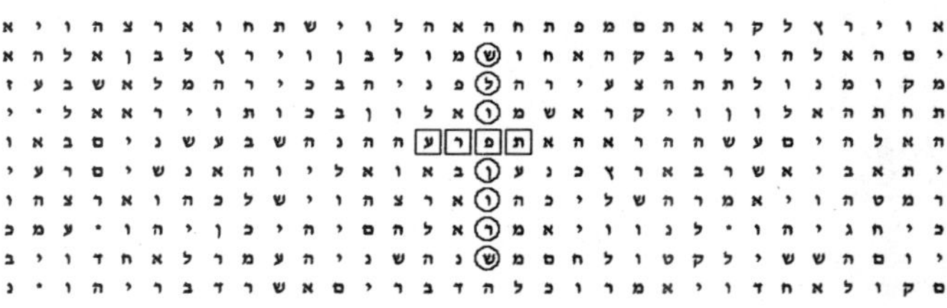

○ Scharon marschiert ein □ Arafat

All dies war prophezeit worden. »Scharon marschiert ein« kreuzte im Bibelcode den Namen »Arafat«.

Ich hatte die Vorhersage des Angriffs, in der sogar der genaue Zeitpunkt genannt war, nahezu ein Jahr vorher gefunden. »Scharon marschiert ein« erschien ein zweites Mal und kreuzte »Passahfest«.

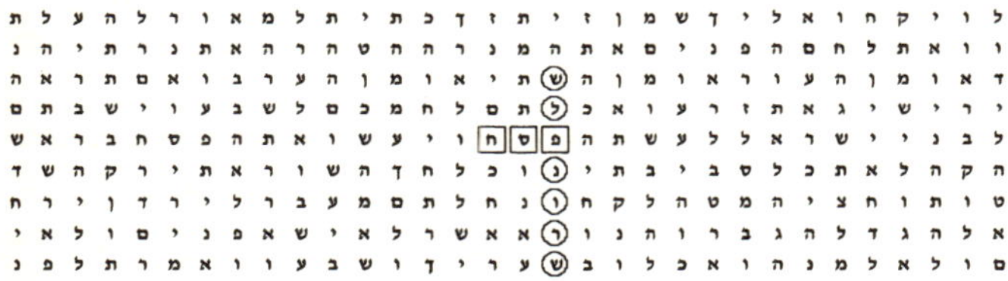

○ Scharon marschiert ein □ Passahfest

Besonders beunruhigend war, dass die Eintragung »Scharon marschiert ein« ein weiteres Mal mit »Krieg« und »am Ende der Tage« auftauchte.

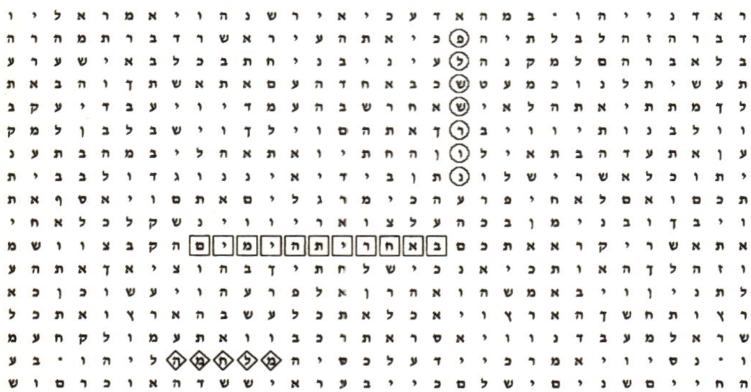

○ Scharon marschiert ein □ am Ende der Tage ◇ Krieg

Nun war es also Wirklichkeit geworden. Arafat und Scharon sorgten dafür, dass sich das Schicksal des jeweils anderen erfüllte. Arafat hatte durch seine Ablehnung des Friedensplans, den ihm Barak und Clinton in Camp David angeboten hatten, dazu beigetragen, dass Scharon Premierminister geworden war. Jetzt machte Scharon mit dem Einmarsch in palästinensisches Gebiet und der Belagerung des Hauptquartiers der Autonomiebehörde in Ramallah Arafat in der gesamten arabischen Welt zu einem Märtyrer und Helden.

Während auf der Westbank kriegerische Auseinandersetzungen tobten, saß ich bei Eli Rips in Jerusalem und suchte im Bibelcode.

Rips gab »Schutzwall«, den Namen der israelischen Militäroperation, in den Computer ein. Er erschien einmal im Bibelcode und kreuzte den Namen der palästinensischen Stadt »Jenin«, wo in diesem Augenblick bei heftigen Gefechten ein Flüchtlingslager dem Erdboden gleichgemacht wurde. Direkt darunter erschien »Kasbah«, der Name der Altstadt von Nablus, in der ebenfalls gekämpft wurde.

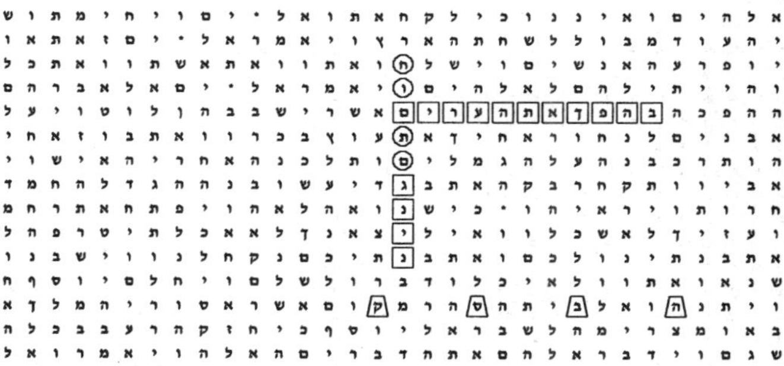

○ Schutzwall □ Jenin △ Kasbah □ der Fall der Städte

Der unverschlüsselte Text, der die Eintragung »Schutzwall« kreuzte, sprach vom »Fall der Städte«. Direkt darüber war das Wort »Kämpfe« codiert. Und an derselben Stelle lauteten die Originalworte der Bibel: »Sie hassten und konnten nicht von Frieden sprechen.«

Die Angaben waren so detailliert und zutreffend wie der Bericht auf CNN und so präzise wie die Überschriften der *Jerusalem Post* und der *New York Times* – nur dass sie in einem 3000 Jahre alten Text codiert waren.

Rips berechnete die Auftrittswahrscheinlichkeit. Bereits das Aufeinandertreffen der Städtenamen und der Bezeichnung für die Militäroperation lag bei einer Wahrscheinlichkeit von weniger als eins zu mehreren Hunderttausend.

»Das erinnert mich stark an den Bericht, den ich gestern Abend im Fernsehen gesehen habe«, sagte ich zu Rips. »Wie, glauben Sie, wird das alles enden?«

»Ich glaube, Israel wird eines Tages wieder mit dem Rücken zum Meer stehen wie die alten Israeliten am Ufer des Roten Meeres«, meinte der Mathematiker.

Ich verstand die Anspielung. Rips sprach von dem in der Bibel erwähnten ersten Passahfest vor 3200 Jahren, als die Hebräer auf der Flucht aus Ägypten zwischen der heranrückenden Armee des Pharaos und dem Wasser des Roten Meeres eingeschlossen waren und ihnen die vollständige Auslöschung drohte.

»Auch diesmal werden wir Hilfe von Gott benötigen«, sagte Rips.

Israel hatte im Augenblick die Oberhand, doch Rips wusste, dass der Kampf erst begonnen hatte. Ich befürchtete, dass er Recht behalten würde. Gleichzeitig konnte ich mir nicht vorstellen, dass irgendjemand rechtzeitig das Wasser teilen würde.

Falls es diesmal ein Wunder gäbe, dann vermutlich jenes, das wir soeben miterlebten: detaillierte Angaben zu Ereignissen unserer Zeit, die in einem alten Text codiert waren und uns vor dem warnten, was uns bevorstand.

»Alles, was jetzt geschieht, ist nur das Vorprogramm«, hatte ich zu Meir Dagan gesagt. Der General, ehemaliger Leiter der Spionageabwehr und nach Ansicht vieler der engste Vertraute Scharons, sollte vom Premierminister schon bald zum neuen Chef des Mossad ernannt werden. Nun zeigte ich Dagan die erstaunlich genaue Vorhersage der derzeitigen kriegerischen Auseinandersetzungen und drängte ihn, dass er Scharon warnen müsse, dass dies dem Code zufolge das »Ende der Tage« sei und Israel die vollständige Auslöschung drohe.

»Ich habe dem Premierminister Ihren Brief bereits übergeben«, sagte Dagan. »Allerdings weiß ich nicht, ob er ihn schon gelesen hat.«

»Sie müssen ihm sagen, dass sich alles bewahrheitet«, bat ich.

»Sie erinnern mich an eine mythologische Figur bei Homer«, sagte Dagan. »Kassandra. Sie war dazu verdammt, die Zukunft zu kennen, ohne dass ihr jemand Glauben schenkte.«

Ich übergab Dagan einen neuen Brief an Scharon, in dem ich die Warnungen wiederholte, die ich seit einem ganzen Jahr an den Premierminister weiterzuleiten versuchte.

»Dieser kritische Augenblick in der Geschichte Israels wurde ohne jeden Zweifel vorhergesehen«, hatte ich geschrieben. »›Scharon‹, ›Arafat‹ und ›Bush‹ sind in der Thora namentlich an jener Stelle codiert, die vor der letzten Zeit größter Gefahr warnt: dem ›Ende der Tage‹.«

Nun fügte ich eine weitere Warnung hinzu: »Wenn der Code Recht behält, ist dies hier nur das Vorprogramm. Die wahre Gefahr steht noch bevor. Erst eine ›Plage‹, ein Anschlag mit chemischen oder biologischen Waffen, dem zehntausende Menschen zum Opfer fallen könnten, und schließlich ein ›atomarer Holocaust‹.«

Dagan sagte erneut zu, meinen Brief an Scharon weiterzuleiten, und zwar über Uri Shani, den Stabschef des Premiers. »Durch seinen täglichen Kontakt mit Scharon steht er ihm sogar näher als Omri, Scharons Sohn«, sagte Dagan.

Innerhalb weniger Tage stimmte Scharons Stabschef einer Unterredung mit mir zu, jedoch erst nach Abschluss der Gespräche zwischen dem Premierminister und dem amerikanischen Außenminister, Colin Powell, der eben in Israel eingetroffen war, um über einen Waffenstillstand zwischen Israelis und Palästinensern zu verhandeln.

So fuhr ich stattdessen zu dem einzigen führenden palästinensischen Politiker, der nicht gefangen gehalten wurde, in die einzige Stadt auf der Westbank, in die noch keine israelischen Truppen einmarschiert waren – nach Jericho, in die älteste Stadt der Welt.

Saeb Erekat, der palästinensische Chefunterhändler bei den Friedensverhandlungen, erinnerte sich noch gut an unsere Besprechung vor einem Jahr. Er hatte für Arafat und mich übersetzt, als wir in jenem Gebäude in Ramallah miteinander sprachen, das nun in Trümmern lag und von Panzern umstellt war.

Ich übergab Erekat einen neuen Brief an Arafat. Ehe er ihn lesen konnte, rief der Palästinenserführer an. Arafat teilte Erekat mit, dass er friere, dass Nahrung, Heizmaterial und Medikamente zu Ende gingen und dass er befürchte, Powell werde ihn gar nicht aufsuchen, weil es in Jerusalem eben einen weiteren Selbstmordanschlag gegeben hatte.

Nach einem kurzen Telefonat mit der amerikanischen Botschaft las Erekat meinen Brief. Darin stand: »Ich bin in den Nahen Osten zurückgekehrt, um Sie und die Israelis zu warnen, dass dies die von den drei großen Weltreligionen prophezeite Zeit der Gefahr ist – das ›Ende der Tage‹ –, eine Gefahr, die größer ist als alle Gefahren, denen die Welt je ausgesetzt war.

Möglicherweise ist dies Ihre letzte Chance, um Frieden zu schließen und die grauenvollen Ereignisse abzuwenden, die noch bevorstehen. Israelis und Palästinenser erwartet vermutlich dasselbe Schicksal. Wenn Sie nicht Frieden schließen, werden Sie gemeinsam das ›Ende der Tage‹ erleben. Sie müssen jetzt handeln. Dies ist der Moment, auf den es ankommt.«

Erekat las meinen Brief aufmerksam und versicherte, dass er ihn Arafat bei dem Treffen mit Colin Powell übergeben werde. »Wann ist dieses ›Ende der Tage‹?«, fragte er. »Jetzt?«

»Genau jetzt«, erwiderte ich. »Es hat bereits begonnen.«

»Und was die Israelis tun, wird das Ende der gesamten Welt bedeuten?«, fragte Erekat.

»Was ihr einander tut«, sagte ich.

Dann zeigte ich ihm die Codetabellen, die ich bereits Dagan gezeigt hatte. Darin kreuzten sich die Eintragungen »Scharon marschiert ein« und »Arafat« an jener Stelle, wo erneut »am Ende der Tage« erschien.

Außerdem reichte ich Erekat eine Tabelle, in der »Weltkrieg« gemeinsam mit »Terrorismus« und »Shahid«, dem arabischen Wort für Selbstmordattentäter, codiert war.

»Steht hier tatsächlich ›Shahid‹?«, erkundigte er sich, während er die hebräischen Buchstaben intensiv studierte.

Ich deutete auf das Wort und wiederholte für ihn einen Ausschnitt aus meinem Brief an Arafat. »Das ist der Grund, warum ich Arafat Folgendes geschrieben habe: ›Sie müssen Ihre persönliche Auseinandersetzung mit Scharon beenden. Terroristen sind Ihre gemeinsamen Feinde, und wenn sie die Gelegenheit bekommen, werden diese Terroristen Sie beide töten, Ihrer beider Völker vernichten und schließlich die gesamte menschliche Zivilisation.‹«

Erekat versprach erneut, Arafat meinen Brief zu übergeben und ein Treffen zwischen uns zu arrangieren – sofern es Powell gelänge, die Israelis zu überreden, dass sie die Belagerung aufhoben.

Während ich durch die israelischen Militärkontrollpunkte zurückfuhr, fragte ich mich wieder, ob ich zu weit gegangen war. Erekat hatte mich sehr ernst genommen, Arafat glaubte mir vollkommen, und Dagan versuchte, Scharon zu warnen, dass ein Code in der Bibel verkünde, die Apokalypse stehe unmittelbar bevor.

Mir selbst erschien dies alles nach wie vor unwirklich. Die Warnungen aus dem Bibelcode, die ich nun schon jahrelang den wichtigsten politischen Machthabern der Welt überbrachte und die ich selbst kaum glauben konnte, waren mittlerweile allgemein bekannt.

Bevor in einem einzigen Monat 150 Israelis bei Selbstmordanschlägen ums Leben kamen und Scharon den Palästinensern den totalen Krieg erklärte, hatte ein Kolumnist der *New York Times*, Tom Friedman, dieselben Warnungen ausgesprochen.

Friedman schrieb in der *New York Times* genau das, was ich jedem israelischen Premierminister seit der Ermordung Rabins mitgeteilt hatte und was ich dem Weißen Haus seit Camp David klar zu machen versuchte: dass der Konflikt im Nahen Osten »allmählich zum Auslöser eines bedeutend größeren Kriegs der Zivilisationen werden könnte«. Auch Friedman warnte davor, dass »Massenvernichtungswaffen« in den Händen von Terroristen oder radikalen arabischen Staaten »Israel von der Landkarte fegen« könnten.

Die Verbreitung von biologischen und atomaren Waffen, der Aufstieg von bin Laden, die zunehmende Verflechtung zwischen religiösen Fanatikern und Terroristen hatten das, was vor wenigen Jahren noch wie eine zwanghafte und apokalyptische Angstvorstellung wirkte, zu einer vernünftigen Einschätzung der Lage gemacht: Die Welt hatte zum Bibelcode aufgeschlossen.

Nie zuvor – zumindest nicht, seit ich den Einsturz der Zwillingstürme des World Trade Center mit eigenen Augen mitangesehen hatte – war mir dies bewusster gewesen als am heutigen Tag, während ich an den Kontrollpunkten der Armee vorbei aus Jericho hinausfuhr.

Seit Rabins Ermordung hatte ich es kommen gesehen. An jener Stelle, wo die Eintragung »Mörder, der morden wird« den Namen »Jitzhak Rabin« kreuzte, fand sich direkt darüber die Warnung »sein gesamtes Volk im Krieg«.

Die Ermordung jenes Premierministers, der mit Arafat Frieden geschlossen hatte, hatte nicht nur für Israel einen Wendepunkt dargestellt, sondern für die gesamte Welt.

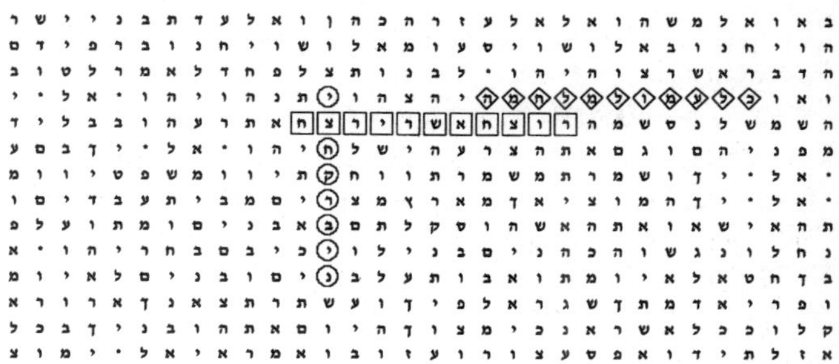

○ Jitzhak Rabin □ Mörder, der morden wird ◇ sein gesamtes Volk im Krieg

Während meiner letzten Reise nach Israel hatte ich mich mit Rabins Tochter Dalia getroffen. »Es hat bereits begonnen«, sagte sie, während wir uns setzten, um in der Knesset, dem israelischen Parlament, miteinander zu reden. »Ich habe versucht, es zu verhindern, aber niemand hat auf mich gehört. Er tut es – in diesem Augenblick.«

Ich verstand nicht, wovon sie sprach. »Scharon«, erklärte sie. »Der Angriff hat schon begonnen.« Später erfuhr ich aus den CNN-Nachrichten, was sie meinte: Scharon hatte F 16-Bomber, Kampfhubschrauber und Panzer in den Gaza-Streifen und auf die Westbank entsandt. Dies war der Auftakt zum größten israelischen Angriff auf die autonomen Gebiete seit dem Friedensschluss von Rabin und Arafat im Jahr 1993 in Oslo. Der von ihrem Vater geschlossene Friede, das wusste Dalia Rabin, war damit zerstört.

Sie war mittlerweile stellvertretende Verteidigungsministerin und eben aus einer Kabinettssitzung gekommen. »Ich habe versucht, es zu verhindern, aber niemand hat auf mich gehört«, wiederholte sie.

Ich gab Dalia eine Kopie jenes Briefes, den ich ihrem Vater ein Jahr vor seiner Ermordung im November 1995 geschickt hatte und in dem ich ihn warnte, dass der Bibelcode einen tödlichen Anschlag auf ihn prophezeie. Sie las den Brief, ohne ein Wort zu sagen, und war zutiefst erschüttert.

Die Erinnerung an jenen grauenvollen Augenblick und das Entsetzen über die aktuellen Ereignisse waren ihr deutlich vom Gesicht abzulesen, sodass ich zögerte weiterzusprechen.

Doch sie war nicht nur Rabins Tochter, sondern auch ein wichtiges Regierungsmitglied, und ich wollte, dass sie begriff, dass Israel noch eine weit größere Gefahr drohte. »Wenn der Code Recht behält, ist das, was geschehen ist und was jetzt geschieht, nur der Anfang«, sagte ich also.

Das Gespräch fand vier Monate vor Scharons Großoffensive auf der Westbank statt; auch diese Invasion wurde, wie ich wusste, in der Bibel prophezeit.

Ich dachte jedoch an die schwer wiegenderen Hinweise – die Warnung vor einer »Plage«, die mit der Jahreszahl 2005 codiert war, und jene vor dem »Weltkrieg« und dem »atomaren Holocaust«, die mit 2006 kombiniert war.

»Selbst ohne den Code bin ich davon überzeugt, dass diese Gefahren nur allzu wirklich sind«, sagte Dalia Rabin. »Ich versuche, Scharon zurückzuhalten – während wir uns auf chemische, biologische und atomare Angriffe vorbereiten.«

Sie schwieg einen Augenblick. »Wenn es vorhergesagt ist, was können wir dann tun?«, fragte sie schließlich.

»Peres und Arafat haben mir dieselbe Frage gestellt«, erwiderte ich. »Ich glaube nicht, dass es eine Prophezeiung ist, sondern eine Warnung. Das, was wir tun, bestimmt, was tatsächlich geschieht.«

Sie deutete auf mein Buch, das auf dem Tisch lag und auf dem Cover jene Codetabelle zeigte, die den Mord an ihrem Vater vorhersagte, dann auf den danebenliegenden Brief, den ich dem Premierminister ein Jahr vor seiner Ermordung geschrieben hatte. »Das konnten Sie nicht verhindern«, sagte sie.

»Ich glaube, dass es möglich gewesen wäre«, antwortete ich. »Ihr Vater hat die Warnung erhalten, aber er hat nicht an sie geglaubt.«

Wieder schwieg sie eine Weile. »Genau in diesem Augenblick bombardieren sie Gaza«, meinte sie traurig. »Was können wir tun?«

»Ich werde Ihnen sagen, was ich Arafat mitgeteilt habe und Scharon mitzuteilen versuche: Ich glaube, dass es so lange keinen Frieden geben wird, bis beide Parteien begreifen, dass die Alternative die vollständige Auslöschung ist. Ich bin überzeugt davon, dass Arafat mir glaubt. Allerdings hatte ich noch keine Gelegenheit, mit Scharon zu sprechen.«

»Er wird nicht auf Sie hören«, meinte Dalia Rabin. »So etwas will er nicht hören. Vielleicht muss alles noch viel schlimmer werden, ehe jemand zuhört.«

Während ich auf eine Unterredung mit Scharon und auf seine Einwilligung wartete, dass ich seinen Gefangenen Arafat besuchen durfte, traf ich mich mit jenem General, der die vermutlich heikelste Position im israelischen Geheimdienst bekleidete.

General Yossi Kuperwasser war Leiter der Analyseabteilung innerhalb des Geheimdienstes. Alle Informationen, die von sämtlichen israelischen Geheimdienstabteilungen, Agenten sowie amerikanischen und europäischen Satelliten zusammengetragen wurden, landeten auf seinem Tisch.

Am Montag, dem 15. April 2002, traf ich mich in dem von einer hohen Mauer umgebenen, streng bewachten israelischen Militärhauptquartier im Herzen von Tel Aviv mit ihm.

»Sie haben sich den Bart abrasiert«, sagte General Kuperwasser, als ich sein Büro betrat. Erst begriff ich nicht, wovon er sprach. Dann erinnerte ich mich, dass wir einander schon einmal begegnet waren – während meiner ersten Reise nach Israel vor zehn Jahren, als ich mit dem Leiter des israelischen Geheimdienstes über die Kriegführung der Zukunft gesprochen hatte. Kuperwasser war damals der junge Assistent des Dienst habenden Generals gewesen. Ich hatte ihn nur als »Yossi« kennen gelernt und die Verbindung nicht hergestellt. Nun schloss sich der Kreis. Unmittelbar nach jener Unterredung vor zehn Jahren hatte ich zufällig vom Bibelcode erfahren.

Kuperwasser musste nicht erst überzeugt werden. Obwohl er nicht religiös war, nahm er den Bibelcode ernst. »Als ich vor Jahren auf einem Flughafen etwas zu lesen suchte, stach mir Ihr Buch ins Auge«, erzählte er. »Wir müssen jede Warnung vor einer existenzbedrohenden Gefahr beachten.«

Unser gemeinsamer Freund General Isaac Ben-Israel, der führende Wissenschaftler im Verteidigungsministerium, hatte bereits mit Kuperwasser über die neuen Warnungen im Bibelcode gesprochen. Nun zeigte ich ihm die Codetabellen. »›Pocken‹ ist gemeinsam mit der Jahreszahl ›2005‹ codiert«, sagte ich.

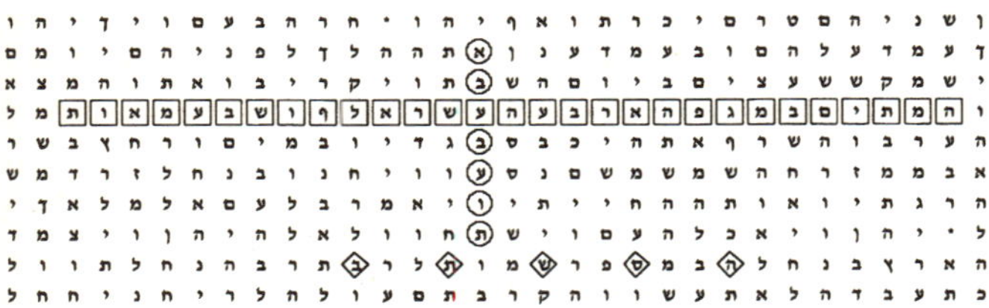

○ Pocken ◇ in 5765/2005
□ die aber gestorben waren an der Plage waren vierzehntausendsiebenhundert

Als der General die Codetabelle mit der Jahreszahl betrachtete, sah er, dass der unverschlüsselte Text der Bibel, der die Eintragung »Pocken« kreuzte, folgendermaßen lautete: »Die aber gestorben waren an der Plage waren vierzehntausendsiebenhundert.«

»Das sind die Originalworte der Thora«, stellte Kuperwasser erstaunt fest. »Und sie kommen unseren Berechnungen hinsichtlich möglicher Todesopfer sehr nahe.«

»›Jerusalem‹, ›Tel Aviv‹ und ›am Ende der Tage‹ sind ebenfalls mit ›Pocken‹ codiert«, sagte ich, während ich ihm die jeweiligen Computerausdrucke zeigte.

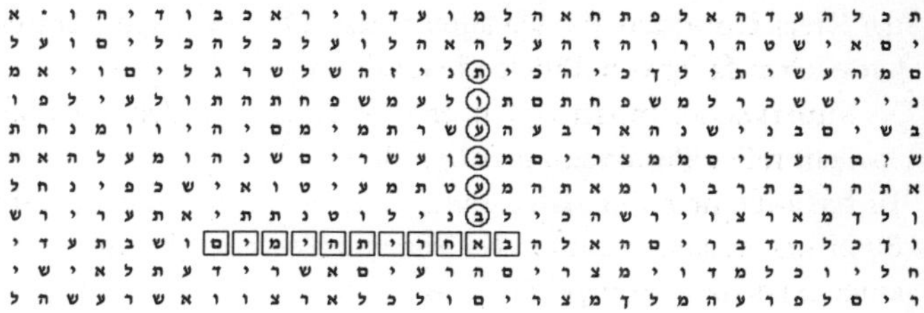

○ Pocken □ am Ende der Tage

Kuperwasser meinte, dass er auch die Warnung vor einem »atomaren Holocaust« im Jahr 2006 ernst nehme. »Das stimmt mit unserer Analyse über den Zeitpunkt überein, an dem einer oder mehrere unserer Nachbarn über Nuklearwaffen verfügen könnten«, sagte er. »Die Amerikaner haben vor allem den Irak ins Auge gefasst, wir hingegen konzentrieren uns vorrangig auf den Iran.«

»Vielleicht sollten Sie sich auch Libyen ansehen«, warf ich ein. »Der Bibelcode verweist beständig darauf, dass die Waffe aus Libyen kommen werde, auch wenn der eigentliche Angriff von Terroristen verübt werden soll.«

Am 4. September 2002, mehrere Monate nach diesem Gespräch, erklärte Scharon im israelischen Fernsehen: »Libyen wird möglicherweise zu einem gefährlicheren Land, als wir bisher dachten. Es könnte das erste arabische Land sein, das über Massenvernichtungswaffen verfügt.«

Ich weiß nicht, ob die Warnung, die ich General Kuperwasser gegenüber ausgesprochen hatte, schließlich doch an den israelischen Premierminister weitergeleitet worden war. Es war jedoch bereits mehrmals vorgekommen, dass ich israelische Funktionäre auf die im Bibelcode verzeichneten Gefahren hingewiesen hatte und diese Warnungen später in der Presse Geheimdienstberichten zugeschrieben wurden.

Nun nannte ich Kuperwasser einen Ort im Jemen und einen im Iran, in denen es Terroristencamps geben könnte. Sie hatten denselben Namen und der fand sich in der Bibel in verschlüsselter Form gemeinsam mit allen großen Gefahren für Israel: den »Pocken«, dem »atomaren Holocaust« und »bin Laden«. Doch es gab zwei Orte mit diesem Namen, beides potenzielle Unterschlupfe von Terroristen.

»Isaac hat mir die Koordinaten gegeben«, teilte Kuperwasser mir mit. »Wir haben auch bereits nachgesehen. Im Jemen gab es nichts, und im Iran haben wir zwar ein wenig Aktivität festgestellt, aber nichts Definitives. Vielleicht sind wir zu früh dran. Vielleicht müssen wir im Jahr 2005 oder 2006 wieder nachsehen. Auf jeden Fall behalten wir sie im Auge.«

Kuperwasser nahm den Bibelcode offensichtlich sehr ernst. Deshalb fragte ich ihn, ob er mir helfen könne, ein Treffen mit Arafat zu ermöglichen, der nun, von der Außenwelt abgeschnitten und von israelischen Panzern umstellt, in seinem zerschossenen Hauptquartier festsaß. »Ich habe bereits vor einem Jahr mit Arafat gesprochen«, sagte ich. »Er glaubt an den Bibelcode und scheint mich sogar für einen Propheten zu halten. Ich habe ihm gesagt, dass wir dem Code zufolge nur die Wahl zwischen Frieden und völliger Auslöschung haben.«

»Möglicherweise glaubt er Ihnen, aber das heißt nicht, dass er dieselben Schlüsse aus der Warnung zieht wie Sie«, sagte Kuperwasser. »Er könnte sich für die Auslöschung entscheiden.«

Ich wusste, dass Kuperwasser kein Freund von Arafat war. Er war eben erst aus Washington zurückgekehrt, wo er im Auftrag von Scharon die amerikanische Regierung davon zu überzeugen versucht hatte, dass Arafat ein Terrorist sei und sich nie ändern werde.

Jedenfalls erklärte er, dass er keine Möglichkeit habe, mich durch die israelischen Panzer hindurch zu Arafat zu bringen. »Nur Scharon könnte Ihnen diese Bewilligung erteilen.«

Am Holocaust-Gedenktag traf ich mich mit Dan Meridor, dem israelischen Kabinettsminister, dessen Aufgabe es war, Vorsichtsmaßnahmen gegen Terroranschläge mit chemischen, biologischen und nuklearen Waffen auszuarbeiten und derartige Anschläge zu verhindern.

Ich zeigte ihm die beiden schwer wiegendsten Warnungen des Bibelcodes. Zunächst, dass Israel im hebräischen Jahr 5765, dem Jahr 2005 nach dem modernen Kalender, von einer modernen »Plage« heimgesucht werde, die als »Pocken« angegeben war. Dann legte ich ihm die Warnung vor, dass Israel im Jahr darauf, 2006, ein »atomarer Holocaust« drohe.

»Wir wissen, dass so etwas im Bereich der Möglichkeit liegt«, sagte Meridor. »Und wir wissen bereits, dass die Jahre 2005 und 2006 dafür am wahrscheinlichsten sind.«

Meridor teilte mir dies vollkommen nüchtern und emotionslos mit. Er sprach wie ein Buchhalter, der eben irgendwelche Zahlen durchgegangen war und nun bestätigte, dass die Rechnung stimmte. Es schien ihn in keiner Weise zu beeindrucken, dass wir über zwei Ereignisse größter Tragweite sprachen, dass wir uns genau im Zielgebiet befanden und dass ein 3000 Jahre alter Code aus der Bibel die beiden Jahre korrekt angegeben hatte.

Gleichzeitig war dies eine bemerkenswerte Bestätigung dafür, dass die Warnungen aus dem Bibelcode stimmten, denn sie kam von einem der wenigen Männer in Israel, der Hintergründe und Zahlen kannte.

Sowohl die CIA als auch der israelische Geheimdienst waren nach unabhängigen Untersuchungen zu denselben Schlussfolgerungen gelangt: Die Gefahr eines terroristischen Nuklearangriffs würde zwischen 2005 und 2007 einen Höhepunkt erreichen.

Der israelische Verteidigungsminister, Benjamin Ben Eliezer, hatte erst vor kurzem öffentlich erklärt, dass »der Iran etwa im Jahr 2005 über Atomwaffen verfügen wird, die uns, die Region und möglicherweise die gesamte Welt bedrohen werden«.

Kurz nach dem 11. September 2001 warnte Meridor als Leiter des Staatssicherheitsausschusses Premierminister Scharon, dass im Falle eines Angriffs mit nichtkonventionellen Waffen eine

Verseuchung mit Pocken die größte Gefahr für Israel darstellen werde. Meridor hatte am 11. September eben eine Vorlesung am israelischen National Security College über die drohende Gefahr eines »nichtkonventionellen Terrorismus« beendet, als die ersten Berichte vom Anschlag auf die Zwillingstürme eintrafen.

»Unglücklicherweise ist dieser Anschlag erst der Beginn«, kommentierte er die Ereignisse.

Und obwohl die Warnungen im Bibelcode praktisch mit den Schlussfolgerungen des israelischen Geheimdienstes übereinstimmten, wie der Kabinettsminister mir nun bestätigte, sprach Meridor sie aus, als wollte er die Prophezeiung damit von der Hand weisen.

»Das alles wussten wir bereits«, wiederholte er. »Dafür brauchen wir keinen Code in der Bibel.«

»Das mag sein«, entgegnete ich, »aber der Code prophezeite dieselben Gefahren Jahre, bevor Ihr Geheimdienst zu denselben Schlussfolgerungen gelangte. Außerdem erscheinen sie in einem Text, der dreitausend Jahre alt ist.«

»Ich bin Rationalist«, sagte Meridor. »Ich glaube nicht an solche Dinge.«

»Der Code bewahrheitet sich immer wieder. Schimon Peres kann Ihnen bestätigen, dass ich ihn bei unserem Treffen 1996 kurz nach Rabins Ermordung, als er Premierminister war, vor einem atomaren Holocaust im Jahr 2006 warnte. Und selbstverständlich warnte ich Rabin davor, dass er möglicherweise ermordet wird – und das ein Jahr vor dem Mord.«

Ungeduldig las Meridor die Kopie meines Briefes an Rabin, die ich ihm gegeben hatte. »Nehmen wir einmal an, dass ich Ihnen glaube«, sagte er. »Was können wir dann tun?«

Dasselbe hatte mich Omri Scharon, der Sohn des Premierministers, bei unserem letzten Treffen gefragt. Dies war die zentrale Frage, und jeder hatte sie mir gestellt, ob er nun an den Bibelcode glaubte oder nicht. Doch ich hatte keine wirkliche Antwort darauf.

»Nehmen Sie die Jahreszahlen ernst«, sagte ich.

»Das tue ich bereits«, meinte Meridor.

Darüber hinaus hatte ich keine Lösung zu bieten.

Nur die Warnung, die ich Arafat gegenüber ausgesprochen hatte, an Scharon weiterzuleiten versuchte und Clinton überbracht hatte: dass es nicht um Frieden oder Straßenkämpfe gehe, sondern um Frieden oder völlige Auslöschung. Und dass kein Friedensschluss dauerhaft sein würde, solange nicht alle Beteiligten dies verstünden.

Ich musste unbedingt Scharon treffen. Vor meiner Abreise nach Israel hatte ich mir vorgenommen: »Scharon ist der Schlüssel – du musst ihn ebenso betroffen machen wie Arafat.« Wenn Frieden herrschen sollte, mussten diese beiden alten Widersacher davon überzeugt werden, dass es dazu nur eine Alternative gäbe: die völlige Auslöschung.

Drei hochrangige israelische Generäle – Kuperwasser, Ben-Israel und Dagan –, die alle vom Geheimdienst kamen, nahmen die Warnungen im Bibelcode ernst. Der Leiter der Analyseabteilung des Geheimdienstes, der Leiter der wissenschaftlichen Analyseabteilung und der ehemalige Leiter der Spionageabwehr, der künftige Chef des Mossad glaubten daran, dass ein 3000 Jahre alter Code möglicherweise die Zukunft enthüllte.

Allerdings wollte es mir nicht gelingen, die politische Führung Israels zu überzeugen. Ich konnte nicht bis zu jenem Mann vordringen, dessen Entscheidungen in diesem Augenblick womöglich das endgültige Schicksal Israels besiegelten.

Premierminister Ariel Scharon war zu keinem Gespräch mit mir bereit. Sein Stabschef trat genau an dem Tag zurück, an dem er sich mit mir hatte treffen wollen, und es gab niemanden, an den ich mich noch hätte wenden können, niemanden, bei dem ich es nicht bereits versucht hätte.

Ehe ich aus Israel abreiste, suchte ich erneut Eli Rips auf. Wieder betrachteten wir die Wörter, die wir Jahre zuvor in der

Bibel in codierter Form gefunden hatten, kurz nach der Ermordung von Rabin: »Holocaust in Israel«.

Nun zeigte ich Rips, dass »Scharon« an derselben Stelle codiert war.

»Annektiert« erschien zweimal in derselben Tabelle. Dies war eine klare Warnung davor, dass die militärischen Siege Israels, die Besetzung der palästinensischen Autonomiegebiete, zu einem neuen Holocaust führen könnten.

Ich erinnerte mich an die Worte des einstigen Premierministers Levi Eshkol an den jungen Ariel Scharon nach dem erstaunlichen Sieg im Sechs-Tage-Krieg von 1967, der Israel half, die Westbank und den Gaza-Streifen dazuzugewinnen.

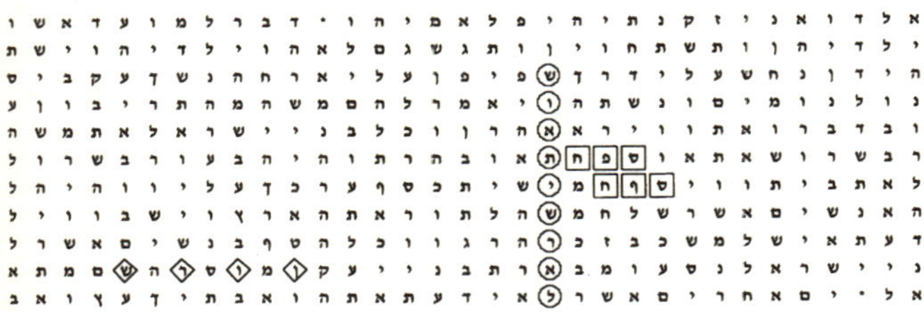

○ Holocaust in Israel ◇ Scharon □ annektiert □ annektiert

»Ein militärischer Sieg löst keine Probleme«, sagte Eshkol zu seinem Kommandeur Scharon. »Die Araber werden auch weiterhin hier bleiben.«

35 Jahre später, im Juni 2002, besetzte Scharon ein zweites Mal die gesamte Westbank und machte Arafat wieder zum Gefangenen im eigenen Hauptquartier. Diesmal werde die israelische Besetzung Palästinas möglicherweise Jahre andauern, verkündete Scharon.

Im Sommer 2002, während israelische Panzer die palästinensischen Gebiete besetzt hielten, erschien die in der Bibel codierte Bedrohung durch einen »Holocaust« nur allzu real.

Kapitel Zehn

Der Außerirdische

In unserer Fantasie landet ein Raumschiff auf der Erde und ein Außerirdischer steigt aus. Doch Wissenschaftler, die nach extraterrestrischem, intelligentem Leben suchen, betrachten eine derartige Landung von Aliens als unwahrscheinlichste Form der Kontaktaufnahme. Die gewaltigen Entfernungen, die bei interstellaren Reisen zurückgelegt werden müssten – hunderte, tausende oder gar Millionen Lichtjahre –, machen sie nahezu unmöglich.

Die Mitarbeiter von SETI (Search for Extraterrestrial Intelligence) lauschen seit mehreren Jahrzehnten den Radiosignalen von 500 nahe gelegenen, sonnenähnlichen Sternen. Eine beeindruckende Reihe von Satellitenantennen ist in Form eines riesigen »Y« mit einer Spannweite von 35 Kilometern Länge in einem alten Flussbett in der Wüste von New Mexico auf den Himmel ausgerichtet. Bisher herrscht Stille.

Während ich meine archäologische Expedition auf die Halbinsel Lisan vorbereitete, um nach dem »Codeschlüssel« und den »Obelisken« zu forschen, gab die NASA bekannt, dass sie eine neue Generation von unbemannten Raumschiffen zu bauen beabsichtige, um im Kosmos nach außerirdischem Leben zu suchen. Selbst unsere Galaxie, die Milchstraße, umfasst einhundert Milliarden Sterne – und es existieren Milliarden Galaxien.

Es gibt allerdings eine Alternative: Man entdeckt auf der Erde oder in Erdnähe ein außerirdisches Artefakt. Diese Form von »Kontakt« erscheint den Wissenschaftlern am wahrscheinlichsten.

Was, wenn der lang ersehnte Kontakt mit einer anderen Intelligenz bereits stattgefunden hatte? Wenn der Bibelcode selbst diese Kontaktaufnahme war?

Seit Beginn meiner Suche wusste ich, dass der Bibelcode etwas an sich hatte, das nicht von dieser Welt war. Kein Mensch wäre imstande gewesen, 3000 Jahre weit in die Zukunft zu blicken und Einzelheiten aus unserer heutigen Welt in der Bibel zu codieren.

Schon die Existenz eines »Codeschlüssels« ließ darauf schließen, dass vor tausenden Jahren jemand auf der Erde gewesen war, der über eine bedeutend höher entwickelte Wissenschaft verfügte als wir heute.

In seinem Buch *Sind wir allein im Universum?* stellte sich der australische Physiker Paul Davies vor, dass Außerirdische ein Artefakt zurückgelassen haben, das »darauf programmiert ist, sich erst zu erkennen zu geben, wenn die irdische Zivilisation eine bestimmte Entwicklungsschwelle überschritten hat. In einem derartigen Gerät – einer außerirdischen Zeitkapsel – könnten große Mengen für uns bedeutender Informationen gespeichert sein.«

Das wäre eine perfekte Beschreibung des Bibelcodes.

Falls es tatsächlich im Universum andere intelligente Lebensformen gibt, so haben sich einige davon lange vor uns zu entwickeln begonnen, erklärte der Astronom Carl Sagan. Sie hätten bereits vor tausenden, hunderttausenden, Millionen oder Hundertmillionen Jahren jene Hochtechnologie entwickeln können, an deren Anfang wir jetzt erst stehen. »Was für uns technologisch schwierig oder gar unmöglich ist und uns vielleicht wie Magie erscheint, könnte für sie geradezu lächerlich einfach sein«, schrieb er.

Was, wenn tatsächlich ein magischer »Codeschlüssel« existierte? Was, wenn eine höher entwickelte, unbekannte Zivilisation die »Obelisken« hier auf Erden vergraben hatte? Was, wenn diese Wesen tatsächlich nicht von unserem Planeten stammten?

Was, wenn der älteste Bibelkommentar Recht hatte – »sie waren nicht das Werk des Menschen, sondern das Werk des Himmels«?

Das wäre der erste Beweis dafür, dass wir nicht allein waren. Ich stellte mir vor, wie wir hier auf Erden einen Monolithen ausgruben, der offensichtlich nicht von dieser Welt stammte. Die bedeutendste Frage des Menschen seit Anbeginn der Zeit wäre damit beantwortet – es gab anderes Leben im Universum und es war einst hier auf unserer Erde.

Doch ich blieb skeptisch. Je eindrucksvoller diese mögliche Entdeckung war, desto weniger konnte ich an sie glauben.

Selbst die Tatsache, dass der Bibelcode beharrlich aussagte, die Obelisken würden in einer »stählernen Arche« aufbewahrt, obwohl sie mehrere tausend Jahre alt waren und das eindeutig darauf verwies, dass sie aus einer höher entwickelten Zivilisation stammten, konnte mich nicht vollständig überzeugen.

Als schließlich der Nobelpreisträger Francis Crick durch seine Aussage, der Code des Lebens sei in einem »Raumschiff« gesandt worden, bestätigte, was der Bibelcode behauptete – nämlich dass unsere »DNS in einem Fahrzeug gebracht« worden sei –, suchte ich im Bibelcode nach dem einen Wort, das ich bisher zu suchen vermieden hatte: »Außerirdischer«.

»Außerirdischer von Lisan« war im Buch Josua codiert, dem einzigen Buch der Bibel, dessen Originalworte den genauen Ort unserer Suche beschrieben. Dieser Vers kreuzte sogar die Eintragung »Außerirdischer von Lisan« und verwies auf die fingergleiche Halbinsel, die ins Tote Meer ragte und dadurch eine kleine Bucht bildete: »nördlich der Landzunge des Salzmeeres«[6].

---

6 Einheitsübersetzung der Bibel, a. a. O.

○ Außerirdischer von Lisan □ (nördlich) der Landzunge des Salzmeeres, am Ufer des Jordan

»Außerirdischer von Lisan« fand sich auch codiert in der Thora an jener Stelle, an welcher der unverschlüsselte Text den biblischen Namen für Jordanien anführte: »das im Feld von Moab liegt bei dem Gipfel«.

○ Außerirdischer von Lisan □ das im Feld von Moab liegt bei dem Gipfel

Damit war eindeutig eine bestimmte Stelle auf Lisan angegeben: die Klippen am Kap an der Nordspitze der Halbinsel. Das Wort »Kap« war sogar an derselben Stelle codiert. Direkt da-

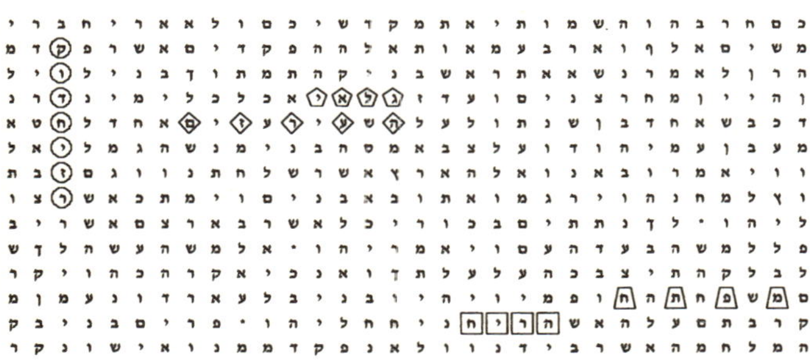

○ außerirdischer Code ◇ Mazraa ⬠ Detektor ⏢ Schlüssel □ Obelisk

runter verkündeten die unverschlüsselten Worte der Bibel: »Er schuf ein Abbild von allen Wesen des Himmels.«

Der Code enthielt noch einiges mehr, das zu beweisen schien, dass sein Schlüssel tatsächlich von einem anderen Planeten stammte. »Außerirdischer Code« tauchte in der Bibel gemeinsam mit »Mazraa« auf. »Detektor« fand sich an derselben Stelle, auch »Obelisk« und »Schlüssel« waren dort codiert.

»Code von Außerirdischem« war gemeinsam mit »vom eisernen Schmelzofen« an jener Stelle codiert, an der auch »aus Lisan« erschien.

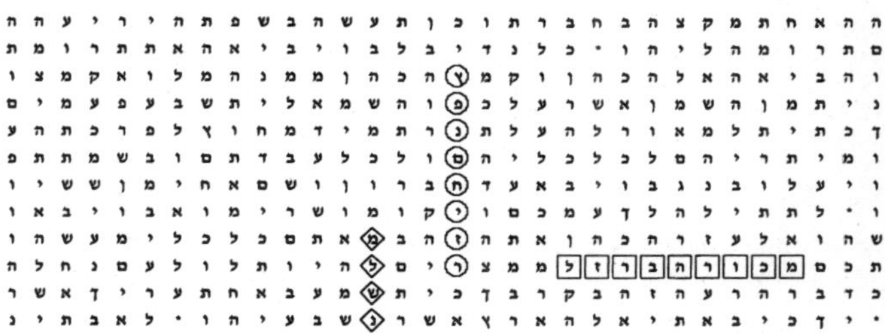

○ Code von Außerirdischem □ vom eisernen Schmelzofen ◇ aus Lisan

»Lisan außerirdisch«, was in Hebräisch auch »außerirdische Sprache« bedeutete, war gleichfalls codiert und kreuzte die Eintragung »Mazraa«.

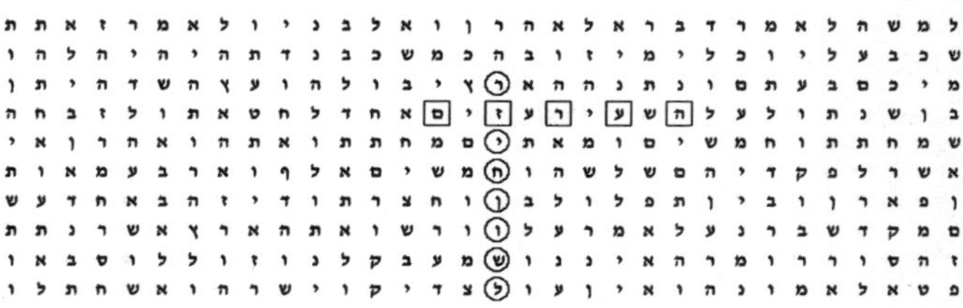

○ Lisan außerirdisch/außerirdische Sprache □ Mazraa/gesät

»Mazraa«, das sich im Hebräischen mit »besäte Region« übersetzen ließ, fand sich in codierter Form direkt über »DNS«. Dies verwies darauf, dass sowohl der Code des Lebens als auch der Bibelcode eine »außerirdische Sprache« seien.

Hatte Crick Recht? Waren der genetische Code und der Bibelcode in einem »Fahrzeug« hier eingetroffen?

Erneut betrachtete ich die Codetabelle, in der »Stahl, Fahrzeug« gemeinsam mit »Mazraa« und »Lisan« aufschien. Nun sah ich, dass direkt über »Stahl, Fahrzeug« der verschlüsselte Text die Botschaft »abgedrängt, abgefangen« enthielt. Im Hebräischen bezeichnete man mit diesem Ausdruck ausschließlich das Abfangen eines Flugzeugs.

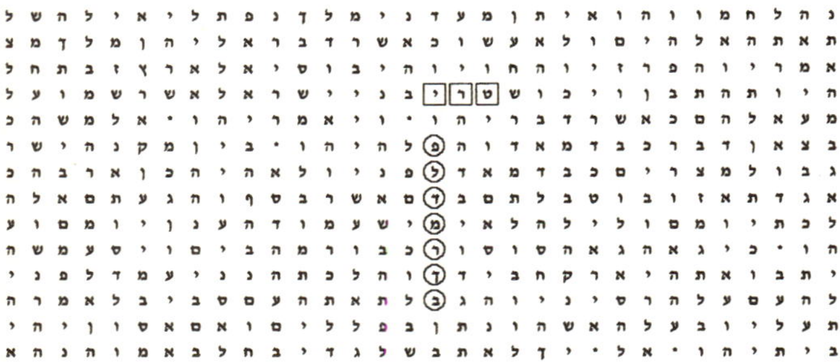

○ Stahl, Fahrzeug □ abgedrängt, abgefangen

Das war nun wirklich Sciencefiction! Es konnte einfach nicht real sein. Ein Raumschiff vor tausenden Jahren? Unmöglich. Es sei denn, es war von außerhalb gekommen.

»Außerirdischer auf Erden« war einmal in der Bibel codiert. Besonders bemerkenswert war, dass auch diese Eintragung gemeinsam mit »Mazraa« erschien. Darüber hinaus fand sich ein weiterer Hinweis darauf, dass die Landung auf der Erde nicht beabsichtigt gewesen war: »Versehentlich, irrtümlich« kreuzte die Phrase »Außerirdischer auf Erden«.

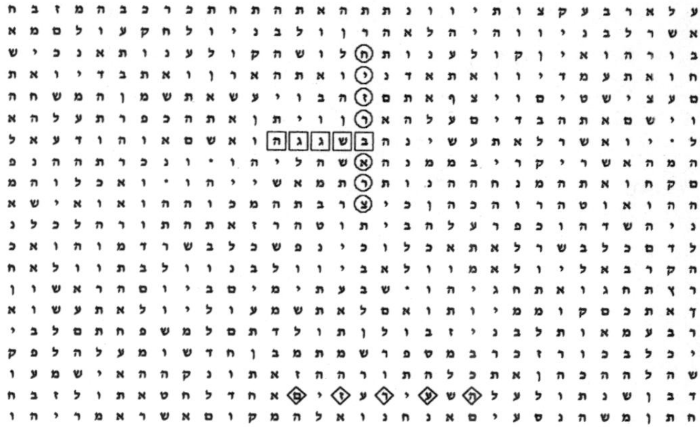

○ Außerirdischer auf Erden ◇ Mazraa □ versehentlich, irrtümlich

Die deutlichste Beobachtung eines Raumschiffs in der Bibel findet sich in den Originalworten des Buches Hesekiel. Die Erzählung trägt den Titel: »Hesekiel schaut die Herrlichkeit des Herren« – »Und ich sah, und siehe, es kam ein ungestümer Wind von Norden her, eine mächtige Wolke und loderndes Feuer, und Glanz war rings um sie her, und mitten im Feuer war es wie blinkendes Kupfer. Und mitten darin war etwas wie vier Gestalten; die waren anzusehen wie Menschen.«

An derselben Stelle im Buch Hesekiel waren die Wörter »menschlicher Außerirdischer« codiert.

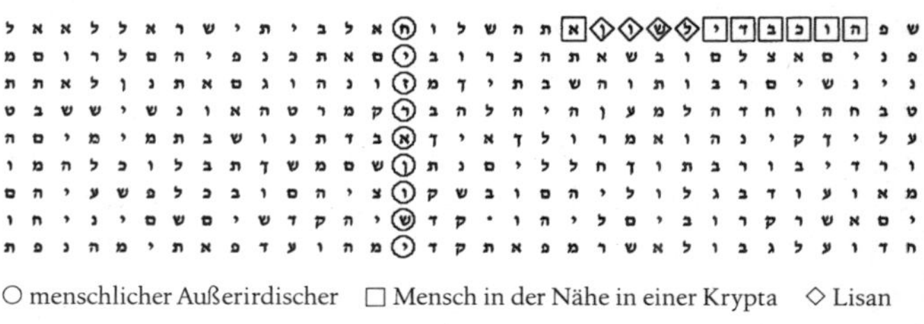

○ menschlicher Außerirdischer □ Mensch in der Nähe in einer Krypta ◇ Lisan

»Lisan« tauchte ohne Auslassungen an derselben Stelle auf und überschnitt sich mit jenen Zeichen, die rückwärts gelesen die verschlüsselte Botschaft »Mensch in der Nähe in einer Krypta« ergaben.

In der Thora fand sich jedoch ein weiterer codierter Hinweis darauf, dass vor langer Zeit ein menschenähnliches Wesen die Erde besucht und den Bibelcode für uns zurückgelassen hatte.

»Der Außerirdische ist ein Mensch«, erschien einmal in der Bibel.

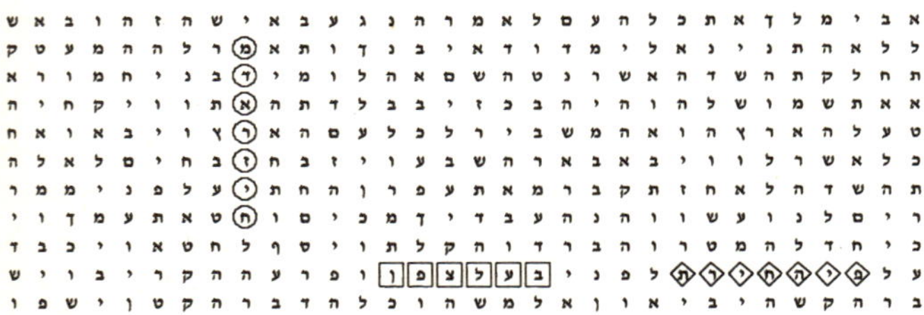

○ der Außerirdische ist ein Mensch □ Herr des Codes ◇ Mund der Obelisken

An derselben Stelle fanden sich auch die beiden Phrasen »Mund der Obelisken« und »Herr des Codes«, die ich ursprünglich gemeinsam mit »Codeschlüssel« entdeckt hatte.

Diese Anordnung ließ darauf schließen, dass der Codierer zwar ein Mensch war, jedoch keiner von uns. Wieder verkündete der Code an derselben Stelle: »Er wurde abgefangen, abgedrängt.«

Was oder wer hatte diesen Astronauten aus der Vergangenheit zu seiner Bruchlandung gezwungen? Der Code bot keinen Anhaltspunkt.

Alles schien unmissverständlich darauf hinzudeuten, dass der »Codeschlüssel« in einem Raumschiff auf die Erde gelangt war. War die »stählerne Arche« ein außerirdisches Raumschiff?

Je zwingender die Beweise im Code wurden, desto stärker bezweifelte ich sie.

Ich war bereit zu glauben, dass der Schlüssel zum Bibelcode auf einem Obelisken eingraviert war und dass dieser Obelisk auf einer vegetationslosen Halbinsel verborgen lag, die schon in der Zeit vor der Niederschrift der Bibel nicht mehr besiedelt gewesen war. Dass der Codeschlüssel jedoch in einem Raumschiff auf diese Welt gekommen sein sollte, das konnte ich einfach nicht glauben.

Andererseits beteuerte Crick, der die Struktur der DNS entdeckt hatte, dass unsere DNS in einem von Außerirdischen gesandten Raumschiff hierher gekommen sei. Warum also nicht auch der Bibelcode?

Bereits die Existenz eines Codes in der Bibel, der die Zukunft enthüllt, beweist, dass wir nicht allein sind. Da keiner von uns über die Zeit hinwegblicken kann, muss irgendwann ein außerirdisches intelligentes Lebewesen in die Geschicke dieser Welt eingegriffen haben – zumindest zur Zeit der ersten Niederschrift der Bibel.

Das besagt auch jener Glaubensgrundsatz, der allen Religionen gemein ist. Oberflächlich betrachtet, ist die Bibel eine Geschichte über eine Begegnung mit einem Außerirdischen. Man sieht ihn nie, dafür hört man ihn umso öfter.

In allen alten Mythen ebenso wie in sämtlichen Religionen gibt es Geschichten über Fahrzeuge und Wesen, die vom Himmel herabkommen, von Furcht einflößenden Besuchern aus anderen Welten und von »Himmelsschiffen«. Als Gott auf den Berg Sinai herabsteigt, wird dieses Ereignis von Rauch und Feuer begleitet.

Ich glaube jedoch nicht an Gott. Und obwohl nahezu alle Wissenschaftler mittlerweile darin übereinstimmen, dass es mit großer Wahrscheinlichkeit andere intelligente Lebensformen im Universum gibt, werde ich so lange nicht an kleine grüne Männchen glauben, bis sie hier landen.

Ich bin Journalist. Ich brauche unumstößliche Beweise.

Zu Schawuot, dem Feiertag, an dem man der Gesetzgebung am Berg Sinai gedenkt, als Gott Moses die Bibel übergab, entdeckte ich im Bibelcode den endgültigen Beweis, dass der »Codeschlüssel«, den ich suchte, tatsächlich auf Säulen zu finden war, die in Stahl eingeschlossen waren.

In derselben Tabelle erschien auch der Hinweis »Gott«.

Die verschlüsselte Eintragung »in Stahl, Obelisken« kreuzte in der Bibel jenen Vers aus der Genesis, der von der Schöpfung des Menschen erzählte: »Zum Bilde Gottes schuf er ihn; und schuf sie als Mann und Weib.«

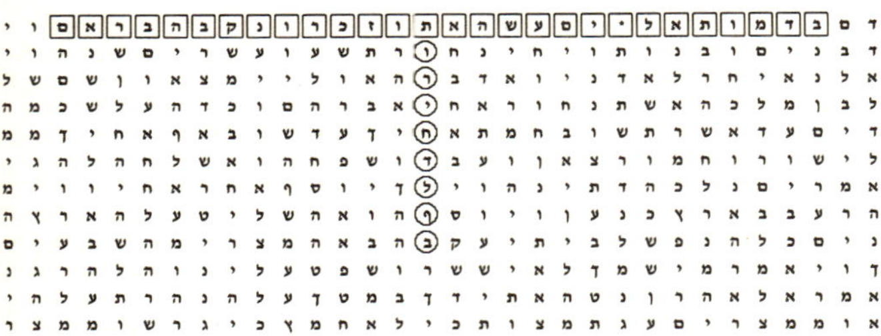

○ in Stahl, Obelisken □ zum Bilde Gottes schuf er ihn; und schuf sie als Mann und Weib

Dies war mehr als nur der Beweis, dass sich die »Obelisken tatsächlich in einer Art »stählerner Arche« befanden. Die Worte der Genesis schienen auch den einzigen bekannten alten Kommentar über die »Obelisken« zu bestätigen – die Schilderung im Midrasch, dass sie menschliche Gestalt hätten, ja sogar »wie Mann und Frau« wären.

Doch damit nicht genug. Die Textstelle brachte die Obelisken offenbar sogar mit unserer Schöpfung und unserem Schöpfer selbst in Verbindung: »Dies ist das Buch von Adams Geschlecht. Als Gott den Menschen schuf, machte er ihn nach dem Bilde Gottes.«

Die vollständige Passage aus Genesis 5,1, welche die Eintragung »in Stahl, Obelisken« kreuzte, schien zu bestätigen, dass die Obelisken der »Codeschlüssel« waren und dass sie unsere verborgene Vergangenheit und unsere gesamte Zukunft enthüllen würden.

Dies lässt darauf schließen, dass unsere Zukunft bereits am Tag unserer Schöpfung bekannt war und dass die Geschichte der gesamten Menschheit niedergeschrieben wurde, bevor sie sich ereignete. Könnten wir diese Geschichte der Menschen heute lesen, würden wir nicht nur alles sehen, was bereits geschehen ist, sondern auch alles, was dem Menschen noch widerfahren wird.

Dieselbe Tabelle aus dem Bibelcode bestätigte erneut den Ort, an dem sich die »Obelisken« befanden. »Säule Lisan, Zunge des Meeres« tauchte an eben dieser Stelle auf.

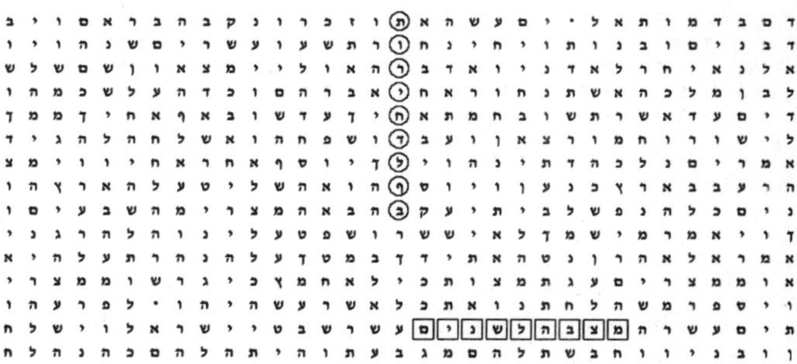

○ in Stahl, Obelisken □ Säule Lisan, Zunge des Meeres

Möglicherweise fanden wir nicht nur die Obelisken »in Stahl«, sondern auch unseren wahren Ursprung. Die gesamte Codematrix besagte: »Herr, Eigentümer, wird erkannt werden in Stahl, Obelisken«. Diese Eintragung schien darauf zu verweisen, dass die Obelisken nach dem Bild ihres Schöpfers gefertigt worden waren, der möglicherweise auch unser Schöpfer war.

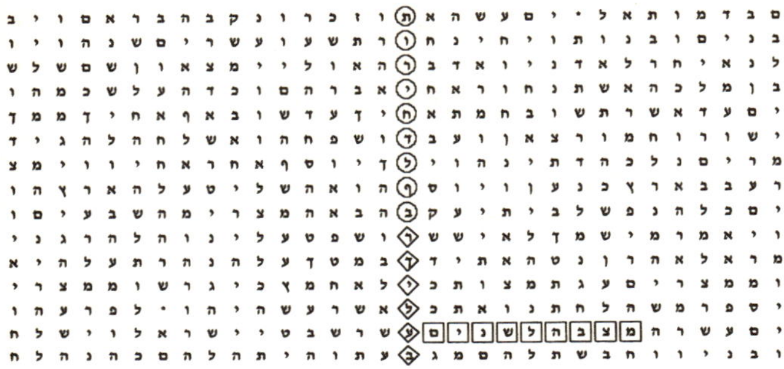

○ in Stahl, Obelisken □ Säule Lisan, Zunge des Meeres
◇ Herr, Eigentümer, wird erkannt werden in Stahl, Obelisken

Während der Vorbereitungen für meine Suche in Lisan vermerkte ich in meinem Tagebuch Folgendes: »Ich bin zu der Schlussfolgerung gezwungen, dass ich nicht nur nach einem ›Obelisken‹ suche, welcher der ›Codeschlüssel‹ ist, sondern auch nach jenem ›Außerirdischen‹, der ihn schuf oder ihn zumindest hierher brachte, sowie nach dem ›Fahrzeug‹, in dem er kam.«

Kapitel Elf

George Bush

Am 3. August 2001 sandte ich dem amerikanischen Präsidenten, George W. Bush, einen Brief, in dem ich ihm mitteilte, »dass der Bibelcode davor warnt, dass der Welt möglicherweise die größte und letzte Gefahr bevorsteht – ein nuklearer Weltkrieg, der im Nahen Osten ausbricht –, und dies während Ihrer Amtszeit«.

Mein Brief kam genau zu dem Zeitpunkt bei Bushs Stabschef Andrew Card im Weißen Haus an, als der Präsident zu einem einmonatigen Urlaub auf seine Ranch in Crawford im Bundesstaat Texas aufbrach. Deshalb schickte Card ihn an Condoleezza Rice, Bushs Nationale Sicherheitsberaterin. Den Präsidenten selbst erreichte mein Brief jedoch nie.

Nachdem Bush aus dem Urlaub nach Washington zurückgekehrt war, rief ich am 10. September im Weißen Haus an, um Card aufzufordern, dem Präsidenten meinen Brief zu übermitteln und einen Gesprächstermin für mich zu vereinbaren. »Mr. Card hat Ihren Brief Dr. Rice übergeben«, teilte mir seine Chefassistentin mit. »Die beiden ranghöchsten Personen hier haben ihn gelesen und beschlossen, ihn nicht an den Präsidenten weiterzuleiten.«

Am nächsten Tag, dem 11. September 2001, griffen arabische Terroristen New York und Washington an, brachten die Zwillingstürme des World Trade Center zum Einsturz und beschädigten das Pentagon. Das Weiße Haus entging einem Anschlag nur, weil die Passagiere des vierten entführten Flugzeugs in das

Geschehen eingriffen und die Maschine abstürzte, bevor sie Washington erreichte.

Der Brief, den ich Bush einen Monat vor dem 11. September geschrieben hatte, war nicht die einzige Warnung, die ungehört blieb. Später sollte sich herausstellen, dass am 6. August, nahezu zum selben Zeitpunkt, als mein Brief das Weiße Haus erreichte, die CIA dem Präsidenten während seines Urlaubs mitteilte, dass Anhänger von Osama bin Ladens Al-Quaida Flugzeuge kommerzieller Fluglinien entführen könnten. Ein FBI-Bericht, der Bush nie erreichte, warnte davor, dass bin Laden möglicherweise Mitglieder seiner Organisation in amerikanische Flugschulen entsandte, um sie auf Terrorangriffe vorzubereiten.

Mitte August wurde einer seiner Anhänger verhaftet, der heute im Verdacht steht, dass er der zwanzigste Entführer hätte sein sollen. Dem FBI entging jedoch der entscheidende Hinweis auf seinem Laptop – ein Name, der die Ermittler zum Anführer der Terroranschläge vom 11. September hätte führen können: Mohammed Atta.

Am 10. September 2001 fing die Agentur für Nationale Sicherheit eine Botschaft auf Arabisch ab: »Morgen ist die Stunde null.« Doch diese wichtige Mitteilung wurde bis 12. September nicht übersetzt.

Ich wusste, dass es in den hektischen Wochen nach dem 11. September sinnlos war, auch nur den Versuch zu unternehmen, den Präsidenten zu erreichen. Am 1. Oktober schrieb ich schließlich einen neuen Brief an Bush, den ich sowohl über seinen Stabschef Card als auch über seine Sicherheitsberaterin Rice an ihn schickte.

Beiden sagte ich dasselbe: »Wenn Sie meinen Brief angesichts der Ereignisse des 11. September noch einmal durchlesen, werden Sie ihn vermutlich an den Präsidenten weiterleiten. Ich glaube, dass er mich treffen will, sobald er den Brief gelesen hat.

Sie können dem Präsidenten mitteilen, dass der Anschlag auf New York, den ich mit eigenen Augen gesehen habe, vor 3000 Jahren in der Bibel codiert wurde.«

In dem Brief vom 1. Oktober an Präsident Bush schrieb ich: »Ich bin nicht religiös und kann daher auch nicht erklären, wie es möglich ist, dass die Zukunft bereits bekannt oder warum sie in der Bibel codiert ist. ›Zwillingstürme‹ erscheint jedoch in verschlüsselter Form gemeinsam mit ›Flugzeug‹ und ›es brachte sie zu Fall‹. ›Pentagon‹ ist gemeinsam mit ›beschädigt‹ codiert. ›Bin Laden‹ findet sich mit ›die Stadt und den Turm‹.«

Dann erklärte ich dem Präsidenten, dass die Gefahr noch nicht vorüber sei: »Der Bibelcode verkündet die größte und endgültige Gefahr in den Wörtern unserer Zeit: Sowohl ›atomarer Holocaust‹ als auch ›Weltkrieg‹ sind in der Bibel codiert. Beide Eintragungen erscheinen mit derselben Jahreszahl: 2006.«

Ich schloss meinen Brief an Bush mit einer Entschuldigung: »Es tut mir Leid, dass ich Sie nicht im Vorhinein vor den Terroranschlägen auf New York und Washington gewarnt habe. Beide wurden vor 3000 Jahren in der Bibel codiert. Aber wir haben die Hinweise darauf erst am 11. September entdeckt.

Wenn der Bibelcode Recht behält, ist dies nicht das Ende der Gefahr, sondern der Anfang. Wir können nicht von jeder Gefahr im Voraus wissen, aber wir können jene verhindern, die wir als solche erkennen.

Es wäre wichtig, dass wir einander treffen, denn die Wahrscheinlichkeit ist groß, dass diese letzte Gefahr tatsächlich existiert. Möglicherweise steht uns bereits in fünf Jahren ein nuklearer Weltkrieg bevor.«

»Präsident Bush« ist in der Bibel gemeinsam mit »der Zweite« codiert. Diese Eintragungen fanden wir mehrere Monate vor der Präsidentschaftswahl im November 2000.

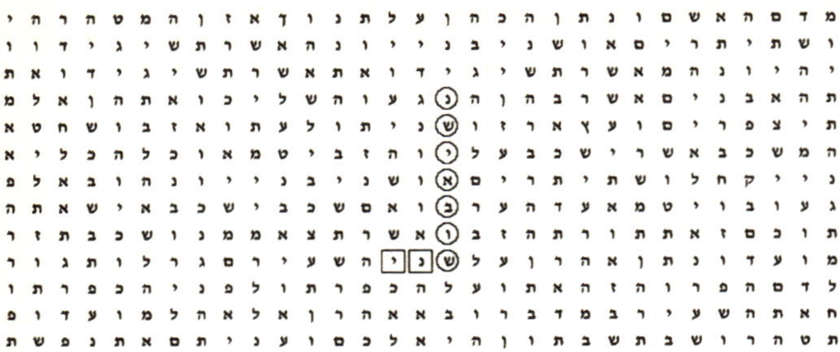

○ Präsident Bush □ der Zweite

Der 3000 Jahre alte Bibelcode hatte den Ausgang einer Wahl korrekt vorhergesagt, dessen Ergebnis so knapp war, dass die letzten Wahlzettel erst über einen Monat später ausgezählt waren und der Oberste Gerichtshof Bush zum Sieger der Wahl erklären konnte.

Der gesamte Thriller um Bush und seinen demokratischen Rivalen Al Gore war in der Bibel verzeichnet. Ich hatte ihn zu einer Zeit im Bibelcode mitverfolgt, als noch keiner der beiden Politiker als Kandidat aufgestellt war.

Zehn Monate vor dem knappsten Wahlergebnis in der amerikanischen Geschichte hatte ich Dr. Rips in Nashville (Tennessee) aufgesucht, wo er als Gastprofessor an der Vanderbilt University unterrichtete. Rips erzählte, dass er in einer Synagoge in der Stadt einen Vortrag über den Bibelcode gehalten und auf die Bitte eines Anwesenden im Code nach einer bedeutenden Persönlichkeit der Stadt gesucht habe, nämlich nach Clintons Vizepräsidenten Al Gore.

Rips zeigte mir die Codetabelle. Einer geringen Wahrscheinlichkeit zum Trotz war »Al Gore« in der Genesis gemeinsam mit »Präsident« codiert. Ich sagte, ich hielte es für sehr unwahrscheinlich, dass Gore Präsident werde. Bush lag in allen Meinungsumfragen vorn. Es war sogar ungewiss, ob die Demokraten Gore überhaupt als Kandidaten aufstellen würden.

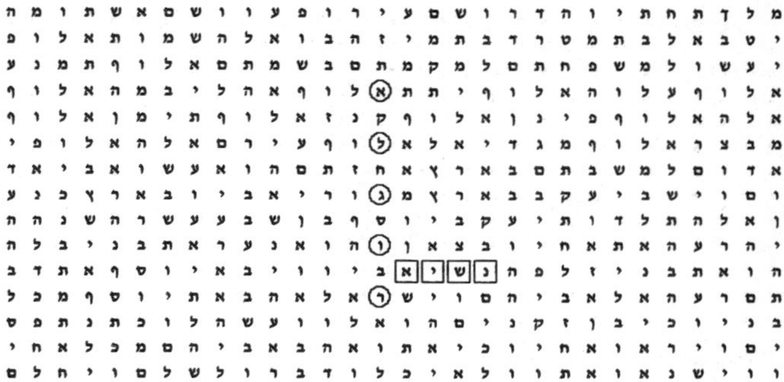

○ Al Gore □ Präsident

Daher suchten wir nach »Präsident Bush« und fanden die Eintragung gemeinsam mit dem Wort »Präsident«, das sich mit einem weiteren »Präsident« kreuzte. »Das ist keine eindeutige Aussage«, meinte Rips, »denn es hat bereits einen Präsidenten namens Bush gegeben.«

Nun zeigte ich ihm, dass »Präsident Bush« ein weiteres Mal mit den Wörtern »der Zweite« erschien. »Was bedeutet das?«, fragte ich.

»Ich weiß es nicht«, gab Rips zur Antwort. »Vielleicht, dass sowohl Gore als auch Bush möglich ist. Dass beide die Chance haben, Präsident zu werden.«

Während der nächsten zehn Monate verfolgten Dr. Rips und ich die Nominierung von Bush und Gore und später, wie das einst einseitige Rennen knapper und knapper wurde. Am Tag nach der Wahl sprachen wir erneut miteinander.

Es war eine verrückte Nacht gewesen. Erst hatte Gore Bush angerufen, um seine Niederlage einzugestehen. Dann rief er ihn erneut an, um das Eingeständnis seiner Niederlage zurückzunehmen. Schließlich sollten einige wenige hundert Stimmen in einem einzigen Staat – Florida – den Ausschlag geben.

»Jetzt wissen wir, warum der Code Gore und Bush als Möglichkeiten genannt hat«, meinte Rips.

Während in den darauf folgenden fünf Wochen Nachzählungen und gerichtliche Auseinandersetzungen stattfanden, suchte ich erneut im Bibelcode nach einem Hinweis auf den endgültigen Wahlausgang. Nun entdeckte ich, dass an der Stelle, wo »Al Gore« gemeinsam mit »Präsident Gore« codiert war, die hebräischen Buchstaben nach seinem Namen ein gänzlich anderes Ergebnis verkündeten: »Jetzt wird ein Richter regieren, dir wird Böses getan.«

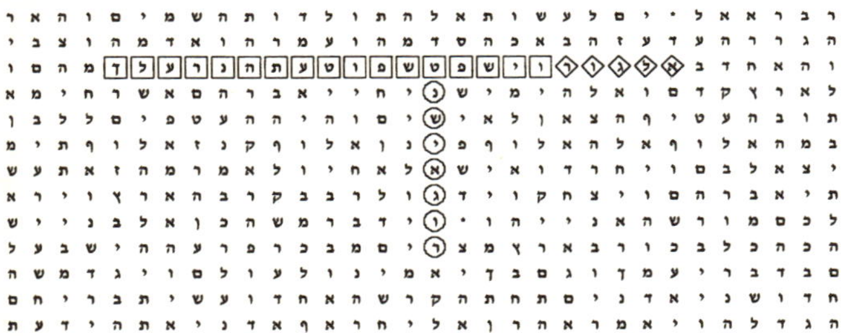

○ Präsident Gore ◇ Al Gore
□ jetzt wird ein Richter regieren, dir wird Böses getan

Am 12. Dezember 2000, zwei Stunden vor Mitternacht, stahl der Oberste Gerichtshof der USA Al Gore – der die Stimmenmehrheit bekommen hatte – den Wahlsieg, indem er die Nachzählung der Wahlzettel in Florida einstellen ließ. George W. Bush wurde mit Unterstützung der fünf republikanischen Richter zum neuen Präsidenten der Vereinigten Staaten erklärt.

In dieser Nacht untersuchte ich erneut die Bibelcodetabelle, die ursprünglich den Wahlsieg von Bush vorhergesagt hatte. »Versehentlich, irrtümlich« erschien im unverschlüsselten Text direkt über »Präsident Bush«.

Die bedeutendste verschlüsselte Eintragung prophezeite den entscheidenden Augenblick in der Weltgeschichte, dem sich der

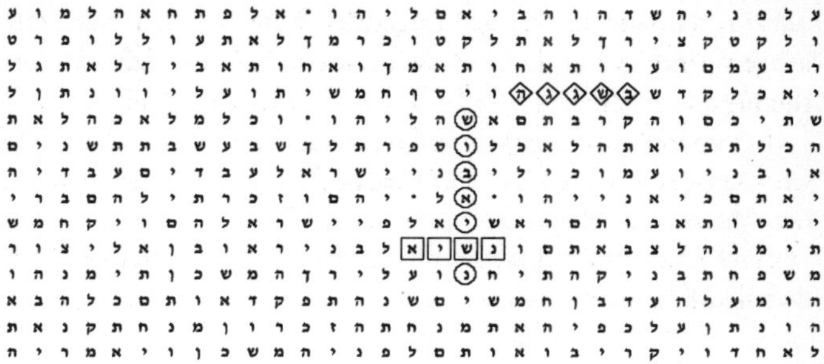

○ Präsident Bush □ Präsident ◇ versehentlich, irrtümlich

neue Präsident würde stellen müssen. »G. W. Bush« war gemeinsam mit »Präsident« an jener Stelle codiert, an welcher der unverschlüsselte Text der Bibel »am Ende der Tage« lautete.

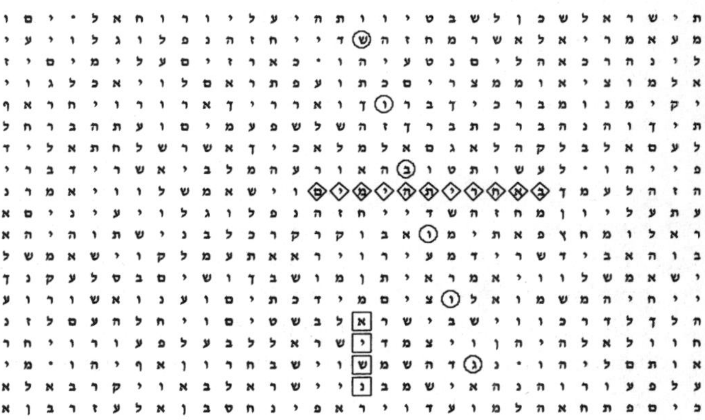

○ G. W. Bush □ Präsident ◇ am Ende der Tage

Bereits lange vor dem 11. September hatte ich gewusst, dass der Bibelcode eine Warnung vor bin Laden enthielt. Als ich Dr. Rips im Frühjahr 1998 in Israel besuchte, zeigte er mir eine Codetabelle, die seiner Ansicht nach die wahre Natur Gottes enthüllte: »Gerechtigkeit Gottes« war mit »Gnade Gottes« verflochten.

»Dem Midrasch zufolge wurde die Welt zweimal erschaffen«, erklärte Rips. »Beim ersten Mal geschah dies nach den Gesichtspunkten absoluter Gerechtigkeit, nach Gut und Böse. Dann sah Gott, dass die Welt auf diese Weise nicht bestehen konnte, weil sie keinen Raum für die Unvollkommenheit des Menschen ließ. Deshalb fügte er die Gnade hinzu.

Es war aber nicht so, wie wenn man heißes und kaltes Wasser mischt und lauwarmes erhält, sondern eher so, als würde man Feuer und Schnee mischen – beide behielten ihre gegensätzlichen Eigenschaften. So könnten die beiden Stränge des Bibelcodes angelegt sein.«

Als Rips mir die Codetabelle zeigte, entdeckte ich jedoch etwas anderes. »Bin Laden« erschien korrekt geschrieben und ohne Auslassungen und kreuzte die Eintragung »Gerechtigkeit Gottes«.

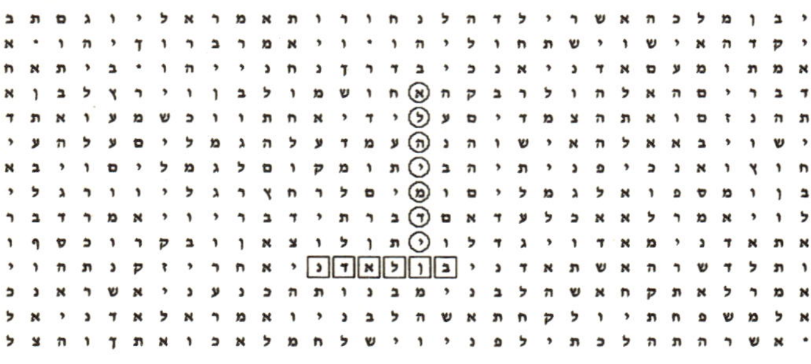

○ Gerechtigkeit Gottes □ bin Laden

Rips sagte ich nichts davon, denn ich wusste nicht, wie er reagieren würde. Ich selbst war zutiefst erschüttert. Nach dem, was ich gesehen hatte, schien bin Laden im biblischen Sinn das erwählte Instrument zur Zerstörung unserer modernen Welt zu sein, so wie andere Feinde in biblischen Zeiten das von Gott erwählte Instrument seines Zorns waren.

Erst nach dem 11. September 2001 zeigte ich Rips, was ich entdeckt hatte. Er interpretierte die Eintragung vollkommen anders. »Das ist eine klare Aussage, dass Gott bin Laden richten wird«, meinte er. Er erzählte, dass einer seiner israelischen Freunde eine weitere, ähnliche Codierung gefunden hatte: »Verflucht sei bin Laden, die Rache ist Gottes.«

Ich sagte, dass ich es für *unsere* Aufgabe hielte, mit bin Laden fertig zu werden – die Aufgabe von realen Menschen in dieser realen Welt, welche Bestrafung bin Laden auch in einer anderen Welt letztendlich erwarten möge. Aber Rips blieb unbeirrt bei seiner religiösen Betrachtungsweise, was gewiss passend war, wie ich erkannte, weil Terrorismus mittlerweile zu einer Religion geworden war und bin Laden ihr Hoher Priester.

Rips zeigte mir etwas Neues, das er in jener Codetabelle gefunden hatte, in welcher der Anführer der Anschläge vom 11. September 2001 namentlich genannt wurde. »Terrorist Atta« kreuzte sich mit den unverschlüsselten Worten der Bibel: »Seine Seele soll ausgerottet werden, denn ich bin der Herr.«

»Das steht in direktem Widerspruch zu dem, was Atta und bin Laden glauben, nämlich dass sie im Leben nach dem Tod für ihre Taten belohnt werden«, erläuterte Rips. »Die Bibel sagt eindeutig das Gegenteil – dass Atta im Leben nach dem Tod Bestrafung ereilt.«

Rips setzte sich mit der Bedrohung auf derselben Ebene und mit denselben Worten auseinander wie die Terroristen. Sowohl er als auch die Terroristen betrachteten alles vorrangig, wenn nicht sogar ausschließlich in religiösen Begriffen. Nach dem 11. September 2001 fand das FBI ein umfassendes, mit der Hand geschriebenes Tagebuch von Atta. Aus diesen Aufzeichnungen ging eindeutig hervor, dass er sich auf einer göttlichen Mission gewähnt hatte.

Für mich war der Bibelcode nur eine Informationsquelle, ein Frühwarnsystem, und alles hing davon ab, wie wir ihn einsetzten, um die schlimmsten vorhergesagten Gefahren abzuwenden.

Die erste Aufgabe bestand darin, bin Laden zu finden.

Als die Vereinigten Staaten am 7. Oktober 2001 ihren Angriff auf bin Laden und seine Taliban-Unterstützer in Afghanistan starteten und die CIA dem Kongress mitteilte, dass »mit hundertprozentiger Wahrscheinlichkeit« ein weiterer schwerer Terroranschlag zu erwarten sei, suchte ich im Bibelcode nach »bin Laden«.

Der Code verkündete, dass »bin Laden« zum Flüchtling und »von Hauptquartier zu Hauptquartier« ziehen werde.

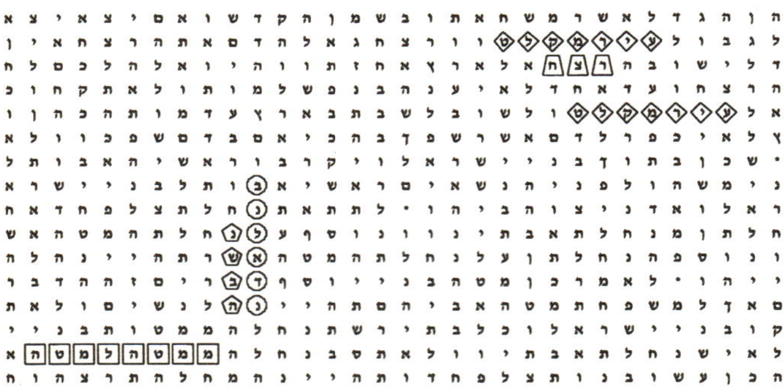

○ bin Laden □ von Hauptquartier zu Hauptquartier ◇ Stadt des Asyls
⏢ Mörder ⬠ gefangen

An derselben Stelle erschien im unverschlüsselten Text der Bibel zweimal »Städte des Asyls«. Die ursprüngliche Bedeutung der Worte konnte wichtig sein. Sie erzählten von alten Freistädten, in denen Totschläger der Vergeltung entkommen konnten. Dies verwies darauf, dass bin Laden nur getötet werden konnte, wenn er seinen Zufluchtsort verließ. Vielleicht würde er letztlich genau auf diese Weise enden.

»Gefangen« war parallel zu »bin Laden« codiert und deutete an, dass man ihn eines Tages aufspüren würde.

An der Stelle, wo »bin Laden« gemeinsam mit »der nächste Terrorist« erschien, erklärte der verschlüsselte Text: »Er zog weiter und wurde getötet.«

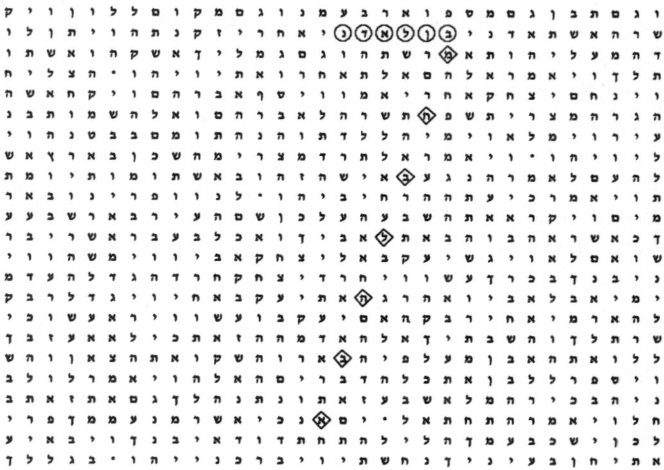

○ bin Laden ◇ der nächste Terrorist

Dem Bibelcode war jedoch zu entnehmen, dass bin Laden nicht in Afghanistan getötet oder gefangen genommen werden würde. Er schien vielmehr auszusagen, dass er dem amerikanischen Angriff auf seine Trainingslager und Höhlen entkommen und sein Terrornetzwerk an einem anderen Ort im Nahen Osten wiedererrichten würde.

Der Bibelcode führte sogar die genaue Stelle an. Sie kreuzte die Eintragung »bin Laden« in beiden hebräischen Schreibweisen und bezeichnete den Ort unmissverständlich als sein »Armeehauptquartier«. Dieselbe Ortsangabe war eindeutig mit allen anderen großen Gefahren verbunden, wie »Atomwaffen«,

»atomarer Holocaust«, »chemischer Angriff« und »der nächste Krieg«.

Dieser Ort in der Wüste, der in keinem Geheimdienstbericht erwähnt wurde, war trotz einer sehr geringen Wahrscheinlichkeit gemeinsam mit »New York« und »Jerusalem« codiert, den wahrscheinlichsten Zielen eines Anschlags.

Ich gab diese Informationen an Mitglieder der höchsten Ebene des amerikanischen und israelischen militärischen Geheimdienstes weiter und erklärte ihnen, dass »diese Daten mit bin Laden oder den Resten seiner Terrorgruppe Al-Quaida in Beziehung stehen könnten«. Ich warnte sie, dass »an diesem Ort nichtkonventionelle Waffen gelagert sein dürften, die für Israel und die USA eine Quelle größter Gefahr darstellen könnten«.

Allerdings machte ich sie auch darauf aufmerksam, dass ich keine unumstößlichen Beweise hatte, um die in der Bibel verschlüsselten Botschaften zu untermauern, und dass ich nicht wusste, wann man diesen Ort beobachten sollte, weil keine Jahreszahl angeführt war. Da der Bibelcode die Zukunft enthüllte, wusste ich auch nicht, ob bin Laden bereits an diesen Ort geflohen war oder ob er sein Terrornetzwerk dort zu einem späteren Zeitpunkt neu formieren würde.

»Ich weiß nicht, ob dieser Stützpunkt zurzeit aktiv ist«, sagte ich. »Aber der Zeitpunkt ist gekommen, das herauszufinden. Auf jeden Fall ist es besser, zu früh nachzusehen als zu spät.«

Dann teilte ich sowohl den Amerikanern als auch den Israelis noch etwas mit: dass der Name dieses Terroristen im Bibelcode jedes Mal von den Wörtern »libysche Waffen« gekreuzt wurde. Dies schien darauf zu verweisen, dass Libyen eine hoch entwickelte Waffe erwerben würde, die die Terroristen bei ihrem Angriff auf den Westen einsetzen könnten.

Einige Monate später wurde in Israel folgender Nachrichtenbericht veröffentlicht: »Libyens Bemühungen, Atomwaffen zu erwerben, erfüllen amerikanische und israelische Regierungsbeamte in zunehmendem Maß mit Besorgnis. Die libysche Bedrohung wurde im Zuge der strategischen Gespräche zwischen den beiden Ländern, die letzte Woche in Washington stattfanden, erörtert.«

Die israelische Zeitung *Ha'aretz* schrieb: »Obwohl Libyen bislang nicht zu jenen Ländern zählte, die der amerikanische Präsident George Bush zu Beginn des Jahres zur ›Achse des Bösen‹ rechnete, betrachten amerikanische Funktionäre Libyen als ›Schwellenland‹, das Anstrengungen unternimmt, Massenvernichtungswaffen zu entwickeln.«

Dieselbe Warnung hatte ich Schimon Peres vor fünf Jahren zukommen lassen, als er Premierminister von Israel war. Ich hatte ihn informiert, dass »Libyen« gemeinsam mit »atomarer Holocaust« codiert war, die wahre Bedrohung jedoch von einem Atomterrorismus ausging.

Einige Tage später sprach Peres anlässlich einer Rede in Jerusalem die Warnung öffentlich aus, ohne den Bibelcode zu erwähnen. Die größte Gefahr, die der Welt bevorstehe, gehe von Nuklearwaffen »in den Händen unverantwortlicher Länder oder auf den Schultern von Fanatikern« aus, erklärte er.

Nun hatte uns der Code die Namen der Fanatiker genannt: Osama bin Laden und sein Terrornetzwerk Al-Quaida. Ich hoffte, dass er auch den genauen Ort enthüllte, wo sie zu finden waren.

Als im Mai 2001 die Spirale der Gewalt im Nahen Osten außer Kontrolle geriet, schickte ich dem amerikanischen Außenminister, Colin Powell, einen Brief an seine Heimatadresse in Virginia.

Ich zögerte, Powell zu Hause zu kontaktieren, gleichzeitig wollte ich ihn jedoch erreichen, ehe er zu seiner diplomatischen Reise nach Europa aufbrach, da es Gerüchte gab, dass er dabei erstmals mit Palästinenserführer Jassir Arafat zusammentreffen werde.

Israelische F 16-Jets hatten als Vergeltung für einen Selbstmordanschlag zum ersten Mal seit dem Sechs-Tage-Krieg von 1968 die Westbank und den Gaza-Streifen angegriffen. Mein Instinkt sagte mir, dass etwas Schreckliches geschehen würde und dass dies der beste Moment war, Powell anzuschreiben, nachdem ich selbst kurz zuvor mit Arafat und Peres gesprochen hatte.

In meinem Brief vom 19. Mai an Powell schrieb ich unter anderem Folgendes: »Ich bin soeben aus dem Nahen Osten zurückgekehrt, wo ich mich mit Jassir Arafat und Schimon Peres getroffen habe, und ich hoffe noch auf ein Gespräch mit Premierminister Scharon.

Möglicherweise bietet sich die Chance auf einen Durchbruch, einen neuen Weg, um die beiden Parteien zu Friedensverhandlungen zusammenzuführen. Aus diesem Grund schicke ich diesen Brief an Ihre Heimatadresse. Normalerweise würde ich die offiziellen Kanäle benützen, heute Morgen habe ich jedoch in der *New York Times* gelesen, dass Sie ›jede Chance ergreifen‹ und zu ›jeder Lösung, jeder Konferenz und jedem Treffen, auch jetzt und sofort‹ bereit wären. Vielleicht gibt es eine solche Lösung, zumindest einen neuen Lösungszugang.

Arafat glaubt an Prophezeiungen. Ich habe mehr als eine Stunde lang mit ihm über Prophezeiungen diskutiert, die sich in der Bibel fanden. Schließlich schien er überzeugt zu sein, dass es nur die beiden Alternativen Friede oder Auslöschung gibt.

Bisher hat niemand versucht, ihn auf dieser Ebene zu erreichen. Es könnte aber der Schlüssel sein.«

Dann erklärte ich Powell, dass es in der Bibel einen verborgenen Code gab, der die Zukunft zu enthüllen schien. Ich hoffte, ihn mit dieser Mitteilung zu erreichen, weil ich aus seiner Autobiografie wusste, dass er ein gläubiger Mensch war, früher in der Sonntagsschule unterrichtet hatte und an eine Religion nach »altem Muster« glaubte.

Deshalb teilte ich Powell mit, was ich auch Bush mitgeteilt

hatte. »Der Bibelcode warnt davor, dass uns möglicherweise ein nuklearer Weltkrieg bevorsteht, der im Nahen Osten ausbricht.

Selbst wenn es Ihnen unmöglich ist, an einen Code in der Bibel zu glauben, der die Zukunft vorhersagt, könnte es wichtig sein, dass wir einander treffen, denn Arafat glaubt fest daran.

Wenn Scharon ebenfalls einsieht, dass es nur um Frieden auf der einen und Auslöschung auf der anderen Seite geht, könnte es Frieden geben«, schrieb ich weiter. »Es ist jedoch einerlei, ob sich Scharon von Geheimdienstberichten oder Prophezeiungen überzeugen lässt, solange er begreift, dass das Überleben aller auf dem Spiel steht.«

Powell kehrte in die Vereinigten Staaten zurück, ohne Arafat getroffen zu haben. Meinen Brief beantwortete er nicht. Doch binnen Monatsfrist entsandte Bush ihn erneut in den Nahen Osten, um einen Waffenstillstand zwischen Arafat und Scharon auszuhandeln.

Über ein Jahr lang sollten derartige vergebliche Bemühungen unternommen werden.

Doch der Bibelcode schien Hoffnung zu verkünden. »C. Powell« war gemeinsam mit »Leiter des Gipfels« codiert,

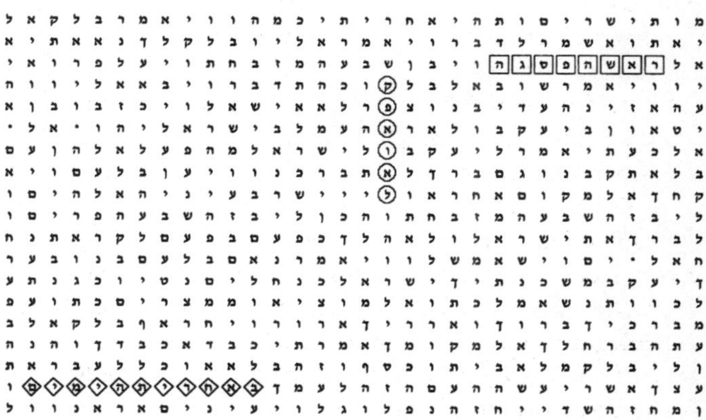

○ C. Powell □ Leiter des Gipfels ◇ am Ende der Tage

was darauf verwies, dass es dem Außenminister doch gelingen würde, die beiden Parteien an den Verhandlungstisch zu bringen.

Jene Stelle, an der sich »Powell« fand, enthielt aber auch eine klare Warnung mit denselben Wörtern, die »G. W. Bush« kreuzten: »am Ende der Tage«.

Während der Countdown bis zum Jahr 2006 unaufhaltsam weiterlief, wuchs meine Besorgnis, dass ich nicht imstande sein würde, zum amerikanischen Präsidenten durchzudringen, obwohl er seinen Krieg gegen den Terrorismus als religiösen Kreuzzug betrachtete.

Der Bibelcode schien davor zu warnen, dass der von Bush erklärte Krieg gegen den Terrorismus – der in Afghanistan bereits geführt wurde, aber nun anscheinend ins Stocken geriet, während bin Laden noch immer auf freiem Fuß war – ein entsetzliches Ende finden würde.

»Krieg von Bush« war in der Bibel gemeinsam mit der Warnung vor der größten Gefahr codiert: »So wird euch am Ende der Tage das Unheil treffen.«

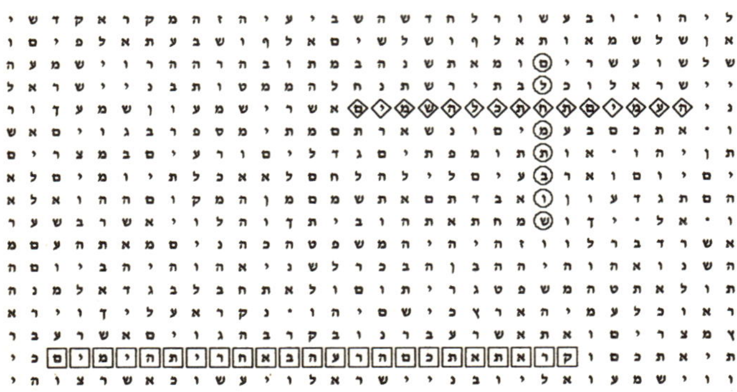

○ Krieg von Bush □ so wird euch am Ende der Tage das Unheil treffen
◇ alle Völker unter dem ganzen Himmel

Die Worte aus dem unverschlüsselten Text, die die Eintragung »Krieg von Bush« kreuzten, verdeutlichten, dass es sich um eine globale Bedrohung handelte: »alle Völker unter dem ganzen Himmel.«

»Der nächste Terrorist« war gemeinsam mit jener Gefahr codiert, die jetzt alle am meisten fürchteten: »atomar«.

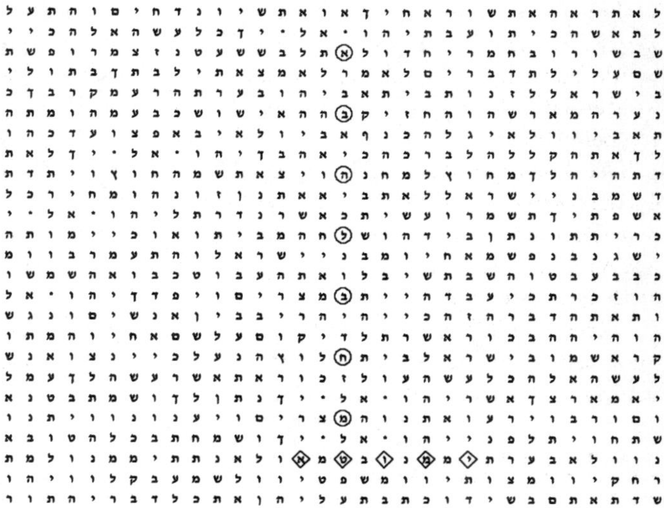

○ der nächste Terrorist ◇ atomar

»Der nächste Terroranschlag« fand sich in verschlüsselter Form gemeinsam mit »bin Laden« und der weltweit einzigen Stadt, die sowohl mit »atomarer Holocaust« als auch mit »Weltkrieg« codiert war: »Jerusalem«.

Der Bibelcode warnte jedoch, dass dieser Terroranschlag globale Auswirkungen haben werde. »Weltkrieg« war gemeinsam mit »Terrorismus« codiert, und das arabische Wort »Shahid«, das »Selbstmordattentäter« bedeutet, erschien an genau derselben Stelle.

○ der nächste Terroranschlag ◇ bin Laden □ Jerusalem

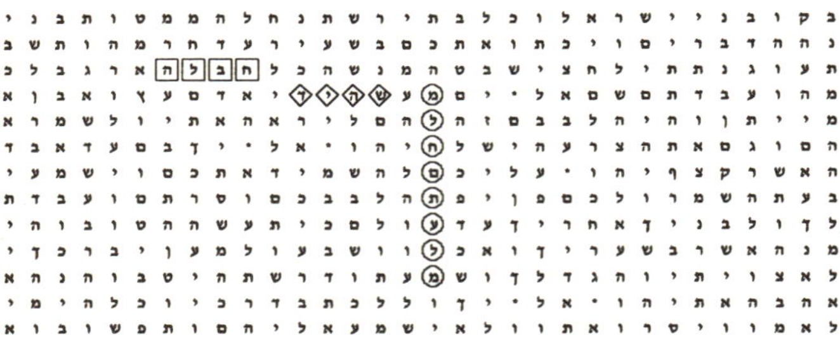

○ Weltkrieg □ Terrorismus ◇ Selbstmordattentäter

Ich befürchtete, dass die Summe aller Warnungen aus dem Bibelcode Folgendes ergab: Die gesamte Welt befände sich während der kommenden fünf Jahre in einem ständigen Kriegszustand. Allerdings handelte es sich um keinen konventionellen Krieg, sondern um eskalierende Serien von Terroranschlägen, bei denen Massenvernichtungswaffen zum Einsatz kämen. Die westliche Welt reagierte mit Gegenangriffen.

Niemand würde eingestehen, was dies für ein Krieg wäre – ein Krieg zwischen uns und dem militanten Islam, ein Krieg zwischen der westlichen Zivilisation und jenen religiösen Fanatikern, die sie zerstören wollten.

Der Krieg hatte bereits begonnen. Alles, wovor ich gewarnt, alles, was ich in codierter Form in der Bibel entdeckt hatte, würde Wirklichkeit werden.

Ich wusste nicht, was ich tun sollte.

Alle Warnungen aus dem Bibelcode, die viel zu apokalyptisch erschienen waren, als ich sie vor fünf Jahren erstmals veröffentlicht hatte, auch dann noch, als ich Präsident Bush einen Monat vor dem 11. September 2001 kontaktierte, waren nun allgemein bekannte und akzeptierte Wirklichkeit. Was sie verkündeten, schien so unausweichlich, dass bedeutende Politiker fürchteten, die vorhergesagten Gefahren nicht abwenden zu können.

Sämtliche Mitglieder von Bushs Kabinett sowie der Präsident selbst erklärten, dass ein weiterer Terroranschlag, ja ein Anschlag mit Nuklearwaffen beinahe sicher zu erwarten sei. »Die Wahrscheinlichkeit eines neuen Angriffs auf die Vereinigten Staaten ist überaus hoch«, verkündete der amerikanische Vizepräsident, Dick Cheney. »Die Frage ist nicht, ob er kommt, sondern wann.«

Verteidigungsminister Donald Rumsfeld erklärte vor einem Senatsausschuss, dass Terroristen bereits Massenvernichtungswaffen besäßen: »Sie haben schon chemische und biologische Waffen und einige Gruppen werden in Kürze sogar über Nuklearwaffen verfügen. Sie werden alles unternehmen, um sie in die Hände zu bekommen, und keinen Augenblick zögern, sie auch einzusetzen. Uns stehen weitere Terroranschläge bevor«, fügte er hinzu. »Die Frage ist nicht, ob sie kommen, sondern wann, wo und wie sie durchgeführt werden.«

»Ein weiterer Anschlag ist unvermeidlich«, meinte auch FBI-Direktor Robert Mueller. »Wir werden nicht imstande sein, ihn zu verhindern. Ich wünschte, ich könnte optimistischer sein.«

Bisher hatte das Problem darin bestanden, die führenden Politiker der Welt davon zu überzeugen, dass die im Bibelcode enthaltenen Warnungen vor der letzten Gefahr echt waren. Nun bestand es darin, sie davon zu überzeugen, dass diese letzte Gefahr abgewendet werden konnte, wenn man die Warnungen im Code ernst nahm.

Kapitel Zwölf

Die Reise des Helden

An manchen Tagen, wenn ich beim Aufwachen in den Nachrichten von neuen terroristischen Bedrohungen hörte, erschien mir meine Suche nach dem Codeschlüssel wie ein Traum. Angesichts bin Ladens und der Erinnerungen an den 11. September 2001, die mich nach wie vor unentwegt verfolgten, und angesichts der erschreckenden Gewissheit, dass New York und der gesamten Welt weitere Anschläge drohten, wirkte mein Wüstenabenteuer unbedeutend.

Doch mein Instinkt sagte mir, dass dort die Lösung lag – vielleicht die einzige Lösung. Wir brauchten ein Wunder, eine Antwort auf die Gefahr in der Größenordnung mythischen Schreckens.

Vielleicht erforderte die Situation eine mythische Handlung: »Ein Held wagt sich hinaus aus der alltäglichen Welt in ein Reich übernatürlicher Wunder. Er begegnet sagenhaften Mächten und erringt einen entscheidenden Sieg. Der Held kehrt aus diesem geheimnisvollen Abenteuer mit der Fähigkeit zurück, seinen Mitmenschen Wohltaten zu erweisen.«

So verläuft die klassische Heldenreise. Ähnliche Abenteuergeschichten finden sich in allen antiken Kulturen. Sie gleichen einander in ihren essenziellen Zügen so stark, dass Joseph Campbell von einem »Heros in tausend Gestalten« sprach.

Es ist die Geschichte von Prometheus, der zum Himmel aufstieg, den Göttern das Feuer stahl und es den Menschen zum Geschenk machte; die Geschichte von Jason, der Segel setzte, um das Goldene Vlies zu erringen. Die älteste Form der Heldenreise findet sich in der Geschichte von Gilgamesch, jenem legendären Sumererkönig, der sich vor 6000 Jahren bis an das Meer durchkämpfte, das die Welt umgab, auf seinen Grund hinabtauchte und das Kraut der Unsterblichkeit pflückte.

Die auf so edle Weise errungene Macht der anderen Welt geht jedoch verloren, sobald der Held in die seine zurückkehrt. Sie wird ihm gestohlen, zerfällt oder verschwindet einfach.

Die Moral der Geschichte ist immer gleich: Der wahre Lohn war nicht der ersehnte Preis, sondern die Reise selbst. »Es zeigt sich, dass die so heftig erstrebte und auf so gefahrvolle Weise erkämpfte göttliche Macht immer schon im Herzen des Helden gewohnt hatte«, erklärt Campbell. Die Reise und das Abenteuer waren nur des Helden Weg, um zu entdecken, was immer schon in ihm war.

Manchmal, wenn ich nach dem »Codeschlüssel« und den »Obelisken« suchte, jenem magischen Talisman aus einem anderen Reich, der unsere vergessene Vergangenheit und unsere gesamte Zukunft enthüllen würde, stellte ich mir vor, ich wäre selbst auf einer Heldenreise.

Aber ich war kein Held. Ich war auch keine mythologische Gestalt. Wenn überhaupt, dann war ich ein Antiheld, ein zynischer Journalist, der in der modernen Welt zufällig über ein antikes Rätsel gestolpert war. Vielleicht hatte Campbell Recht, und alles, was wir suchten – alle Antworten auf die letzten Rätsel –, befand sich bereits in unserer Reichweite, und wir mussten es nur in uns entdecken.

Die Bibel sagt etwa dasselbe. Vor seinem Tod verkündet Moses mit seinen letzten Worten dem Volk der Israeliten: »Denn das Gebot, das ich dir heute gebiete, ist dir nicht zu hoch und nicht zu fern. Es ist nicht im Himmel, dass du sagen müsstest: Wer will für uns in den Himmel fahren und es uns holen, dass wir's hören und tun? Es ist auch nicht jenseits des Meeres, dass du sagen müsstest: Wer will für uns über das Meer fahren und es uns holen, dass wir's hören und tun? Denn es ist das Wort ganz nahe bei dir, in deinem Munde und in deinem Herzen, dass du es tust.«

Vielleicht war es tatsächlich so. Vielleicht war die Reise, die Suche selbst nichts anderes als ein Mittel, um das Geheimnis zu enthüllen, das sich im Inneren verbarg. Während ich dies las, erkannte ich, dass diese berühmten Worte aus der Bibel die berechtigte Hoffnung in sich bargen, dass wir eines Tages den »Codeschlüssel« finden und die »Obelisken« ausgraben würden – denn sie befanden sich hier auf Erden, in unserer Reichweite, zum Greifen nahe.

An jener Stelle der Bibel, wo Moses seine letzten Worte spricht – »Es ist nicht im Himmel, dass du sagen müsstest: Wer will für uns in den Himmel fahren und es uns holen?« – fand sich »in Lisan« gemeinsam mit »Mazraa« im verschlüsselten Text.

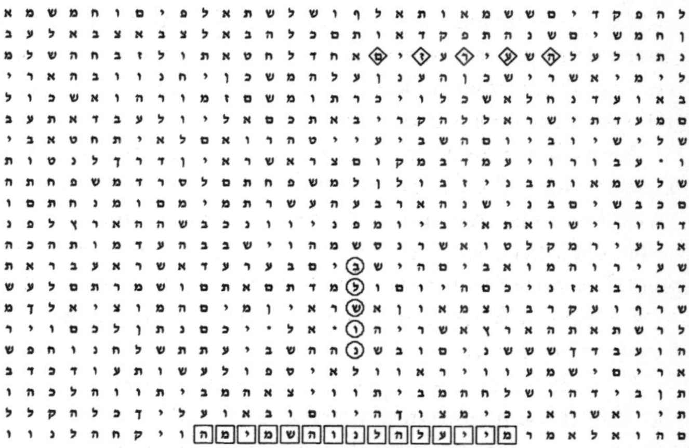

○ in Lisan ◇ Mazraa □ wer will für uns in den Himmel fahren

Dies war keine metaphysische Aussage, dass die Suche nur ein Mittel sei, um die Geheimnisse zu enthüllen, die im Inneren lägen. Es war ein direkter Hinweis darauf, dass ein körperlicher Gegenstand an genau dieser Stelle vergraben war.

So unwahrscheinlich es mir auch erschien, dass ich den Schatz finden würde, ich war stets davon überzeugt, dass der Bibelcode genau das meinte, was er sagte. »Lisan« und »Mazraa« waren reale geografische Ortsangaben, das Kreuz auf der Schatzkarte.

Dr. Rips stimmte mir zu: Es könne kein Zufall sein, dass »Lisan« und »Mazraa« mit solcher Beharrlichkeit immer wieder gemeinsam erschienen. Dasselbe galt für die Eintragung »Obelisken«, die zweimal »Codeschlüssel« kreuzte. Wie immer stellte er keine Vermutungen darüber an, was dies in der Welt der Wirklichkeit bedeuten konnte.

»Ich kann mir nichts Aufregenderes vorstellen, als stoffliche Überreste antiker Gegenstände zu finden, zu denen mich einzig und allein der Bibelcode geführt hat«, sagte er. »Meine Beobachtungen beschränken sich jedoch auf das Auftreten der Eintragungen, und dazu kann ich nur sagen, dass es aus mathematischer Sicht weit jenseits jeder Wahrscheinlichkeit liegt. Ich weiß aber nicht, ob dies bedeutet, dass die Obelisken tatsächlich existieren.«

Wie unwahrscheinlich es auch sein mochte, dass ein nüchterner Journalist über ein so bedeutendes Geheimnis stolperte, ich glaubte fest daran, dass auf der vegetationslosen Halbinsel etwas Außergewöhnliches – etwas, das nicht von dieser Welt war und doch in ihr – zu finden sein würde.

Vielleicht ließe sich mit diesem verborgenen Gegenstand sogar der Countdown zum Armageddon abbrechen.

Der Hinweis im Bibelcode wirkte unmissverständlich. Er ließ keinen Zweifel zu. Immerhin stammte er von Josef, dem bekanntesten Wahrsager der Bibel. Seine Worte waren eindeutig: »Das ist die Lösung.«

Sie bestätigten, dass in einer längst vergessenen Zeit ein magischer Gegenstand auf diese Erde gekommen war, genau an jenen Ort, an dem ich nach ihm suchte, und dort darauf wartete, von uns Heutigen gefunden zu werden.

Die Geschichte von Josef enthielt den letzten Beweis für die Existenz des »Codeschlüssels« und den Ort seines Verstecks. Nachdem Josef von seinen eifersüchtigen Brüdern in die Sklaverei verkauft worden war, stieg er zum eigentlichen Herrscher über Ägypten auf, indem er dem Pharao die Zukunft vorhersagte. Er prophezeite eine Hungersnot, wodurch rechtzeitig Maßnahmen ergriffen werden konnten; die Ägypter blieben vom Hungertod verschont. Der Pharao machte ihn zu seinem Regenten, legte ihm eine goldene Kette um den Hals und verlieh ihm den neuen Namen »Zafenat-Paneach«.

Jahrtausendelang hatten die bedeutendsten Gelehrten über die Bedeutung dieses Namens gerätselt. Einige glaubten, er wäre die hebräische Übersetzung ägyptischer Hieroglyphen und bedeutete »Enthüller der Geheimnisse«. Andere erklärten, dass die ursprünglichen Piktogramme von Vögeln und Schlangen als »der Gott spricht und lebt« zu deuten seien. Der Name hat jedoch in der hebräischen Sprache eine klare Bedeutung: »Decoder des Codes«.

Die Existenz des Bibelcodes – jenes Codes, der die Zukunft vorhersagt – offenbarte sich auf diese Weise in den Original-

○ Decoder des Codes □ Schlüssel ◇ Stahl am Kap

worten der Bibel. Quer über den Wörtern »Decoder des Codes« fand ich nun auch den von mir gesuchten Gegenstand, den »Schlüssel«. Er erschien gemeinsam mit »Stahl am Kap«.

»Das ist die Lösung«, sagte Josef zweimal, als er die Zukunft enthüllte. An diesen beiden Bibelstellen wurde der Fundort des Codeschlüssels genannt: »Lisan«.

»Das ist die Lösung.« Es war, als enthüllte der alte Prophet auf direkte Weise genau den Ort, an dem man nach dem »Schlüssel« suchen musste, der den »Code decodieren« würde: die Halbinsel, die ins Tote Meer hinausragte und den Namen »Lisan« trug.

»Code Gottes« war an jener Stelle codiert, an der »Lisan« die Eintragung »das ist die Lösung« kreuzte.

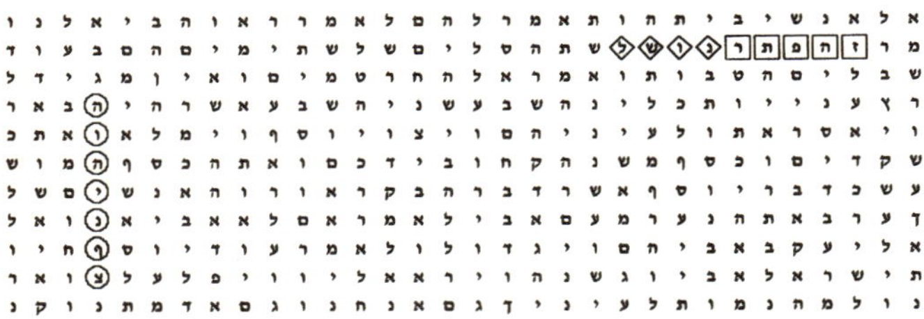

○ Code Gottes ◇ Lisan □ das ist die Lösung

Eindeutigere Hinweise konnte es nicht geben. Eine andere Codematrix enthielt die Phrase »er fand den genauen Ort, Mazraa« gemeinsam mit »Lisan« und »das ist die Lösung«.

In der Geschichte des alten Wahrsagers hatte ich die Bestätigung für jede wichtige Einzelheit meiner Suche gefunden. »Stählerne Arche«, »eiserne Arche«, »DNS auf Obelisken«, »Erschaffung des Menschen« und »Code Gottes« – jede dieser Phrasen war gemeinsam mit Josefs »das ist die Lösung« und dem Namen des Ortes, »Lisan«, codiert. Der »Schlüssel«, das heißt der »Decoder des Codes«, würde in einem metallenen Behälter zu

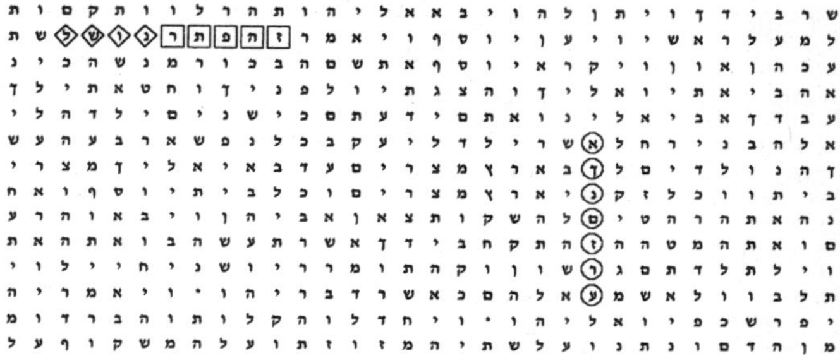

○ er fand den genauen Ort, Mazraa ◇ Lisan □ das ist die Lösung

finden sein und uns sowohl den Bibelcode als auch den Code des Lebens enthüllen.

Der Beweis fand sich nicht nur in der Thora, sondern auch in den später entstandenen Büchern der Bibel. »Codeschlüssel« schien auch im Buch Hiob an jener Stelle auf, an welcher der verschlüsselte Text von einer »peitschenförmigen Schmalstelle von Lisan« sprach.

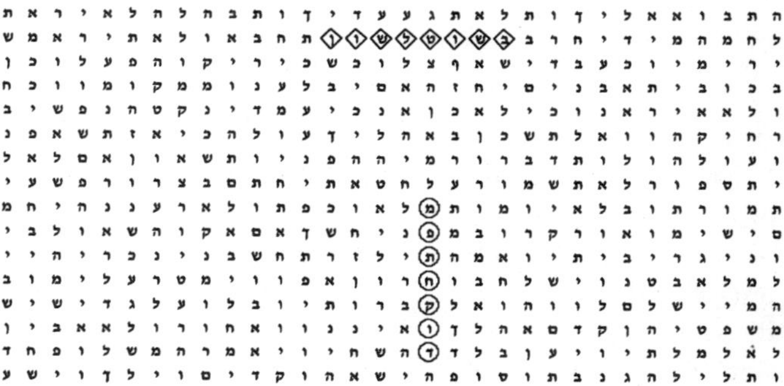

○ Codeschlüssel ◇ peitschenförmige Schmalstelle von Lisan

Dies war erneut eine genaue Beschreibung des Ortes, also jener Landspitze, die am Nordende der Halbinsel ins Tote Meer vorsprang und die Bucht von Mazraa bildete. »Er entdeckte den genauen Ort, Lisan« war im Buch Josua exakt an jener Stelle codiert, wo die unverschlüsselten Worte der Bibel denselben Ort beschrieben: »Lisan, die Grenze an der Meereszunge«.

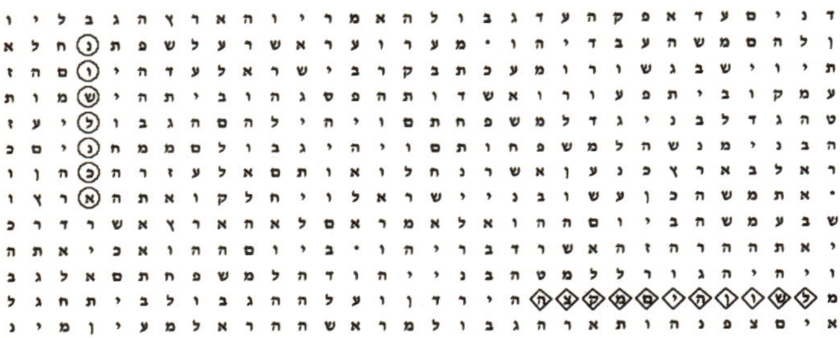

○ er entdeckte den genauen Ort, Lisan ◇ Lisan, die Grenze an der Meereszunge

In der Bibel war eine Schatzkarte codiert, die bestätigte, dass wir am richtigen Ort suchten und dass der gesuchte Gegenstand bis zum heutigen Tag existierte. Falls es uns gelang, den »Codeschlüssel« und die »Obelisken« zu finden, wären wir vielleicht auch imstande, die Identität des Codierers zu enthüllen.

Wer ist der Codierer?

Für Rips war die Antwort klar: Der Code ging ebenso wie die Bibel auf Gott zurück. »Er stammt von einem intelligenten Wesen, das nicht nur über uns steht, sondern sich auch von uns unterscheidet«, erläuterte er. »Dieses Wesen ist imstande, über die Zeit hinwegzusehen, und existiert auch über die Zeit hinweg. Alles, was wir denken und tun, war vorhergesehen.«

Ich hingegen war nicht davon überzeugt, dass der Codierer mit dem Schöpfer identisch war. Die Existenz des Codes war für mich nicht der Beweis, dass auch Gott existierte – sie bewies lediglich die Existenz des Codierers.

Der Code ließ beharrlich durchblicken, dass der Codierer in gewisser Weise noch lebendig war. So ließ sich der Ausdruck »Codierer« aus dem Hebräischen auch als »er codiert« übersetzen. Deshalb fragte ich Rips, ob der Bibelcode vielleicht ein fortwährender Dialog mit der Menschheit sei. War es möglich, dass die Bibel in Echtzeit codiert war? Dass wir in dem Augenblick Antworten auf unsere Fragen erhielten, in dem wir sie stellten, und zwar nicht von einem intelligenten Wesen, das vor langer Zeit existiert hatte, sondern von einem, das hier und jetzt lebte?

»Ich kann mir vorstellen, dass ein intelligentes Wesen existiert, das über die Zeit hinweg besteht, für das Vergangenheit, Gegenwart und Zukunft eine Einheit bilden«, sagte Rips. »Sodass eine Frage, die Sie ›jetzt‹ stellen, aus der Sicht des Codierers in diesem Augenblick gestellt wird, obwohl die Bibel in ferner ›Vergangenheit‹ codiert wurde, weil alles gleichzeitig geschieht, einschließlich der ›Zukunft‹, die er im Code enthüllt.«

Rips, der als religiöser Mann an einen ewigen Gott glaubte, war nicht der Einzige, der sich eine derartige Anomalie vorstellen konnte. Einstein war von demselben Grundsatz ausgegangen: »Die Unterscheidung zwischen Vergangenheit, Gegenwart und Zukunft ist nur eine Illusion, wenn auch eine dauerhafte.«

Meine Frage war damit noch nicht vollständig beantwortet. Ich wollte mich nicht mit einem metaphysischen Konzept begnügen. Ich strebte nach handfesten Beweisen. Stammte der Bibelcode von einem Menschen, einem Gott oder einem Außerirdischen?

Der unverschlüsselte Text der Bibel bot uns nur einen Hinweis. Die Originalworte besagten eindeutig, dass Gott auf den Berg Sinai herabstieg und Moses die Bibel übergab. »Code von Moses« fand sich einer überaus geringen Wahrscheinlichkeit zum Trotz gemeinsam mit »Codierer«.

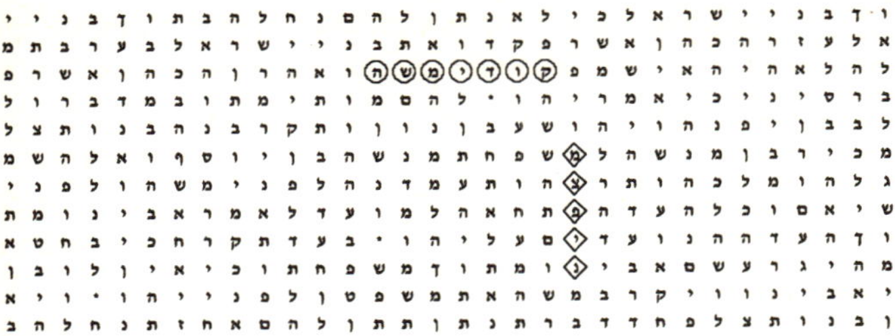

○ Code von Moses ◇ Codierer

»Code von Moses« erschien ein weiteres Mal und kreuzte die Wörter »Schlüssel« und »eisernes Gefäß«.

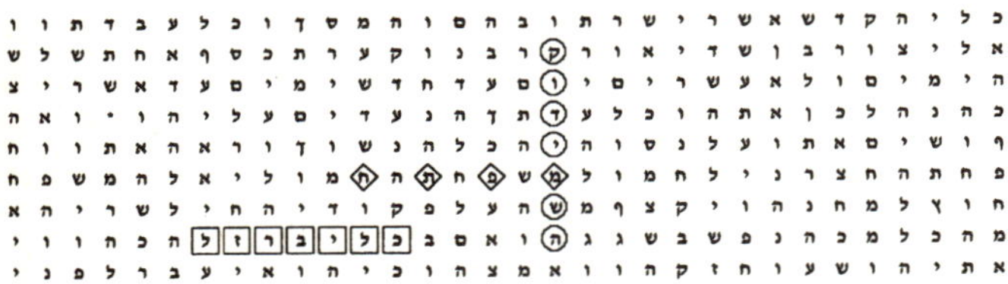

○ Code von Moses ◇ Schlüssel □ eisernes Gefäß

Da der Bibel zufolge Moses die ursprünglichen Worte der Bibel niedergeschrieben hatte, muss er, zumindest unwissentlich, auch den Code eingetragen haben. Moses war ein Mensch und als solcher nicht imstande, den Code zu erschaffen, weil er nicht in die Zukunft blicken konnte. Daher nahm ich an, dass sowohl die Bibel als auch der Code eine Form der Informationsübermittlung darstellten, die wir nicht vollständig begriffen.

Die Worte wurden zunächst in Stein geritzt und auf Tierhäute geschrieben, später auf Pergamentrollen niedergelegt und schließlich zu Büchern gebunden. Gleichzeitig war die Bibel immer schon ein Computerprogramm, denn ansonsten hätte sie es heute nicht sein können.

Welche andere Form von Informationsübermittlung konnte die Bibel noch darstellen? Es musste etwas sein, das uns so unvorstellbar war wie ein Computerprogramm den Wüstennomaden vor 3000 Jahren. Eine Informationsquelle, für deren Dechiffrierung wir noch nicht die passende Technologie besaßen. Eine Quelle, die unsere Nachkommen in 3000 Jahren entdecken würden.

Stanley Kubrick stellte sie in seinem Film *2001 – Odyssee im Weltraum* als schwarzen Monolithen dar, eine mysteriöse Quelle des Wissens, die in aufeinander folgenden Stadien der menschlichen Evolution stets dann auftauchte, wenn die Menschheit bereit war, auf eine höhere Ebene aufzusteigen.

»Zeitmaschine« war ebenfalls in der Bibel codiert. »Sie wird in jeder Zeit zurückkehren« kreuzte »Zeitmaschine« im verschlüsselten Text. Dies wirkte wie ein Versprechen ewiger Rückkehr. Dieselben Wörter konnten im Hebräischen jedoch auch »sie kann jederzeit kommen« bedeuten, was einem Hinweis glich, dass der nächste Besuch unmittelbar bevorstand.

○ Zeitmaschine □ sie wird in jeder Zeit zurückkehren/sie kann jederzeit kommen

»Das bringt ausgezeichnet zum Ausdruck, was ich über den Code sagte«, meinte Rips. »Aus der Sicht des Codes beziehungsweise des Codierers gibt es keinen Unterschied zwischen heute und jeder beliebigen anderen Zeit.«

Vielleicht hatten wir beide Recht, Rips und ich. Vielleicht stammte der Code tatsächlich von einem intelligenten Wesen, das über die Zeit hinweg existierte, während der »Codeschlüssel« ein körperlicher Gegenstand war, der von einem körperlichen Wesen, einem »Zeitreisenden«, auf die Erde gebracht worden war.

Einige bedeutende Wissenschaftler, darunter Stephen Hawking, der international führende Physiker, glauben, dass der Mensch eines Tages fähig sein wird, durch die Zeit zu reisen. »In der Zukunft werden Zeitreisen für uns im Bereich des Möglichen liegen«, schrieb Hawking.

Jede hoch entwickelte Form von Raumfahrt, jede Reise zwischen Sternen und Galaxien wäre mit Entfernungen verbunden, die so groß sind, dass wir uns schneller fortbewegen müssten als das Licht. Um dies zu bewerkstelligen, müssten wir die Raumzeit entsprechend krümmen. Nach Ansicht der meisten Physiker würde das automatisch bedeuten, dass wir gleichzeitig durch Zeit und Raum reisen und, vor allem, in der Zeit *zurück*reisen könnten.

War vor langer Zeit ein antiker Raumfahrer auf der Erde gelandet, der nicht nur von einem anderen Ort, sondern auch aus einer anderen Zeit gekommen war?

Ziel meiner Suche war es immer gewesen, den Codierer zu identifizieren. Sobald ich wusste, dass es in der Bibel einen Code gab, der die Zukunft enthüllte, wollte ich wissen, woher er kam. Die Existenz des Bibelcodes ist bislang der erste wissenschaftliche Beweis, dass wir im Universum nicht allein sind, da kein Mensch über die Zeit hinwegblicken kann. Noch ist der Codierer unbekannt. Möglicherweise führt er uns jedoch Schritt für Schritt an sich heran.

Vielleicht war meine Suche nach dem Codeschlüssel nur eine Reise, die mir Wirklichkeitsebenen erschloss, welche ich ansonsten nie kennen gelernt hätte, die mich kosmische Fragen zur Existenz des Bibelcodes stellen und mich vielleicht sogar über den Ursprung des Lebens stolpern ließ. Doch ich bin nach wie vor davon überzeugt, dass ich eines Tages den Codeschlüssel und die Obelisken finden und vielleicht sogar das Angesicht des Codierers erblicken werde.

»Ich zweifle nicht daran, dass sich hinter all den Codetabellen, die Sie entdecken, eine Wirklichkeit verbirgt«, sagte Rips. »Ich weiß aber nicht, ob es sich dabei um eine physische oder eine metaphysische Wirklichkeit handelt.« Diese Frage hatte ich mir schon vor langer Zeit gestellt. Gehörte der Codeschlüssel zu dieser Welt oder zu einem anderen Reich?

»Wenn es eine metaphysische Wirklichkeit ist, ist sie realer und dem Ursprung *jeglicher* Wirklichkeit näher«, meinte Rips. »Vielleicht ist das, wonach Sie suchen, aber nur mit spirituellen Mitteln zu erkennen, weil dazu Kontakt mit einem anderen Reich nötig ist.«

Schließlich fragte ich Rips, aus welchem Grund mich der Bibelcode so beharrlich und vorsätzlich mit falschen Informationen versorgen und an einen Ort führen sollte, an dem es nichts gab. »Die Informationen sind nicht falsch, sie beziehen sich nur auf eine andere Ebene«, erwiderte er. Sein Kommentar war wie immer pragmatisch. Er stimmte mit meiner auf einem Instinkt basierenden Annahme überein, dass »Lisan« tatsächlich Lisan bedeutete, »Mazraa« sich auf Mazraa bezog und dass der »Obelisk« ein körperlicher Gegenstand war, auf dem der »Schlüssel« codiert war.

»Ein Magnetometer, ein Niederfrequenzradar – das ist die Technologie, die heute existiert, und mit dieser Technologie würde ich es zunächst versuchen«, meinte Rips. »Vielleicht stehen Sie aber an der richtigen Stelle, ohne das Geringste zu sehen, weil die Mittel, die wir heute zur Verfügung haben, das Objekt unter Ihren Füßen nicht erkennen *können*.«

Die eigentliche Frage lautete nicht, ob der Bibelcode tatsächlich Recht hatte oder ob wir ihn richtig interpretiert hatten, sondern ob unsere Technologie weit genug entwickelt war, um zu finden, was vorhanden war.

Möglicherweise war der Codeschlüssel für uns ebenso unerreichbar, wie es der Bibelcode für jene gewesen war, die ihn vor 3000 Jahren erhalten hatten. Vielleicht erforderte er eine noch nicht erfundene Technologie oder eine noch unbekannte Wissenschaft. Die Antwort werden wir erst erhalten, wenn man uns gestattet, nach dem zu graben, was auf Lisan verborgen liegen könnte.

Werden wir dort einen Beweis dafür finden, dass wir im Universum nicht allein sind? Wird diese Enthüllung die sinnlose Spirale der Gewalt im Nahen Osten beenden? Oder wird uns der Krieg daran hindern, den Codeschlüssel zu finden?

Werden wir ihn rechtzeitig entdecken, um die Warnungen zu erhalten, die wir für unser Überleben benötigen?

Wem waren wir so viel wert, dass er über die Zeit hinweg versuchte, uns vor einer drohenden Katastrophe zu bewahren? Bestimmt ist es kein Zufall, dass ein intelligentes Wesen, das imstande war, in die Zukunft zu sehen, einen Code entwickelte, der so konzipiert ist, dass er gerade in diesem Augenblick der Menschheitsgeschichte gefunden wurde. Der Code war mit einem Zeitschloss versehen, sodass er nicht vor der Erfindung des Computers zu entschlüsseln war. Dafür kann es nur einen Grund geben – wir brauchen die Informationen *jetzt*.

»Atomangriff« war in der Bibel gemeinsam mit »Lisan«, dem Ort, an dem der Schlüssel verborgen lag, und den Wörtern »das ist die Lösung« codiert.

»Atomangriff« findet sich im Bibelcode ein weiteres Mal gemeinsam mit dem Jahr 2006, jener Datumsangabe, die auch mit »atomarer Holocaust«, »Weltkrieg« und »Ende der Tage« erscheint.

Wenn der Bibelcode Recht behält, steht uns ein entsetzliches und endgültiges Unheil bevor – nicht nur eine religiöse Epipha-

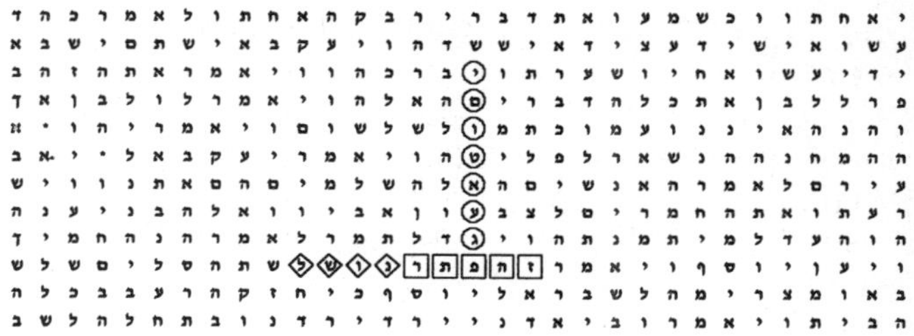

○ Atomangriff ◇ Lisan □ das ist die Lösung

nie, sondern die grausame Vernichtung der gesamten Menschheit, ein Albtraum von Tod und Zerstörung, der jegliche Vorstellungskraft übersteigt und in dem alle Menschen auf Erden auf schreckliche Weise sterben werden.

Jene, die das Ende der Welt durch Gebete heraufzubeschwören versuchen, begreifen die Wirklichkeit nicht. Menschen, die nach diesem Ende streben, religiöse Fanatiker, welche die Apokalypse auslösen wollen, huldigen dem Tod. Bin Laden hat selbst gesagt: »Die Amerikaner lieben das Leben, das ist ihre Schwäche. Wir lieben den Tod, das ist unsere Stärke.«

Der Bibelcode sieht die größte Gefahr darin, dass religiöse Fanatiker an Massenvernichtungswaffen herankommen und damit die alte Prophezeiung Wirklichkeit werden lassen. Der Countdown hat bereits begonnen. Nur wenn wir die alte Warnung rechtzeitig entdecken, haben wir vielleicht eine Chance, ihn zu stoppen.

Vielleicht enthält der Schlüssel, der es uns ermöglichen wird, unsere Zukunft in ihrer Gesamtheit zu sehen, jene Botschaft, die die Menschheit benötigt, um an die Warnungen des Codes zu glauben und damit das Unheil abzuwenden, das uns unmittelbar bevorsteht.

Kapitel Dreizehn

Countdown

Die entsetzlichen Ereignisse vom 11. September 2001 waren möglicherweise notwendig, damit die Welt der Warnung Beachtung schenkte und das volle Ausmaß der Gefahr erkannte, bevor es zu spät war – damit wir begriffen, dass wir uns bereits »am Ende der Tage« befanden.

Als ich in den Tagen nach dem 11. September mit Dr. Rips sprach – nachdem wir in der Bibel präzise Hinweise auf den Anschlag auf die »Zwillingstürme« gefunden hatten –, sagte ich, dass nun auch vollkommen weltlich eingestellte Menschen wie ich daran glaubten, dass dies die von den drei großen Religionen vorhergesagte Zeit der letzten Gefahr sei.

Erneut untersuchten wir die Furcht erregendste Vorhersage im Code, jene Stelle in der Bibel, an der »Ende der Tage« gemeinsam mit »am Ende der Tage« erschien. »Bush«, »Arafat« und »Scharon« waren an derselben Stelle codiert. Die Tabelle bezog sich eindeutig auf diesen Augenblick in der Geschichte der Menschheit, auf das Hier und Heute.

Es war dieselbe Prophezeiung, die sich in den unverschlüsselten Worten des Alten und Neuen Testaments fand und die davor warnte, dass ein »Endkampf« im Nahen Osten ausbrechen werde, der sich über die gesamte Welt ausbreiten könne.

Im Buch der Offenbarung lautete die Textstelle folgendermaßen: »Satan wird losgelassen werden aus seinem Gefängnis und wird ausziehen, zu verführen die Völker an den vier Enden der Erde, Gog und Magog, und sie zum Kampf zu versammeln.

Und sie stiegen herauf auf die Ebene der Erde und umringten das Heerlager der Heiligen und die geliebte Stadt. Und es fiel Feuer vom Himmel und verzehrte sie.«

Im Bibelcode wurde dieselbe uralte Prophezeiung in ernüchternd modernen Begriffen ausgedrückt: »Weltkrieg« und »atomarer Holocaust« waren gemeinsam mit »Jerusalem« und einem bestimmten Zeitpunkt, dem Jahr 2006, codiert.

Der Bibelcode nannte sogar die Namen aktueller führender Politiker. Plötzlich wirkte alles überaus real.

Als ich am 11. September 2001 zusah, wie die Zwillingstürme des World Trade Center einstürzten, erinnerte ich mich mit Grauen an die Worte des ersten Propheten, Jesaja: »Ist das der Mann, der die Welt zittern und die Königreiche beben machte, der den Erdkreis zur Wüste machte und seine Städte zerstörte?«

Das ist die erste Erwähnung des Luzifer-Mythos, des Teufels, der vom Himmel auf die Erde gefallen war. In diesem Augenblick am 11. September wurde jedoch klar, dass auf der Welt eine neue, grauenvolle und böse Macht entfesselt worden war und dass Verblendete, also *nicht* Krieg führende Länder, ganze Städte vernichten konnten.

Die Worte von Jesaja hatten mich immer schon mit Entsetzen erfüllt, weil sie enthüllten, dass hinter dem wahren Bösen ein einfacher Mensch stand. Keine Macht, der wir nicht Einhalt gebieten konnten, sondern einer von uns. Einer, den wir leicht hätten aufhalten können.

Wäre Hitler während des gesamten Dritten Reichs verborgen geblieben und hätte man ihn erst am Ende des Kriegs in seinem Bunker entdeckt, wäre dies ein ebenso großer Schock gewesen – »Ist *das* der Mann, der die Welt zittern machte?« Anstelle einer gewaltigen Macht des Bösen, eines allmächtigen Wesens, gab es nur jenen jämmerlichen kleinen Mann, dem es beinahe gelungen war, die Welt zu verwüsten.

Wenn das, was heute geschieht, zu einem Dritten Weltkrieg

führt, werden sich die Menschen gewiss dieselbe Frage stellen, wenn man Osama bin Laden eines Tages aus seiner Höhle zerrt. Wie konnten wir unsere Welt der Gnade eines bin Laden ausliefern, eines religiösen Fanatikers, der die hoch entwickelte Technologie jener ihm verhassten Zivilisation einsetzte, um sie zu zerstören? Wie konnten wir zulassen, dass dieser Wahnsinnige Massenvernichtungswaffen in seinen Besitz brachte?

Wenn diese furchtbaren Dinge jetzt, nachdem man uns die Augen geöffnet hat, geschehen, dann nur, weil wir uns weigern, das volle Ausmaß der Gefahr zu sehen, die von einem auf die Apokalypse ausgerichteten, religiösen Fanatismus ausgeht, und dies in einer Welt, die die Kontrolle über ihre Militärtechnologie und sogar über ihre Atomwaffen verloren hat.

Während die Technologie den Terroristen Macht verleiht, ist die Religion die Kraft, die sie antreibt. Und wenn die Religion das eigentliche Problem ist, könnte der Bibelcode die Lösung sein.

An jener Stelle, an der die beiden biblischen Ausdrücke vom »Ende der Tage« gemeinsam mit den Namen der politischen Führer von Israelis, Palästinensern und US-Amerikanern erschienen, fanden sich auch die beiden Wörter »Terrorismus« und »Friede«, die ineinander verflochten waren.

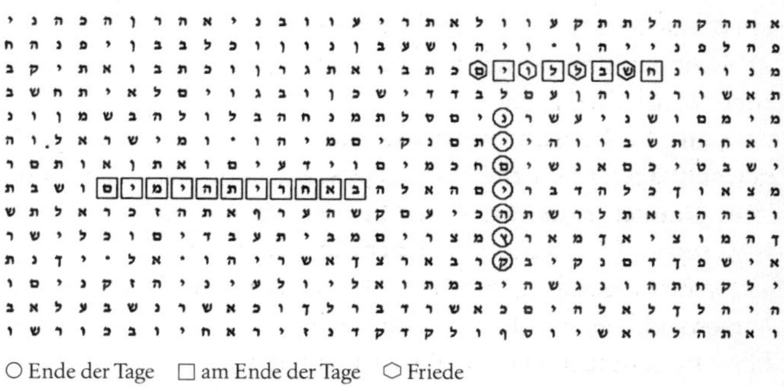

○ Ende der Tage □ am Ende der Tage ⬡ Friede
◇ Terrorismus/Geburtswehen am Ende der Tage

Als ich Rips meine Entdeckung zeigte, erklärte er mir erregt, dass die Wurzel des Wortes »Terrorismus« eine weitere, überaus wichtige Bedeutung habe. »Das passt ausgezeichnet«, sagte er. »Im Talmud und im Midrasch kommt genau dieser Ausdruck gemeinsam mit dem ›Ende der Tage‹ vor. Er bedeutet ›das Leiden am Ende der Tage‹, aber auch ›die Geburtswehen am Ende der Tage‹, und bezeichnet die Zeit vor der Ankunft des Messias. Gleichzeitig bezieht sich der Ausdruck auf diesen Moment in der Geschichte Israels, in dem die Bemühungen, Frieden zu schließen, wie im Code mit Terroranschlägen verflochten sind. Vielleicht sind das die ›Geburtswehen am Ende der Tage‹.«

Mitunter erfasste mich Verzweiflung. Der Bibelcode schien davor zu warnen, dass das größte Unheil *nach* einem Friedensschluss zu erwarten und dass der Frieden selbst nicht die Lösung war – nicht im Nahen Osten.

Rabin war ermordet worden, weil er mit Arafat Frieden geschlossen hatte. Anwar as-Sadat war ermordet worden, weil er mit Israel Frieden geschlossen hatte. Und ich hatte Arafat gewarnt, dass auch er ermordet werden könnte, wenn er mit Scharon Frieden schloss. Vielleicht war mittlerweile nicht nur mir, sondern auch der Welt klar geworden, dass religiöse Fanatiker wie bin Laden, die einen apokalyptischen Endkampf anstrebten, niemals bereit wären, Frieden zu schließen, und Friedensvereinbarungen auch nicht zulassen würden.

Als orthodoxem Juden bereitete es Rips beinahe Freude, einen Hinweis darauf zu finden, dass wir in der Zeit vor der Ankunft des Messias lebten. Im Christentum und im Islam findet sich dieselbe grundlegende Überzeugung: Erst kommt eine Zeit größten Leides, die Herrschaft des Antichristen beziehungsweise des Dadschal, dann erscheint der Erlöser.

Die drei großen Religionen vertreten übereinstimmende Ansichten über das Ende der Welt, nur dass sie die göttliche Macht, die als Retter kommt, unterschiedlich benennen.

Einerseits fiel es mir schwer zu begreifen, dass Dr. Rips, dieser großartige Wissenschaftler und herausragende Mathematiker, der den Bibelcode entdeckt hatte, an eine solche, wie mir schien, primitive Fantasie glaubte. Andererseits musste ich zugeben, dass der Großteil der Menschheit und die meisten Weltpolitiker, die ich zu erreichen versuchte, denselben religiösen Mythos anerkannten.

Mir dagegen blieb nur das Grauen vor jener prophezeiten Zeit der Gefahr, die uns unmittelbar bevorstand, weil ich davon überzeugt war, dass kein Retter vom Himmel herabkommen würde. Die Gefahr, die uns bedrohte, war jedoch von einer solchen Größenordnung, dass sie sich nur in der Sprache biblischer Prophezeiungen ausdrücken ließ.

In dem versiegelten Brief, den ich meinem Rechtsanwalt 1998 übergeben hatte, damit er im Jahr 2002 geöffnet würde, hatte ich drei Prophezeiungen aus dem Bibelcode niedergelegt:

»a) Der Welt steht ein weltweiter ›wirtschaftlicher Zusammenbruch‹ bevor, der im hebräischen Jahr 5762 einsetzt (2002 nach dem modernen Kalender).

b) Diese Krise wird zu einer Periode noch nie da gewesener Gefahr führen, da es gleichzeitig zu Destabilisierungen in mehreren Atomnationen kommt, was es Terroristen erleichtert, Waffen zu kaufen oder zu stehlen, die die Schlagkraft besitzen, ganze Städte zu vernichten.

c) Die Gefahr wird im hebräischen Jahr 5766 (2006 nach dem modernen Kalender) ihren Höhepunkt erreichen. Dieses Jahr ist am deutlichsten mit den beiden Vorhersagen ›Weltkrieg‹ und ›atomarer Holocaust‹ angeführt.«

Nachdem ich am 11. September 2001 den Terroranschlag auf die Zwillingstürme des World Trade Center mitangesehen hatte, nahm ich meine Kopie dieses versiegelten Briefes zur Hand.

Zwei Tage später, am 13. September 2001, sandte ich einen Brief an Alan Greenspan, den Vorsitzenden der Federal Reserve Bank.

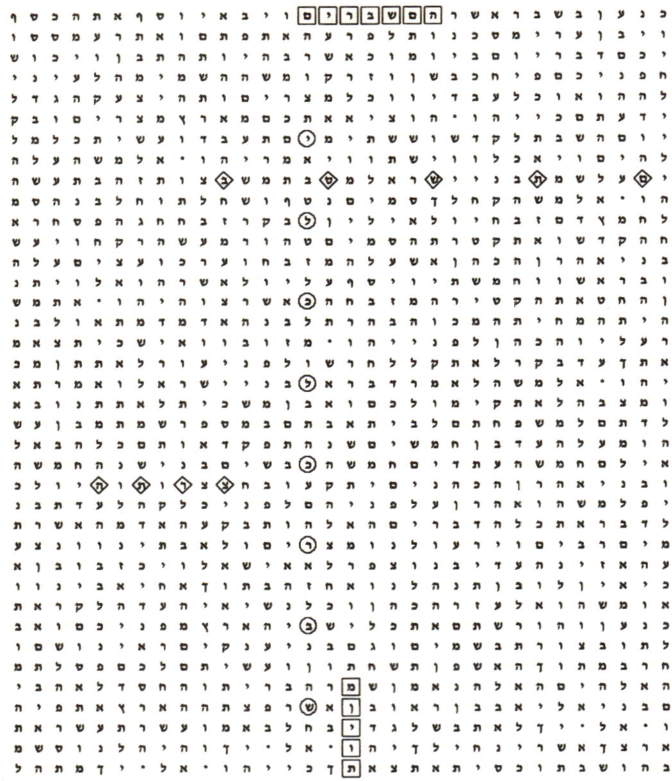

○ Wirtschaftskrise ◇ von 5762/2002 ◇ 5690/1929 □ Depression □ Aktien

In dem Brief an Greenspan, jenen Mann, der den größten Einfluss auf die Weltwirtschaft ausübte, schrieb ich unter anderem: »›Wirtschaftskrise‹ und die hebräischen Äquivalente für die Jahreszahlen 1929 und 2002 sind in der Bibel gemeinsam mit ›Depression‹ codiert.

Der berühmte israelische Mathematiker, der den Bibelcode entdeckt hat, berechnete für ein rein zufälliges Auftreten dieser

Anordnung eine Wahrscheinlichkeit von weniger als eins zu 20000.

Vor mehreren Jahren stießen wir zum ersten Mal auf diese Warnung. Damals war die Wirtschaft noch auf dem Gipfel einer Hochkonjunktur. Ich bringe Ihnen diese Warnung jetzt zur Kenntnis, weil die vorhergesagte Krise unmittelbar bevorstehen könnte und weil die Warnung durch die Ereignisse dieser Woche glaubhafter erscheint.«

Mein Brief erreichte Greenspan in Washington am 17. September, dem Vorabend jenes hebräischen Jahres 5762, das gemeinsam mit »Wirtschaftskrise« codiert war. An diesem Tag öffnete die Börse zum ersten Mal seit dem 11. September. Der Dow Jones fiel um 684 Punkte, der größte Absturz in der Geschichte – es war der Beginn einer Woche, die den schwersten Börsenkrach seit der großen Depression von 1929 erlebte.

Zwei Monate später verkündete die Regierung, dass sich das Land in einer »Rezession« befinde. »Die mit Schwierigkeiten kämpfende amerikanische Wirtschaft rutscht in eine Rezession und beendet damit eine rekordverdächtige, zehn Jahre andauernde Expansion«, berichtete die *New York Times*. Die gesamte Welt erleide zum ersten Mal seit zwei Jahrzehnten eine Rezession, schrieb sie.

Eine Zeit lang sah es so aus, als würde sich die Weltwirtschaft erholen. Doch im Sommer 2002 ließ der schlimmste Baissemarkt seit einer Generation die wichtigsten Aktienindizes noch unter jene Werte abstürzen, auf die sie unmittelbar nach dem 11. September 2001 gefallen waren.

Der Dow Jones fiel unter 8000 und verlor damit in den zehn Tagen nach dem Besuch des Präsidenten an der Wall Street 1500 Punkte, der Standard & Poor's-Index sank zum ersten Mal seit fünf Jahren unter 800, der Nasdaq büßte 75 Prozent seines Werts ein – der gesamte Markt verlor in nur zwei Jahren mehr als sieben Billionen Dollar.

Die Börse beendete das hebräische Jahr 5762 am Freitag, dem 6. September 2002, mit einer verheerenden Bilanz: Verluste an sechs der letzten acht Handelstage und in jedem der vergangenen fünf Monate.

Zum ersten Mal seit der Rezession von 1981 hatte der Dow Jones in fünf aufeinander folgenden Monaten verloren. Die *Times* verkündete: »Es ist wahrscheinlich, dass er drei aufeinander folgende Jahre lang sinkt. Dies ist die längste Periode seit der Depression.«

Die erste Prophezeiung des Bibelcodes hatte sich bewahrheitet. Eine »Wirtschaftskrise« war im hebräischen Jahr 5762 »ausgebrochen«. Nun stellte sich die Frage, wie schwer sie sein würde und ob sich die »Rezession« von 2002 in den nachfolgenden Jahren zu einer echten »Depression« wandeln würde.

Meine Sorge war nicht, dass uns schwere Zeiten bevorstanden. Die würden wir überwinden – immerhin war uns das bereits einmal gelungen. Meine Sorge war vielmehr, dass auch die nächsten beiden Prophezeiungen aus dem Bibelcode Wirklichkeit werden könnten.

Wenn der Code vier Jahre im Voraus eine »Wirtschaftskrise« für 2002 richtig vorhergesagt hatte, vielleicht behielt er dann auch Recht damit, dass uns im Jahr 2006 das »Ende der Tage« erwartete.

Seit dem 11. September stand jedenfalls eindeutig fest, dass der Welt eine Gefahr drohte, wie sie noch nie da gewesen war.

Während im Sommer 2002 die Wirtschaft zu einer Talfahrt ansetzte, der Nahe Osten kurz vor dem Krieg stand und bin Laden noch immer nicht gefasst war, suchte ich im Bibelcode, weil ich davon überzeugt war, dass uns die großen Bedrohungen noch bevorstanden.

»Atomangriff« war gemeinsam mit »Rakete« codiert.

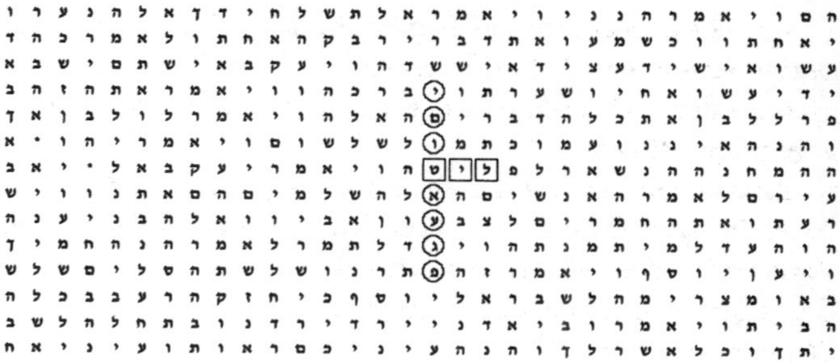

○ Atomangriff □ Rakete

»Chemischer Angriff« fand sich ebenfalls gemeinsam mit »Rakete«.

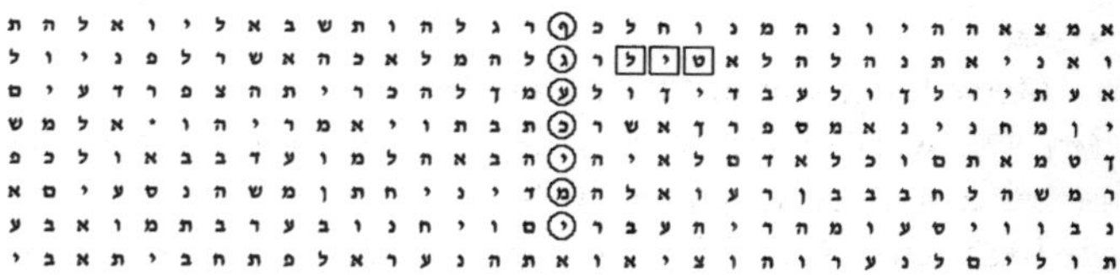

○ chemischer Angriff □ Rakete

Dem Code zufolge waren als unmittelbare Ziele eines Anschlags »New York« und »Jerusalem« am wahrscheinlichsten. Er schien jedoch auszusagen, dass der große Angriff auf New York möglicherweise noch bevorstand. »Rakete« und »gelenkt« waren gemeinsam mit »New York« codiert, was den Schluss zuließ, dass der Angriff auf die Zwillingstürme des World Trade Center nur der erste Schlag in einem Terrorkrieg war, aber nicht der schlimmste und auch nicht der letzte.

Zwei Jahresangaben waren überdeutlich gemeinsam mit »New York« codiert: »In 5761«, dem Jahr 2001 nach dem modernen Kalender (in dem am 11. September der Terroranschlag erfolgt war), und »in 5764«, dem Jahr 2004. Die Jahreszahl 2004 kreuzten die Wörter »vom Feuer einer Rakete«.

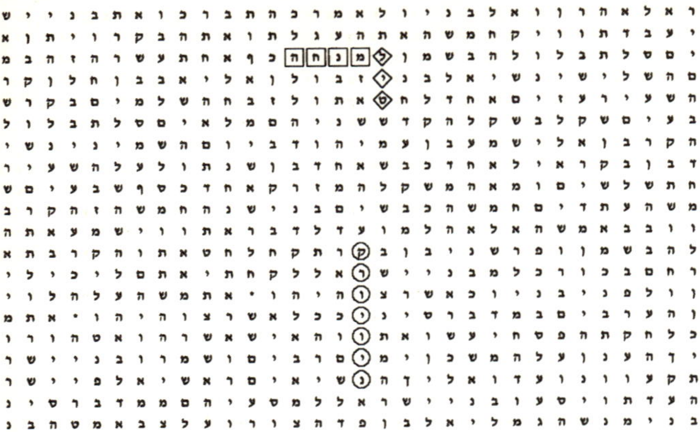

○ New York ◇ Rakete □ gelenkt

»Jerusalem« erschien im Code gemeinsam mit »atomarer Holocaust« und »Weltkrieg« und ein weiteres Mal gemeinsam mit »bin Laden«.

Der Bibelcode verkündet unmissverständlich, dass der Welt Terror von bislang unbekanntem Ausmaß bevorsteht. Die Selbstmordanschläge in Israel und sogar der Anschlag auf die Zwillingstürme in New York werden angesichts der zu erwartenden Größenordnung bloß wie die Eröffnungsschüsse in einem langen Krieg wirken. Der Terror wird sich zunächst ganze Städte zum Ziel nehmen und schließlich die gesamte menschliche Zivilisation bedrohen.

Dieser Krieg wird sich von allen unterscheiden, die bisher ausgefochten wurden. Sein Ziel ist nicht die Einnahme von Ländern oder die Eroberung von Rohstoffen, sondern der Tod von »Ungläubigen« durch die Hand von Männern, die sich von Gott gesandt und mit dem heiligen Auftrag ausgestattet wähnen, das Ende der Welt herbeizuführen.

Mit oder ohne Osama bin Laden – der Dschihad wird weitergehen. Der Bibelcode erklärt ganz eindeutig, dass bin Ladens

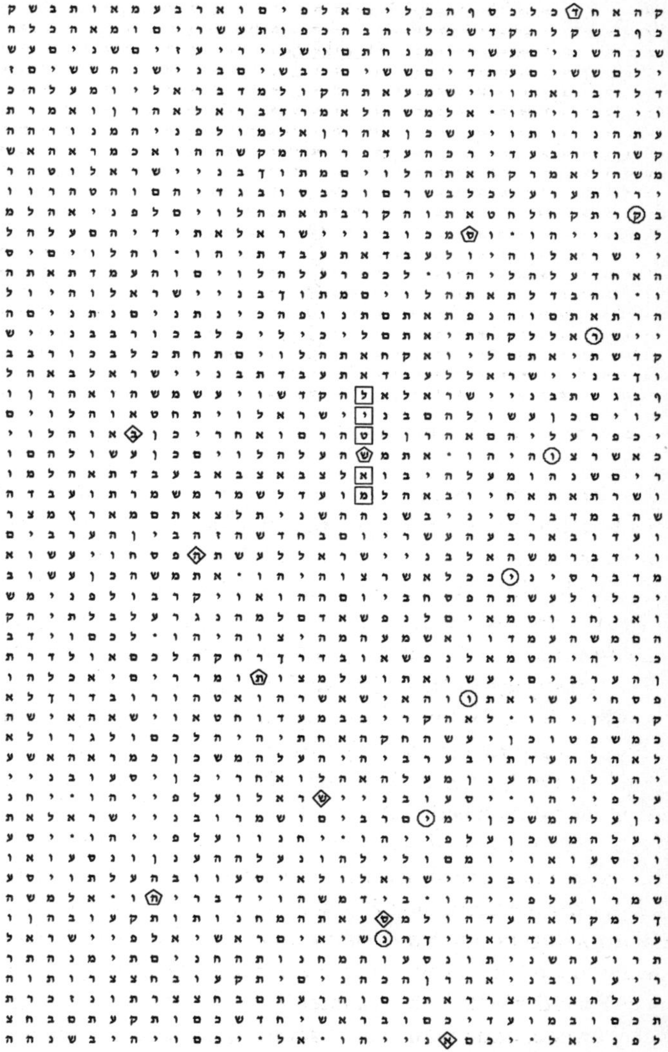

○ New York ◇ in 5761/2001 ⬠ in 5764/2004 □ vom Feuer einer Rakete

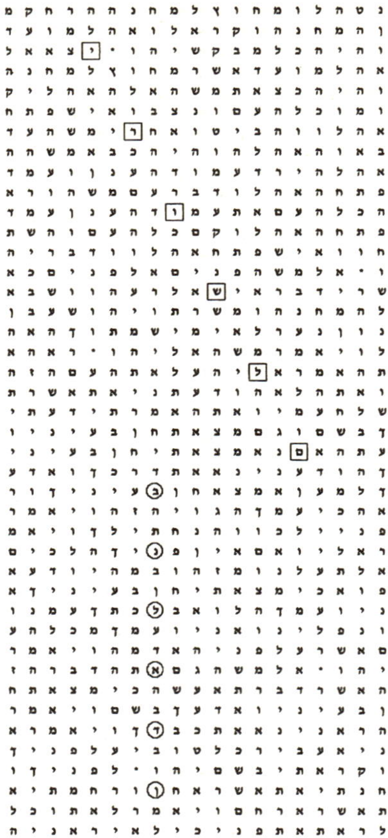

○ bin Laden □ Jerusalem

Terrornetzwerk Al-Quaida auch »nach bin Laden« bestehen wird.

»Am Ende der Tage« wird der »Terrorismus« von einem geheimen Hauptquartier im Nahen Osten aus koordiniert werden.

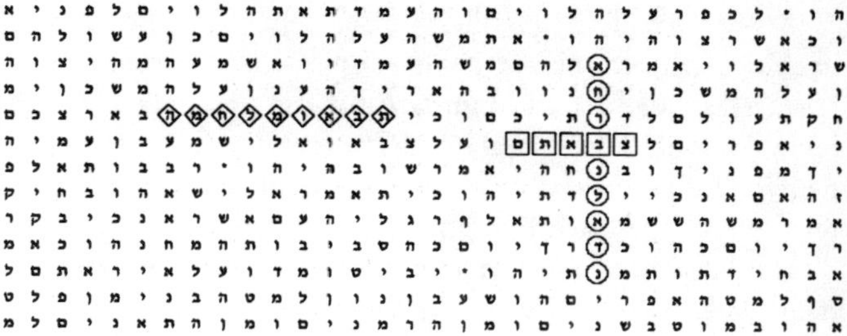

○ nach bin Laden □ ihre Armee ◇ wird in den Krieg ziehen

Wie es im Sommer 2002 schien, ließen sich die verheerendsten Terroranschläge nur an ihrer Quelle verhindern. Ich konnte lediglich hoffen, dass der Bibelcode den Namen des geheimen Terroristencamps korrekt angegeben hatte. Die genauen Daten des Ortes hatte ich bereits an den israelischen und amerikanischen Geheimdienst weitergeleitet. Die Fanatiker und ihr Lager an chemischen, biologischen und nuklearen Waffen mussten aufgespürt werden, ehe sie eine Serie biblischer Plagen auf der ganzen Welt entfesseln konnten.

»Plage« ist jene Gefahr, die am deutlichsten mit »Ende der Tage« codiert war.

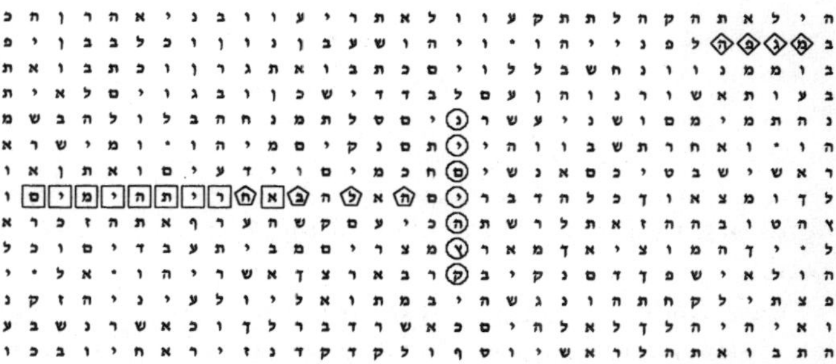

○ Ende der Tage □ am Ende der Tage ⬠ Terrorismus ◇ Plage

Als der israelische Premierminister seine Sicherheitsberater nach der größten Gefahr für Israel fragte, erwiderten sie: die Pocken. Sie sind der schlimmste Albtraum unter allen biologischen Waffen. Diese Krankheit hatte mehrere hundert Millionen Todesopfer gefordert – mehr als sämtliche Kriege zusammen –, ehe sie im Jahr 1980 ausgerottet wurde.

Die Tatsache, dass diese Seuche auf unserem Planeten nicht mehr vorkommt, macht die Welt verwundbar, wenn sie plötzlich doch wieder auftritt: Niemand wird mehr immun sein. Ein Drittel aller Erkrankten würde sterben und auch die Überlebenden an entsetzlichen Folgen leiden. Die Krankheit ist höchst ansteckend, verbreitet sich über die Luft und von Mensch zu Mensch. Sie würde sich nicht eindämmen lassen und sich wie ein Flächenbrand in einem ausgetrockneten Wald über die ganze Erde ausweiten.

Nur von Russland und den Vereinigten Staaten ist bekannt, dass sie sorgfältig bewachte Proben von Pockenviren in den Labors der bakteriologischen Kriegsführung aufbewahren. Andere Länder wie etwa der Irak und Libyen könnten den Virus jedoch heimlich erworben haben.

»New York«, »Jerusalem« und »Tel Aviv« sind gemeinsam mit »Pocken« codiert.

Die Vereinigten Staaten haben angeordnet, dass eine halbe Million Sanitäter, die Frontlinie in jedem biologischen Terrorangriff, gegen diese Seuche geimpft wird. Israel hat ausreichende Mengen an Pockenimpfstoff eingelagert, um seine gesamte Bevölkerung zu impfen.

Zur Zeit des Golfkriegs, vor mehr als zehn Jahren, analysierte man in Israel erstmals die Gefahr eines Pockenangriffs. General Isaac Ben-Israel, dem führenden israelischen Militärwissenschaftler, zufolge waren alle davon überzeugt, dass nicht einmal Saddam Hussein so wahnsinnig sein würde, eine Pockenepidemie auszulösen. Wenn Israel auf diese Weise angegriffen würde, wären die palästinensischen Gebiete, der Jordan, der Libanon,

Syrien, Ägypten und schließlich der gesamte Nahe Osten einschließlich des Irak betroffen.

»Wir schlossen daraus, dass keine unmittelbare Gefahr bestand«, erklärte Ben-Israel. »Doch jetzt haben wir es mit Osama bin Laden zu tun.«

Ein einziger zum Selbstmord bereiter »Virusträger«, der in Karatschi oder Kabul an Bord eines Flugzeugs geht, könnte nach New York oder Tel Aviv fliegen und eine Seuche auslösen, die ein Drittel der Weltbevölkerung dahinraffen würde.

Es war offensichtlich, dass wir einen kritischen Punkt in der Menschheitsgeschichte erreicht hatten. Die von uns entwickelten Waffen konnten unserer Kontrolle entzogen werden und vielleicht schon bald in die Hände verbrecherischer Staaten oder willkürlicher Verrückter gelangen, falls das nicht bereits geschehen war.

Aus diesem Grund wirkte das »Ende der Tage« auf mich so real. Davor hatte ich die politischen Führer der Welt jahrelang gewarnt. Wenn der Bibelcode Recht behielt, konnte der nächste Weltkrieg durch Nuklearwaffen in den Händen von Terroristen ausgelöst werden. Würde der Dritte Weltkrieg mit einer Atombombe *beginnen* und nicht auf diese Weise enden wie der Zweite?

Die Warnsignale waren seit dem Zusammenbruch der Sowjetunion mehr als zehn Jahre lang deutlich zu sehen gewesen. »Noch nie zuvor hat sich ein Staatengebilde aufgelöst, das über 30 000 atomare Waffen verfügte«, umriss ein Senatsbericht die damalige Situation.

In demselben Bericht wurde die ehemalige Sowjetunion als »riesiger potenzieller Supermarkt für chemische, biologische und atomare Waffen« bezeichnet und die Warnung ausgesprochen, dass »die Wahrscheinlichkeit gestiegen ist, dass eine, zwei oder ein Dutzend dieser Massenvernichtungswaffen in Russland, Europa, dem Nahen Osten oder sogar in den Vereinigten Staaten explodieren könnten«.

Waffen, die einst nur einer Hand voll Supermächten zur Verfügung gestanden hatten, waren plötzlich auf dem Schwarzmarkt für jeden erhältlich, der den Preis zahlen konnte. Und wir hatten kaum etwas unternommen, um diesen Ausverkauf zu verhindern.

Ganz im Gegenteil. Präsident Bush kürzte als eine seiner ersten Amtshandlungen das Budget des von Clinton ins Leben gerufenen Programms zum Aufkauf russischer Waffen und spaltbaren Materials um einhundert Millionen Dollar, und der Kongress weigerte sich, Zahlungen an arbeitslose sowjetische Militärwissenschaftler zuzustimmen.

Nun besitzen instabile Länder der Dritten Welt wie Pakistan Atomwaffen, die schon morgen in die Hände islamischer Extremisten fallen könnten, und bald werden verbrecherische Staaten wie der Irak, der Iran oder Libyen ebenfalls ein Arsenal an Atomwaffen aufkaufen oder selbst herstellen.

Es ist bekannt, dass bin Laden versuchte, Atomwaffen zu erwerben, und es liegt im Bereich des Möglichen, dass es Al-Quaida mittlerweile gelungen ist, eine so genannte »schmutzige Bombe« zu bauen. Dabei handelt es sich um keine Atombombe, sondern um eine konventionelle Bombe, der radioaktives Material beigemischt ist. Bei der Zündung würde das Zentrum einer größeren Stadt unbewohnbar.

Bis vor kurzem behaupteten wir, dass dieser Albtraum nie Wirklichkeit werden könne. »Der beste Grund für die Annahme, dass es zu keinem atomaren Terroranschlag kommen wird, ist, dass es bisher nicht geschehen ist. Und das ist eine grauenhafte Logik«, lauteten die Worte eines Berichts der *New York Times*.

Dann veröffentlichte die *Times* im Mai 2002 einen Artikel ihres Chefs vom Dienst, Bill Keller, mit der Überschrift »Früher oder später wird dieser Angriff erfolgen«. Dieser Tag stellte einen Wendepunkt im amerikanischen Journalismus dar, wenn der Artikel auch um zehn Jahre zu spät kam, in denen die Gefahr offensichtlich gewesen war. In der Welt nach dem 11. September 2001 sprach die *New York Times* schließlich die augenfällige Wahrheit aus: »Der 11. September hat eine theoretische Möglichkeit in fühlbare Gefahr gewandelt.«

Ein Computermodell gab ein Beispiel dafür, was geschehen würde, wenn eine Atombombe mit einer Sprengkraft von einer Kilotonne auf dem Times Square explodieren würde – also keine Bombe mit einer Sprengkraft von 500 Kilotonnen, sondern eine nukleare Landmine, die ein einzelner Mann leicht auf dem Rücken tragen konnte.

Ein Mann mit einer Bombe im Rucksack konnte das Zentrum jeder beliebigen Stadt zerstören. Wenn sich die Explosion in New York ereignete, würde sich folgendes Horrorszenario ergeben: 20 000 Menschen würden innerhalb weniger Sekunden getötet. Im Umkreis von 400 Metern um das Zentrum der Explosion würde jeder, der dem Feuerball ausgesetzt war, innerhalb eines Tages einen grausamen Tod sterben (eine Viertelmillion Menschen wohnen in diesem Radius). Eine pilzförmige Wolke würde mehr als drei Kilometer hoch in die Luft aufsteigen, ehe der radioaktive Niederschlag in einem Umkreis von 15 Kilometern auf die Erde niedergehen würde.

Würde man stattdessen eine Bombe mit einer Sprengkraft von einer *Megatonne* über New York abwerfen, würde sie jedes Gebäude in Manhattan komplett zerstören. Jonathan Schell schrieb in seinem maßgeblichen Buch *Das Schicksal der Erde*: »Der Zusammenbruch der Stadt würde gewiss Millionen Menschen töten. In einer Entfernung von drei Kilometern vom Zentrum würde der Wind eine Geschwindigkeit von 600 Kilometern pro Stunde erreichen. Der Feuerball würde bis zu einem Durchmesser von 1,5 Kilometern anwachsen und mehr als neun Kilometer in die Höhe schießen. Zehn Sekunden lang würde er die Stadt unter sich versengen. Bald schon würde eine große, dichte Wolke aus Staub und Rauch die gesamte Szene einhüllen, und während sich die pilzförmige Wolke am Himmel (bis zu einem Durchmesser von etwa 18 Kilometern) ausweiten würde, würde sie das Licht der Sonne auslöschen, und der Tag würde zur Nacht.«

Schell erachtete es jedoch für wahrscheinlicher, dass ein Anschlag auf New York mit einer Zwanzig-Megatonnen-Bombe erfolgen würde: »Der Feuerball würde einen Durchmesser von sieben Kilometern erreichen. In einem Umkreis von 37 Kilometern vom Zentrum würde jeder Mensch, der sich im Freien aufhält, verbrennen. New York und seine Vorstädte würden innerhalb von wenigen Sekunden dem Erdboden gleichgemacht und in eine versengte Wüste verwandelt werden.«

Am wahrscheinlichsten ist es jedoch, dass Nuklearterroristen am Boden eine Bombe zünden. Wieder aus Schells Buch: »Würde man eine Zwanzig-Megatonnen-Bombe am Boden zur Explosion bringen, dann würde der Feuerball einen Durchmesser von annähernd neun Kilometern erreichen, und alle Menschen innerhalb dieses Radius würden augenblicklich getötet werden, wobei die meisten von ihnen einfach *verschwänden*. Die gesamte Stadt New York und ihre Bewohner würden als radioaktiver Staub in einer pilzförmigen Wolke aufsteigen.«

Ich fürchte, dass wir eines Tages mit der Nachrichtenmeldung aufwachen werden, dass eine ganze Stadt zerstört wurde, nicht nur zwei große Gebäude, sondern *eine vollständige Stadt* – dass New York, Tel Aviv oder Jerusalem einfach nicht mehr existieren.

Der 11. September 2001 würde dann von einem Moment auf den anderen zu einer fernen Erinnerung verblassen. Das Ereignis, das die Welt veränderte, wäre vergessen, sobald sich die Welt erneut verändert hätte.

Auch wenn wir es uns vielleicht nicht eingestehen, so leben wir doch bereits in dieser neuen Welt und warten darauf, dass es geschieht.

»Präsident Bush erklärt, dass der Anschlag vom 11. September auf die Vereinigten Staaten eine neue Art des Krieges darstellt«, schrieb der Terrorexperte Robert Wright zwei Wochen nach dem 11. September 2001 in der *Times*. »In einem gewissen Sinn trifft das zu – besonders erschreckend ist jedoch jener Bereich, in dem dies nicht zutrifft. Die Terroristen verwendeten weder biologische noch atomare Waffen, was sie das nächste Mal gut und gern tun könnten. Der nächste feindliche Angriff könnte nicht 6000[7] Menschen auf amerikanischem Boden töten, sondern 600 000.«

Die Warnung im Bibelcode, jene Warnung vor der letzten Gefahr, dem »Ende der Tage«, war nicht dazu bestimmt, uns auf den 11. September 2001 vorzubereiten. Vielleicht waren jedoch die Ereignisse des 11. September dazu bestimmt, uns auf das »Ende der Tage« vorzubereiten.

Je eingehender wir die Warnungen im Bibelcode untersuchten, desto klarer zeigte sich, dass sich die letzte Gefahr auf das Jahr 2006 konzentrierte. Dieses Jahr war am deutlichsten gemeinsam mit »atomarer Holocaust«, »Weltkrieg« und auch »Ende der Tage« codiert.

Wenn der Countdown am 11. September 2001 begann, dann blieben uns von diesem Tag an fünf Jahre, um einen Ausweg zu finden und zu überleben.

Zurück zu unserer Suche im Bibelcode: »Atomarer Holocaust« fand sich mit »in 5766«, dem Jahr 2006 nach dem modernen Kalender.

---

7 Anm. d. Ü.: Die Zahl der Todesopfer des Terroranschlags vom 11. September 2001 wurde später auf etwa 3000 korrigiert.

○ atomarer Holocaust □ in 5766/2006

»Weltkrieg« war ebenfalls gemeinsam mit »in 5766« codiert – wieder dieser Hinweis auf das Jahr 2006.

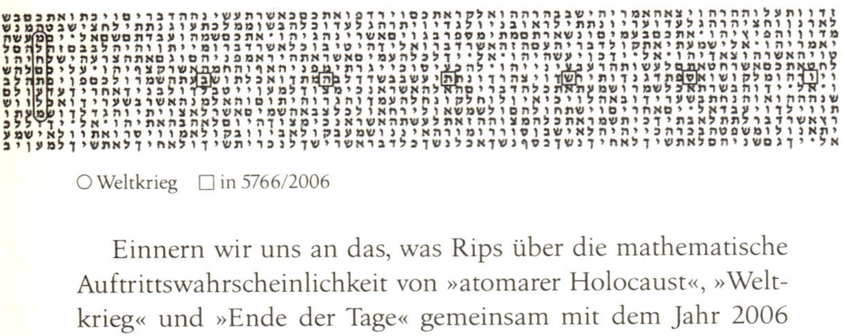

○ Weltkrieg □ in 5766/2006

Einnern wir uns an das, was Rips über die mathematische Auftrittswahrscheinlichkeit von »atomarer Holocaust«, »Weltkrieg« und »Ende der Tage« gemeinsam mit dem Jahr 2006 sagte – die Wahrscheinlichkeit, dass diese Anordnung zufällig erfolgte, liegt unter eins zu 100 000.

Doch nun stieß Rips auf etwas, das hoffen ließ: Er bemerkte, dass an jener Stelle, wo die hebräische Jahresangabe »in 5766« gemeinsam mit »am Ende der Tage« codiert war, Moses die Warnung aussprach: »So wird euch am Ende der Tage das Unheil treffen.« Daraufhin schlug Rips die Bibel auf und las die

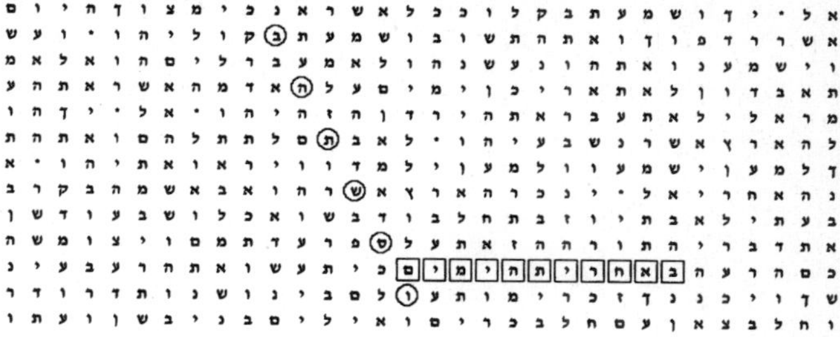

□ am Ende der Tage ○ in 5766/2006

gesamte Passage (Deuteronomium), in der Moses kurz vor seinem Tod zwei Alternativen aufzeigt: den Pfad des Bösen und den Pfad der Rechtschaffenheit.

»Das ist keine Vorhersage«, erklärte Rips, »sondern eine Warnung vor dem, was geschehen kann, je nachdem, was wir tun.«

Das stimmte genau mit dem überein, was ich so vielen Politikern gesagt hatte, jedoch ohne mich auf die Originalworte der Bibel zu beziehen. Ich hatte stets betont, dass der Code Möglichkeiten aufzeige und keine vorbestimmten Ereignisse. Unsere Taten bestimmten, was tatsächlich geschehen würde.

Der Bibelcode prophezeit nicht, dass wir alle im Jahr 2006 sterben werden. Aber er spricht die Warnung aus, dass wir *möglicherweise* im Jahr 2006 sterben *könnten*, falls wir unsere Zukunft *nicht* abändern.

Was wir hier und heute auf Erden tun, wird über unser Schicksal entscheiden.

Schlussbemerkung

Sir Isaac Newton, der größte Wissenschaftler aller Zeiten, jener Mann, der, auf sich allein gestellt, die moderne Wissenschaft erfand, war davon überzeugt, dass nicht nur die Bibel, sondern das gesamte Universum ein »von Gott, dem Allmächtigen, verfasstes Kryptogramm« sei, ein von Gott erdachtes Rätsel, dazu bestimmt, von uns gelöst zu werden. Da Newton mehr als jeder vor und nach ihm dazu beitrug, dieses Rätsel zu lösen, könnte er Recht haben.

Die moderne Wissenschaft genügt nicht. Newton erkannte, dass wir auch alte Weisheit benötigen, um die letzten Mysterien zu durchdringen. Vor seinem Tod vor 300 Jahren verschloss er tausende Seiten handschriftlicher Notizen. Als der bedeutende Wirtschaftswissenschaftler John Maynard Keynes diese Aufzeichnungen in Cambridge entdeckte, erwartete er, Newtons Schriften zu Gravität und Infinitesimalrechnung zu finden. Stattdessen stieß er auf eine Million Wörter über längst vergangene Zivilisationen, den Bibelcode und die Apokalypse.

»Newton war nicht der erste Vertreter der Vernunft. Er war der letzte Magier, der Letzte in der Tradition der Babylonier und Sumerer, der letzte große Geist, der mit den gleichen Augen auf die sichtbare und vom Verstand bestimmte Welt blickte wie jene, die unser geistiges Erbe zu schaffen begannen«, schrieb Keynes in seinen *Essays in Biography*. Newton hätte sich danach gesehnt, die eingravierten Wörter auf den Obelisken zu sehen.

Auf eine schlichtere, weltlichere Weise war das auch immer schon mein Schicksal als Journalist – jedes Rätsel lässt sich lösen.

Für mich war es kein Zufall, dass Wissenschaftler, während wir den Bibelcode entschlüsselten, simultan dazu den genetischen Code entschlüsselten, und dass die Menschheit genau in jenem Augenblick den Bauplan ihrer eigenen DNS entdeckte, als wir in der Bibel möglicherweise den Schlüssel fanden, um unseren wahren Ursprung und die letzte Zukunft zu offenbaren.

Gleichzeitig schickte das Hubble-Weltraumteleskop Bilder zur Erde, die immer mehr Aufschlüsse über den Beginn des Universums erlaubten, jenen Zeitpunkt, den wir in der Theorie als »Urknall« bezeichnen. Manche Wissenschaftler sind heute der Ansicht, dass im Augenblick der Schöpfung einige mathematische Konstanten festgeschrieben wurden – vielleicht nicht mehr als sechs Zahlen –, die die Form von allem bestimmten.

Der britische Astronom Sir Martin Rees geht davon aus, dass sich mithilfe dieser wenigen Zahlen erklären lässt, »wie ein einziges ›Genesis-Ereignis‹ Milliarden von Galaxien, schwarzen Löchern, Sternen und Planeten hervorbrachte und wie sich Atome hier auf Erden – und vielleicht auch in anderen Welten – zu Lebewesen zusammenfügten, die kompliziert und entwickelt genug sind, um über ihren Ursprung nachzudenken.«

Auf gewisse Weise ist die Lösung greifbar nahe. Nach 6000 Jahren menschlicher Zivilisation nähern wir uns den Antworten auf die letzten Mysterien. Doch während diese Antworten beinahe schon in Reichweite sind, könnte uns – wenn der Bibelcode Recht behält – die völlige Auslöschung drohen.

Es ist, als wollte uns eine Macht des Guten alles enthüllen, während uns eine Macht des Bösen zu vernichten versucht, ehe sich unser Schicksal erfüllt.

Um zu überleben und um Einsicht in die letzten Geheimnisse zu erhalten, benötigen wir offenbar jenen »Codeschlüssel«, der auf der Halbinsel Lisan verborgen liegt.

Postskript

Geheime Besprechung im Pentagon

Die Vorbereitungen für den Krieg gegen den Irak liefen auf Hochtouren, in den Vereinten Nationen tobte eine heftige Debatte darüber, das Weiße Haus verkündete, dass sich das Land »im Zustand höchster Terroralarmbereitschaft« befinde. Zwei Tage später erreichte mich ein dringender Telefonanruf.

»Können Sie nach Washington kommen?«, fragte Dr. Linton Wells, der Direktor der Schaltzentrale im Pentagon.

Es war Sonntagmorgen, der 9. Februar 2003. Ich war überrascht, am Wochenende von einer der wichtigsten Personen der unsichtbaren Regierung der Vereinigten Staaten angerufen zu werden – nicht von jener Regierung, über die wir täglich in den Zeitungen lesen und die wir im Fernsehen sehen, sondern von jener streng geheim agierenden Regierung, die wir nie zu Gesicht bekommen. Wells war Leiter der Abteilung C3I – »Command, Control, Communications and Intelligence« (»Kommando, Kontrolle, Kommunikation und Aufklärung«).

»Sicher«, sagte ich. »Was hat Sie veranlasst, an einem Sonntag zum Telefon zu greifen?«

»Der stellvertretende Verteidigungsminister«, erwiderte Wells. Damit meinte er seinen Vorgesetzten, Paul Wolfowitz. »Er hat mich aus einer wichtigen Sitzung in Colorado geholt und gebeten, mit Ihnen eine Unterredung im Pentagon zu arrangieren.«

»Lin, Sie wissen aber, dass ich keine hieb- und stichfesten Informationen habe«, warnte ich Wells, den ich seit Jahren durch meine Arbeit als Reporter kannte. Ich hatte oft genug über Geheimnisse der Nachrichtendienste berichtet und ihnen mitunter auch solche zukommen lassen.

»Es geht um den Bibelcode«, sagte Wells.

Das überraschte mich jetzt wirklich. Präsident George W. Bush stand im Begriff, Saddam Hussein den Krieg zu erklären, und in dieser letzten Nacht strategischer Besprechungen hatte der Architekt des Krieges, der zweithöchste Beamte im Pentagon, den Auftrag erteilt, eine Unterredung über einen 3000 Jahre alten Code in der Bibel zu organisieren, der die Zukunft enthüllt.

»Woher kommt dieses plötzliche Interesse, Lin?«, fragte ich.

»Ich habe keine Ahnung«, sagte Wells. »Ich befolge bloß Anweisungen. Aber Wolfowitz erwähnte den Leiter des Mossad.«

Ich hatte mich dreimal mit General Meir Dagan getroffen, dem Leiter des Mossad, des berühmten israelischen Geheimdienstes. Dieser hatte die Warnungen des Bibelcodes so ernst genommen, dass er Premierminister Ariel Scharon zu einer Unterredung mit mir gedrängt hatte. Offenbar wollten die Amerikaner jetzt wissen, was ich den Israelis gesagt hatte und was ich sonst noch über die Bedrohungen wusste, die uns möglicherweise bevorstanden. »Wer wird an der Besprechung teilnehmen?«, erkundigte ich mich.

»Admiral Jake Jacoby, der Leiter der Defense Intelligence Agency, und jemand vom Büro für Geheimoperationen der Vereinigten Stabschefs. Und natürlich werde ich für Wolfowitz dabei sein.«

Wells hatte die gesamte Führungsebene des amerikanischen militärischen Geheimdienstes genannt. Admiral Lowell »Jake« Jacoby war Leiter der DIA, des größten Spionagenetzwerks der Welt, das die CIA bei weitem übertraf. Das Verteidigungsministerium kontrollierte 85 Prozent des Budgets der Nachrichtendienste, einschließlich das der National Security Agency (NSA), welche die gesamte Welt abhört, und des National Reconnaissance Office (Nationales Büro für Aufklärung), das die Welt mit Hilfe jener Spionagesatelliten beobachtete, die unablässig den Globus umkreisten. Die Vereinigten Stabschefs besaßen Befehlsgewalt über Army, Navy und Air Force, und ihr Büro für Geheimoperationen befasste sich mit heiklen Missionen. Wells war nicht nur Wolfowitz direkt unterstellt; er zog außerdem von der Abteilung C3I, dem Kernstück des gesamten amerikanischen Militärapparats, aus die Fäden.

Es stand eindeutig fest, dass das Pentagon den Bibelcode überaus ernst nahm.

»Können Sie nächste Woche kommen?«, fragte Wells.

»Ja«, sagte ich.

Zwei Tage später veröffentlichte Osama bin Laden – der nach wie vor am Leben, in Freiheit und an einem unbekannten Ort versteckt war – über den arabischen Nachrichtensender Al-Dschasira ein weiteres Tonband, in dem er im Falle eines Kriegs gegen den Irak Vergeltungsschläge ankündigte.

Zum zweiten Mal seit den Anschlägen vom 11. September 2001 befanden sich die Vereinigten Staaten im Zustand »höchster Terroralarmbereitschaft«. Präsident Bush hatte dies persönlich angeordnet. Durch bin Ladens Ankündigung wurde die Bedrohung offenkundig, und die Zeit drängte.

»Bekämpft diese Despoten«, hatte der Terroristenchef verlangt, auf dessen Befehl die Anschläge vom 11. September erfolgt waren. »Jeder, der mit den Amerikanern gegen den Irak zusammenarbeitet, ist ein Feind des Islam. Deshalb betonen wir nochmals, wie wichtig Selbstmordanschläge gegen den Feind sind.«

CIA-Direktor George Tenet sagte zu einem Senatsmitglied, dass »die Bedrohung eindeutig weiterhin besteht. Die Al-Quaida hat immer noch vor, wieder auf amerikanischem Boden zuzuschlagen.«

Anlässlich eines gemeinsamen öffentlichen Auftritts warnten Tenet und FBI-Direktor Robert Mueller, dass die Terroristen versuchen würden, chemische, biologische und atomare Waffen gegen die USA zum Einsatz zu bringen. »Wir stehen gewieften, bestens ausgerüsteten fanatischen Feinden gegenüber, die bereit sind, unserem Land schweren Schaden zuzufügen«, sagte Mueller.

Außenminister Colin Powell erklärte sogar, dass »die Al-Quaida, bin Laden und andere Terroristen versuchen, Massenvernichtungswaffen zu entwickeln«.

Als ich im Pentagon ankam, stand Washington unter scharfer Überwachung. Kampfflugzeuge vom Typ F 16 kreuzten am Himmel, und mit Stinger-Flugabwehrraketen ausgerüstete Panzerwagen patrouillierten durch die Straßen der amerikanischen Hauptstadt. Am Freitag, dem 21. Februar 2003, traf ich mich um 9 Uhr vormittags mit den zehn höchsten Führern des amerikanischen militärischen Geheimdienstes in einem Sitzungssaal im E-Ring des Pentagons, jenem inneren Bereich, der den Büroräumen des Verteidigungsministers vorbehalten ist.

Dort unterrichtete ich die Anwesenden über einen 3000 Jahre alten Code in der Bibel, der davor warnte, dass uns nur noch vier Jahre blieben, um unser Überleben zu sichern und einen atomaren Dritten Weltkrieg abzuwenden.

»Auf Ersuchen des stellvertretenden Verteidigungsministers bin ich heute hierher gekommen, um Sie über einen Code in der Bibel zu informieren, der Ereignisse zu enthüllen scheint, die sich mehrere tausend Jahre nach der Niederschrift der Bibel ereigneten«, erklärte ich den um einen großen Konferenztisch versammelten Beamten des amerikanischen Geheimdienstes, während ich einen Ausdruck verteilte, in dem ich den alten hebräischen Code erläuterte.

»Der Code wurde von einem berühmten israelischen Mathematiker entdeckt und von einem führenden Kryptoanalytiker der National Security Agency bestätigt«, hieß es darin. »Ich glaube aus einem einzigen Grund an die Echtheit des Codes: weil er sich immer wieder bewahrheitet.«

Dann gab ich den Geheimdienstbeamten Computertabellen, die meine Worte in dramatischer Weise verdeutlichten. »Die Ereignisse des 11. September waren in allen Einzelheiten codiert«, sagte ich. »›Zwillingstürme‹ erscheint gemeinsam mit ›Flugzeug‹ und ›es brachte sie zu Fall‹, und das alles in einem Text, der 3000 Jahre alt ist.«

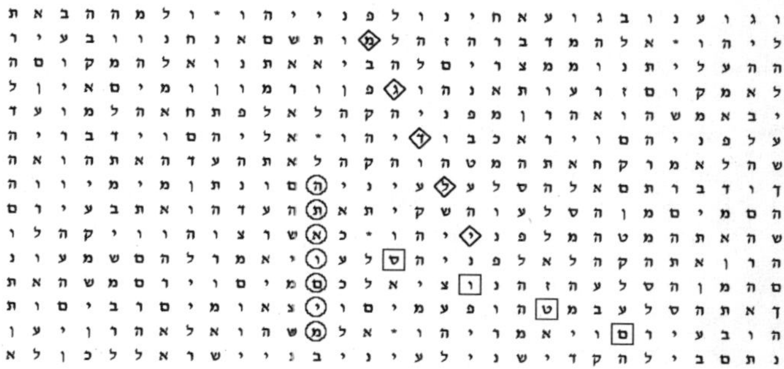

○ Zwillinge ◇ Türme □ Flugzeug

Sichtlich beeindruckt musterten die Leiter der Geheimdienste die alten hebräischen Schriftzeichen. Ich informierte sie, dass genau diese Wörter nur einen Tag später als Überschrift in jeder israelischen Tageszeitung zu lesen gewesen waren und dass sie trotz einer geringen Auftrittswahrscheinlichkeit von eins zu 10 000 in der Bibel gemeinsam zu finden waren.

Als Nächstes zeigte ich ihnen eine Grafik aus dem Bibelcode über den Absturz des Spaceshuttles Columbia. Die Raumfähre war am 1. Februar, also erst vor wenigen Wochen, in der Luft explodiert. Alle sieben Astronauten waren dabei ums Leben gekommen. »Columbia« war gemeinsam mit »Shuttle« und »Feuer wird vernichten« codiert. Darüber hinaus gaben die codierten Wörter die Form der Raumfähre wieder. Wenn man die Darstellung von der Spitze des Shuttles betrachtete, bildeten die Worte »Feuer wird vernichten« den linken Flügel. Tatsächlich war das Feuer, das die Katastrophe verursacht hatte, im linken Flügel ausgebrochen.

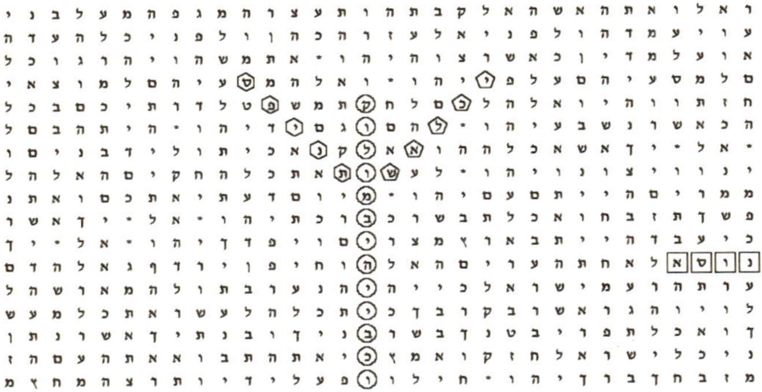

○ Columbia, sie werden trauern ⬡ Shuttle ⬠ Feuer wird vernichten
□ Katastrophe

Schließlich verteilte ich Kopien von jenem Brief, den ich dem israelischen Premierminister Rabin mehr als ein Jahr vor seiner Ermordung geschrieben und in dem ich ihn gewarnt hatte, dass der Bibelcode einen Mordanschlag auf ihn vorhersah.

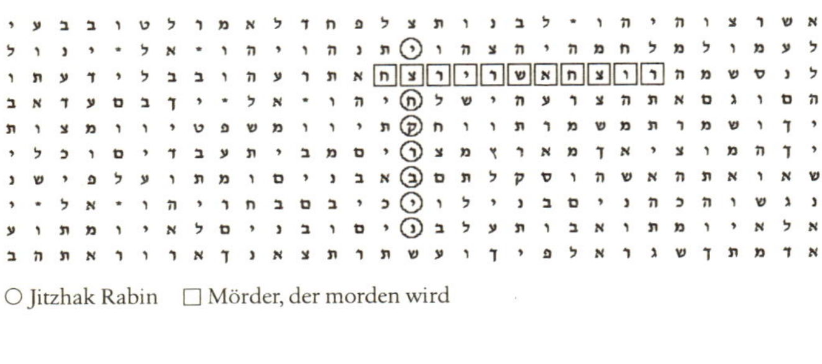

○ Jitzhak Rabin □ Mörder, der morden wird

Die Codetabelle hätte nicht eindeutiger sein können: »Mörder, der morden wird« kreuzte »Jitzhak Rabin« an der einzigen Stelle in der Bibel, an der sein Name vollständig erschien.

Damit war mir die Aufmerksamkeit meiner Zuhörer endgültig sicher. Dieser hebräische Code in der Bibel bewahrheitete sich immer wieder, so unglaublich es auch schien. Die Führungsebene des amerikanischen militärischen Geheimdienstes war ebenso interessiert an dem Code wie die Leiter des israelischen Geheimdienstes.

»Sie haben Rabin ein Jahr vor seiner Ermordung gewarnt?«, fragte Admiral Jacoby. »Wie haben die Israelis reagiert, als er tatsächlich getötet wurde?«

»Ab diesem Zeitpunkt haben sie den Bibelcode sehr ernst genommen«, erwiderte ich. »Ich habe mich daraufhin mit dem neuen Premierminister, Schimon Peres, getroffen und auch jenen Mann informiert, den er kurz vorher zum Leiter des Mossad bestellt hatte.«

Nun informierte ich die anwesenden Pentagonleute, die Befehlsgewalt über sämtliche Waffen der einzigen verbliebenen Supermacht der Welt hatten, weshalb ich gekommen war. »Ich bin heute aus einem ganz bestimmten Grund hier«, sagte ich. »Der Code warnt nämlich davor, dass uns die größte Gefahr von allen bevorstehen könnte: ein atomarer Weltkrieg, der im Nahen Osten ausbricht. Und dies innerhalb der nächsten vier Jahre.«

Ich verwies darauf, dass die Worte »Weltkrieg«, »atomarer Holocaust« und »Ende der Tage« jeweils mit derselben Jahreszahl codiert waren, 2006 – und dies bei einer geringen Auftrittswahrscheinlichkeit von eins zu 100 000.

»Da bleibt uns nicht viel Zeit«, meinte Admiral Jacoby. »Wie eindeutig ist diese Aussage, und wenn es eine Prophezeiung ist, was können wir dann tun?«

»Der renommierte israelische Mathematiker, der den Code entdeckte, ist davon überzeugt, dass es kein Zufall sein kann«, antwortete ich. »Die Wörter müssen absichtlich in der Bibel codiert worden sein.

Aber ich bin sicher, dass die Gefahr abgewendet werden kann«, fügte ich hinzu. »Der Bibelcode enthüllt nur Möglichkeiten, keine festgeschriebene Zukunft. Unsere Taten bestimmen schlussendlich, was geschehen wird.«

»Was sagt der Code über den Irak?«, erkundigte sich Lin Wells und lenkte das Gespräch damit auf die unmittelbare Bedrohung.

»Da habe ich gute Nachrichten«, sagte ich, während ich ihm eine weitere Tabelle gab. »Der Code sagt, dass Saddam Hussein im Jahr 2003 stürzen wird. Die Botschaft ist in Form einer Frage und der dazugehörigen Antwort formuliert: ›Wer wird zerstört? Hussein.‹ Quer über seinen Namen findet sich, ungeachtet einer überaus geringen Auftrittswahrscheinlichkeit, die Jahreszahl 2003.«

א ש ר צ ו ה י ה ו * א ת מ ש ה ו י פ ק ד ם ב מ ד ב ר ס י נ י ו
ת א ב ת ם ב מ ס פ ר ש מ ת מ ב (ן) ע ש ר י ם ש נ ה ו מ ע ל ה כ ל
מ א ו ת ל צ ב א [ת] ם ר א [ש] נ ה (י) [ס] ע ו ד [ג] ל מ ח נ ה ר א ו ב ן
ל ד ג ל י ה ם ו כ ן נ ס ע ו א (י) ש ל מ ש פ ח ת י ו ע ל ב י ת א
ש כ ן ו ה א ה ל מ כ ס ה ו ו מ (ס) ך פ ת ח א ה ל מ ו ע ד ו ק ל ע
ו י ם א נ י י ה ו * ו א ת פ ד (ו) י י ה ש ל ש ה ו ה ש ב ע י ם ו
ה ק ד ש ב נ ס ע ה מ ח נ ה ו א (ח) ר י כ ן י ב א ו ב נ י ק ה ת ל
מ ב ן ש ל ש י ם ש נ ה ו מ ע ל (ה) ו ע ד ב ן ח מ ש י ם ש נ ה כ ל
ו ש ב ל י ה ו * ל כ ה ן מ ל ב (ד) א י ל ה כ פ ר י ם א ש ר י כ פ
ח ר י ש ק ה ת א ה א ש ה א ת ה (מ) י ם ו ה ש ק ה א ת ה מ י ם ו ה
ב ה כ ה ן ל פ נ י י ה ו * ו ע (ש) ה א ת ח ט א ת ו ו א ת ע ל ת ו
ל מ ש ה נ ש י א א ח ד ל י ו ם (נ) ש י א א ח ד ל י ו ם י ק ר י ב
ש ד י א ו ר ב י ו ם ה ח מ י ש (י) נ ש י א ל ב נ י ש מ ע ו ן ש ל
ת ש ל ש י ם ו מ א ה מ ש ק ל ה (מ) ז ר ק א ח ד כ ס ף ש ב ע י ם ש
ם ה מ ז ר ק ה א ח ד כ ל כ ס ף ה כ ל י ם א ל פ י ם ו א ר ב ע מ

○ Wer wird zerstört? Hussein □ 5763 (2003)

»Aber es gibt noch mehr«, informierte ich Wells, während ich ihm eine genauere Version derselben Codetabelle zeigte. »Hier steht, dass Saddam flüchten wird. Es heißt aber auch, dass er sterben wird.«

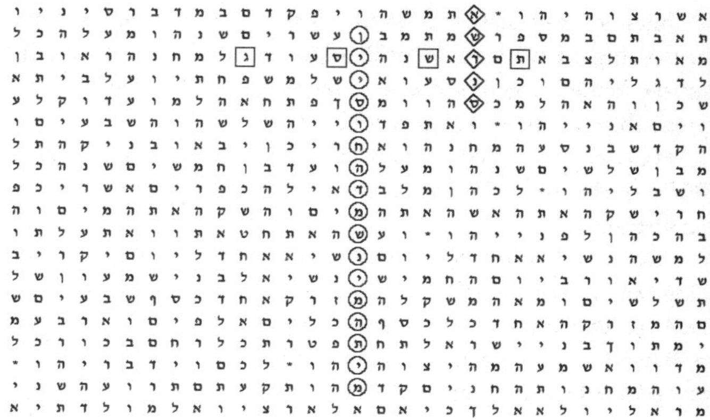

○ Tod. Wer wird zerstört? Hussein □ 2003 ◇ Es wurde bestätigt, er flüchtete

»Dieselbe Aussage ist ein zweites Mal codiert – dass Hussein gezwungen sein wird zu fliehen und dass er sterben wird«, fügte ich hinzu, während ich den entsprechenden Computerausdruck verteilte.

○ Hussein starb □ der Mann war gezwungen zu fliehen ◇ in seinem Versteck

»Der Ausgang steht also bereits fest?«, fragte der Mann von den Vereinigten Stabschefs, der verspätet eingetroffen war.

»Nein«, entgegnete ich. »Der Bibelcode ist keine Kristallkugel. Er enthüllt lediglich Möglichkeiten. Nichts ist in Stein gemeißelt. Aber er liefert detaillierte Informationen, die Sie überprüfen können.

Allerdings bin ich der Ansicht, dass die eigentliche Gefahr nicht von Saddam Hussein ausgeht, sondern von Osama bin Laden. Die nützlichste Information, die wir bisher im Bibelcode entdeckt haben, ist ein konkreter Ort, an dem sich bin Laden, das Hauptquartier der Al-Quaida und deren gefährlichste Waffen befinden könnten.«

Augenblicklich herrschte erstauntes Schweigen. »Das wäre wirklich eine nützliche Information«, brach Admiral Jacoby schließlich die Stille.

Nun reichte ich den Männern, die die Suche nach bin Laden leiteten, eine Codetabelle nach der anderen, auf denen der genaue Ort in der Wüste mit präzisen Koordinaten angegeben war.

»Sie beabsichtigen hoffentlich nicht, dies zu veröffentlichen?«, fragte Wells.

»Selbstverständlich nicht«, erwiderte ich. »Das ist eine Information für Sie, nicht für bin Laden. Wenn ich sie ihm zukommen lasse, wird er sich nicht an diesen Ort begeben.«

Mit einer Auftrittswahrscheinlichkeit von eins zu 10 000 kreuzte der Name eines Terroristencamps beide hebräischen Schreibweisen von »bin Laden«. Einmal lautete der verschlüsselte Text in voller Länge sogar: »militärisches Hauptquartier in X«.

»Möglicherweise handelt es sich bei dem Ort auch um ein Depot von nichtkonventionellen Waffen, also um eine Quelle höchster Gefahr für die Vereinigten Staaten und die gesamte Welt«, sagte ich.

Daraufhin zeigte ich den anwesenden Beamten, dass derselbe geheime Ort im Nahen Osten gemeinsam mit »Atomwaffen«, »atomarer Holocaust« und »Pocken« codiert war. An der Stelle, an der sich »militärisches Hauptquartier in X« und »bin Laden« im Code kreuzten, überlagerte das Wort »Rakete« beide Eintragungen. Und ich informierte sie darüber, dass das Terroristencamp gemeinsam mit drei überaus wahrscheinlichen Zielen für einen Anschlag erschien: mit »Jerusalem«, »Tel Aviv« – und »New York«.

»Der Bibelcode weist eindeutig darauf hin, dass New York die größte Gefahr noch nicht überstanden hat«, sagte ich. »Der 11. September war der Anfang, nicht das Ende. Und alles hängt irgendwie mit Al-Quaida und diesem Versteck zusammen.

Ich will nicht apokalyptisch klingen«, fuhr ich fort, »aber das wahre Ausmaß der Gefahr lässt sich nur mit den Worten einer biblischen Prophezeiung beschreiben. Wo der Originaltext der Bibel vom ›Ende der Tage‹ spricht, begegnen uns im Code quer über diese Wörter die Eintragungen ›Terrorismus‹ und der Name des Lagers. Der Code erklärt sogar, dass ›am Ende der Tage‹ der ›Terrorismus‹ – ›vom Versteck X aus koordiniert wird‹.«

Ich hatte gefürchtet, dass meine Worte zu religiös gefärbt klingen würden, während ich in Wirklichkeit keineswegs gläubig war. Aber niemand im Raum stellte eine Frage. Da erkannte ich, dass vermutlich viele, wenn nicht sogar die meisten Leiter der Geheimdienste religiös waren und, ebenso wie der Präsident, an das »Ende der Tage« glaubten.

Eines stand mit Sicherheit fest: Alle waren davon überzeugt, dass Gefahr drohte. Auf den höchsten Ebenen der amerikanischen Regierung herrschte die einstimmige Meinung, dass neue Terroranschläge mit einem noch größeren Maß an Zerstörung nahezu unvermeidlich waren. Vom Präsidenten abwärts hatten alle eine derartige Erklärung abgegeben. Wir befanden uns in einem Dritten Weltkrieg, der sich von jedem Krieg unterschied, den wir bisher geführt hatten, denn diesmal blieb der Feind im Verborgenen. Meine Vermutung war, dass man dieses Treffen nur deshalb einberufen und mich ersucht hatte, das Pentagon über den Bibelcode zu informieren, weil alle tief in ihrem Inneren wussten, dass wir ein Wunder brauchten.

»Es gibt nur ein Problem«, sagte ich, als sich unser Gespräch dem Ende zuneigte. »Ich kann Ihnen zwar sagen, wo Sie suchen müssen, aber ich weiß nicht, wann. Noch nie habe ich eine so eindeutige verschlüsselte Botschaft gefunden wie die Ortsangaben dieses Terroristencamps, des Verstecks von bin Laden, aber der

Code führt keine Jahreszahl an. Ich kann nur vorschlagen, dass Sie sofort nachsehen, und dann immer wieder – denn wenn Sie Erfolg haben, erwischen Sie den Terrorismus an seiner Quelle.«

Nun ergriff Admiral Jacoby, der Direktor der DIA und somit der ranghöchste anwesende Beamte, das Wort. Er wandte sich jedoch nicht an mich, sondern an die versammelten Militärfachleute im Raum. »Denken Sie an die Normandie – sie war lange Zeit nur ein beliebiger Strand, doch eines Tages wurde sie zum Schauplatz von D-Day«, sagte er.

Damit hatte er dem amerikanischen Geheimdienst den Marschbefehl erteilt – richtet die amerikanischen Satelliten auf den Ort, den der Bibelcode als bin Ladens Versteck nennt, und beobachtet ihn unablässig, bis ihr ihn findet.

Meine Unterredung im Pentagon hatte eine Stunde gedauert. Kein Einziger aus der hochrangigen Runde war auch nur für einen Augenblick aus dem Raum gegangen, um einen Anruf entgegenzunehmen. Die einzigen Menschen auf dieser Welt, die über die notwendigen militärischen Einrichtungen verfügten, um die Informationen aus dem Bibelcode auf die richtige Weise zu nutzen, hatten ihn ohne jeden Zweifel in seinem gesamten Umfang ernst genommen.

Während ich die Stufen des Pentagons hinabstieg, wurde mir die Bedeutung dieses Augenblicks bewusst, und ich machte mir klar, wen ich eben getroffen und was ich diesen Männern über die Ereignisse gesagt hatte, die der Welt bevorstanden. Da fiel mir wieder ein, was ich laut ausgesprochen hatte, als ich am 11. September mit eigenen Augen den Anschlag auf New York miterlebt hatte: »O Gott, dann ist es wahr!«

An diesem Tag waren meine letzten Zweifel beseitigt worden. Ich hatte auf dem Dach meines Wohnhauses gestanden und beobachtet, wie die beiden Türme des World Trade Center in sich zusammenstürzten, und danach das gesamte grauenvolle Ereignis in codierter Form in einem 3000 Jahre alten Text entdeckt. Was ich vor wenigen Minuten mitangesehen hatte, fand sich nun in alten hebräischen Schriftzeichen auf meinem Computerbildschirm.

Im Zug auf der Rückfahrt von meiner Unterredung im Pentagon nach New York wurde mir die Tragweite des eben Erlebten erst richtig bewusst. Ich war im Zentrum des Allerheiligsten der unsichtbaren Regierung gewesen. Ich hatte mich mit ihren Führern getroffen. Und sie hatten mir geglaubt. Ich hatte den bedeutendsten Personen des amerikanischen militärischen Geheimdienstes mitgeteilt, dass uns eine Gefahr drohte, die man nur mit den Begriffen biblischer Prophezeiungen zum Ausdruck bringen konnte - »Armageddon«, »Ende aller Tage«, »Apokalypse«. Und sie hatten den in einem 3000 Jahre alten Text verborgenen hebräischen Code so ernst genommen, dass ab jetzt sämtliche Kräfte des Pentagons aufgewendet würden, um das Grauen zu verhindern.

»Wir haben die Daten eingegeben«, berichtete Lin Wells, als er mich wenige Tage später aus seinem Büro im C3I anrief. »Die Koordinaten sind jetzt in unserem Satellitensystem. Ihr Treffen ist gut gelaufen. Alle Geheimdienstleute nehmen die Sache sehr ernst. Ich habe Wolfowitz unterrichtet. Wir halten bereits nach bin Laden Ausschau.«

Doch ich wusste, dass sich die Aufmerksamkeit der USA schon bald von der Suche nach dem flüchtigen Terroristenführer auf den Krieg im Irak verlagern würde, und fürchtete, dass wir bin Laden möglicherweise vergaßen – aber er uns gewiss nicht.

So flog ich nach Israel und suchte im Hauptquartier des israelischen Geheimdienstes in Kirya General Yossi Kuperwasser auf, den ranghöchsten Geheimdienstexperten des Landes. Ich hatte mich schon früher mit ihm getroffen. Wie die meisten Funktionäre auf der höchsten Ebene des israelischen Geheimdienstes schenkte er den Warnungen im Bibelcode Gehör, weil sie sich immer wieder bewahrheiteten. Zudem stimmte der Code mit den internen israelischen Schätzungen für einen möglichen »atomaren Holocaust« überein – dem Jahr 2006.

Ich zeigte Kuperwasser eine neue Codetabelle. »In Jerusalem« war gemeinsam mit »Megaterroranschlag« und »Krieg« an einer Stelle codiert, an der sich quer dazu die Eintragung »bin Laden« fand.

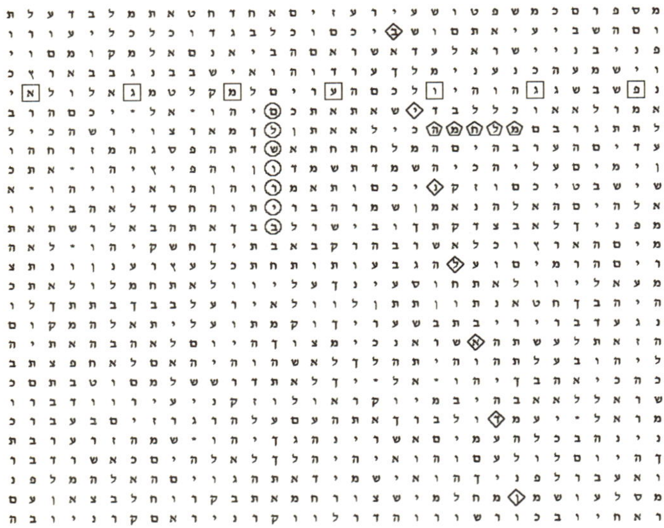

○ in Jerusalem □ Megaterroranschlag ◇ bin Laden ⬠ Krieg

»Die Wahrscheinlichkeit, dass diese Eintragungen zufällig gemeinsam erscheinen, liegt bei eins zu drei Millionen«, informierte ich Kuperwasser. »Wenn es Ihnen nicht gelingt, bin Laden vorher aufzuspüren, wird er Israel angreifen.«

Ich hatte den Israelis bereits dieselben Informationen gegeben, die ich dem Pentagon mitgeteilt hatte: den Namen von bin Ladens Versteck, wie er in der Bibel codiert war. »Wir haben schon nachgesehen«, meinte General Kuperwasser. »Und wir werden wieder nachsehen, immer wieder.«

Das würden sie tun, davon war ich überzeugt. Die Israelis waren sich nur allzu bewusst, dass ihr Überleben in Gefahr war.

Sie verfügten nicht über die militärische Ausrüstung der USA, dafür aber über einen besonders starken Überlebenswillen.

Wenn man sämtlichen Berichten glaubte, waren die Vereinigten Staaten heute ebenso anfällig für Terroranschläge wie am 11. September. »Auch ein Jahr nach dem 11. September ist Amerika in geradezu gefährlicher Weise unvorbereitet, einen katastrophalen Anschlag auf amerikanischem Boden zu verhindern oder entsprechend auf ihn zu reagieren«, heißt es in einem Bericht des Council on Foreign Relations, des Rats für auswärtige Beziehungen, vom Oktober 2002. »Es steht zu erwarten, dass dem nächsten Anschlag eine bedeutend größere Anzahl Menschen zum Opfer fallen werden.«

Am 24. Juni 2003 kritisierte ein von beiden Parteien unterstützter Kongressbericht mit scharfen Worten den gesamten Geheimdienst, weil es diesem nicht gelungen war, die Ereignisse vom 11. September zu verhindern. Gleichzeitig warnte der Bericht davor, dass die USA auch nach dieser Katastrophe nicht entsprechend gerüstet seien, um einen weiteren Terroranschlag abzuwehren.

Am selben Tag schrieb ich einen Brief an den stellvertretenden Verteidigungsminister Wolfowitz. Er lautete: »Ich bin davon überzeugt, dass der nächste große Terrorangriff nicht allzu fern ist und dass wir dann eine ganze Stadt verlieren könnten und nicht nur zwei Wolkenkratzer. Eine Warnung spricht von einem weiteren Anschlag auf New York, der möglicherweise schon 2004 erfolgt.«

Die Anschläge vom 11. September 2001 waren 3000 Jahre lang in der Bibel verschlüsselt gewesen. Aber wir hatten die Warnung erst gefunden, als es bereits zu spät war.

Noch am Tag des Angriffs auf New York, unmittelbar nach dem Einsturz der Türme, fand Dr. Elijahu Rips, jener israelische Wissenschaftler, der den Code entdeckt hatte, ein hebräisches Datum, das dem 11. September entspricht und von der Eintragung »Zwillingstürme« gekreuzt wurde. An derselben Stelle lautet der Originaltext der Bibel: »Und es fielen an dem Tage vom Volk dreitausend Mann« (2. Mose 32,28).

»In den Zeitungs- und Fernsehberichten hieß es anfangs immer, dass es sechstausend Tote gegeben habe«, erzählte Rips. »Erst Monate später erfuhren wir, dass die tatsächliche Zahl der Opfer bei dreitausend lag. Der Bibelcode verkündete bereits am Tag des Anschlags die wahre Opferzahl.«

○ 11. September 2001 (23 Elul) ⬠ Zwillinge ◇ Türme
□ und es fielen an dem Tage vom Volk dreitausend Mann

Während der Countdown vom 11. September bis Armageddon weiterlief, suchte ich erneut im Code. Zwei Jahreszahlen erschienen gemeinsam mit »New York«: 2001 und 2004. Quer über »2004« fanden sich die beunruhigenden Worte »vom Feuer einer Rakete«.

Möglicherweise stand uns eine unmittelbare Gefahr bevor. Deshalb ersuchte ich Dr. Rips zu berechnen, wie groß die Wahrscheinlichkeit war, dass diese Konstellation aus Stadtname, zwei Jahreszahlen und der Warnung vor einer Gefahr in der Bibel erschien. »Die Wahrscheinlichkeit liegt bei höchstens eins zu 10 000«, teilte er mir mit.

Nun entdeckten wir auch, dass dieselbe Warnung vor dem »Feuer einer Rakete« im Bibelcode mit einer ebenso geringen Auftrittswahrscheinlichkeit gemeinsam mit fünf weiteren Gefahren auftauchte. »Terrorkrieg«, »chemischer Angriff« und »Atomwaffen« fanden sich mit »vom Feuer einer Rakete«.

»Terror, 5764« – die hebräische Jahreszahl, die dem Jahr 2004 entspricht – war ebenfalls mit »vom Feuer einer Rakete«

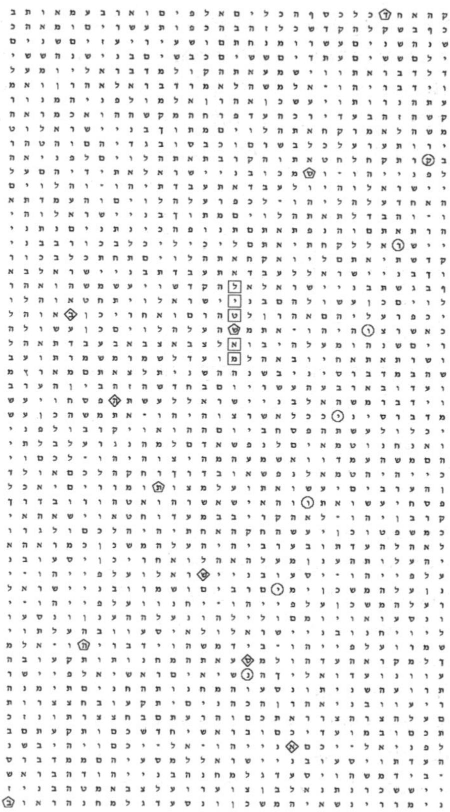

○ New York ◇ in 2001 (5761) □ vom Feuer einer Rakete
⬠ in 2004 (5764)

codiert. Eine Kombination, die eindeutig bestätigte, dass ein Anschlag im nächsten Jahr sehr wahrscheinlich war.

Schließlich kreuzte »vom Feuer einer Rakete« noch die Worte »der Krieg brach aus«. Das ließ den Schluss zu, dass möglicherweise ein terroristischer Raketenangriff den totalen Krieg auslösen wird.

○ vom Feuer einer Rakete ☐ der Krieg brach aus

Wieder berechnete Dr. Rips die Auftrittswahrscheinlichkeit und kam zu dem Ergebnis, dass sie bei eins zu mehreren Millionen lag. Der Bibelcode verwies eindeutig auf eine Rakete als Tatwaffe, auf Terroristen als Feinde und auf New York als Ziel des Anschlags – und dies alles bereits im Jahr 2004.

Allerdings war jedes einzelne Jahr der unmittelbaren Zukunft im Bibelcode gemeinsam mit einer großen Gefahr für New York, aber auch für die gesamte Welt angeführt, wobei die Bedrohung 2006 ihren Höhepunkt erreichen würde.

Ende Juli 2003, kurz bevor Präsident Bush das Weiße Haus für den Augusturlaub auf seiner Ranch in Crawford verließ, schickte ich ihm durch seine texanischen Freunde einen weiteren Brief mit einer Warnung: »Der Bibelcode verkündet die größte und endgültige Gefahr in den Worten unserer Zeit: Sowohl ›atomarer Holocaust‹ als auch ›Weltkrieg‹ sind in der Bibel codiert. Beide Eintragungen erscheinen mit der Jahreszahl 2006.«

Jahrelang hatte ich die politischen Führer der Welt gewarnt, dass sich eine alte Prophezeiung bewahrheitete, dass die von den drei großen Weltreligionen vorhergesagte Apokalypse in der Bibel codiert war. Am 11. September hatte ich mit eigenen Augen gesehen, wie sie sich nur einen Häuserblock von meiner Wohnung entfernt in New York ankündigte.

Jetzt schien es, als würde die Warnung, die ich Präsident Bush hatte zukommen lassen, Wirklichkeit werden: »Der 11. September war nicht das Ende der Gefahr, sondern der Anfang.«

Anmerkungen zu den Kapiteln

Dr. Rips verwendete für sein Bibelcode-Computerprogramm den als *Textus Receptus* bekannten hebräischen Standardtext, der die Grundlage für die in diesem Buch geschilderte Codeforschung bildet. Die von mir eingesetzte Software wurde von Dr. Rips gemeinsam mit dem Computerprogrammierer Dr. Rotenberg entwickelt.

Alle heute existierenden Ausgaben der Thora (die ersten fünf Bücher der Bibel auf Hebräisch) stimmen Buchstabe für Buchstabe überein und können nicht verwendet werden, wenn auch nur ein einziger Buchstabe nicht dem Original entspricht. *The Jerusalem Bible* (Koren Publishing Co., 1992) ist die bekannteste Ausgabe dieses Textes und enthält die weithin anerkannte englische Übersetzung des Alten Testaments. Sie bildet im englischen Original die Hauptquelle für Zitate aus dem unverschlüsselten Text. Außerdem habe ich mitunter eine Übersetzung von Rabbi Aryeh Kaplan, *The Living Torah* (Maznaim, 1981), herangezogen, die von manchen Wissenschaftlern bevorzugt wird. Die Zitate aus dem Neuen Testament stammen vorwiegend aus der *King James Version*, obwohl ich auch eine moderne Übersetzung verwendet habe, die als *New International Version* bekannt ist.

Die in diesem Buch zitierten Aussagen von Dr. Rips stammen aus einer Reihe von Gesprächen, die im Laufe von fünf Jahren hauptsächlich bei ihm zu Hause in Jerusalem und in seinem Büro an der Hebräischen Universität sowie bei hunderten Telefonaten stattfanden.

Viele der in diesem Buch beschriebenen Ereignisse habe ich selbst miterlebt. Berichte von anderen Ereignissen basieren auf Interviews mit Personen, die unmittelbar betroffen waren, oder wurden durch veröffentlichte Zeitungsberichte bestätigt.

Die in der Bibel codierten Namen und Ereignisse erscheinen in demselben Hebräisch wie der unverschlüsselte Text der Bibel und stimmen mit dem heute in Israel verwendeten Hebräisch überein. Die Namen von Personen und Orten wurden Standardnachschlagewerken wie der *Hebrew Encyclopedia* entnommen. Die hebräische Schreibweise jüngerer Ereignisse orientiert sich an jener, die in israelischen Zeitschriften verwendet wird.

Die Übersetzung sämtlicher codierter Eintragungen wurde von dem maßgeblichen Wörterbuch *R. Alcalay Hebrew-English Dictionary* (Massada, 1990) sowie dem ungekürzten Standardwörterbuch *Hebrew Dictionary* von A. Even-Shoshan (Kiryat-Sefer Press, 1985) bestätigt.

Die in der Bibel codierten Jahreszahlen beziehen sich auf den alten hebräischen Kalender, dessen Anfang in biblischen Zeiten liegt und dessen Zeitrechnung 3760 Jahre vor dem modernen gregorianischen Kalender begann. Das aktuelle Jahr 2002 stimmt etwa mit dem hebräischen Jahr 5762 überein. In Abhängigkeit vom Mondkalender beginnt das hebräische Jahr im September bzw. Oktober und endet im September bzw. Oktober des darauf folgenden Jahres.

Alle in diesem Buch angeführten Bibelcodetabellen wurden statistisch überprüft und weisen eine Auftrittswahrscheinlichkeit auf, die jenseits aller Zufälle liegt. Die statistischen Berechnungen erfolgten automatisch nach dem von Rips und Rotenberg entwickelten Programm. Der Computer überprüft das gemeinsame Auftreten von Wörtern nach zwei Tests: Er kontrolliert, wie nahe Begriffe zueinander erscheinen und ob die Auslassungssequenz der gesuchten Wörter die geringstmögliche in der Bibel ist. Jedes Codewort bestimmt, in welcher Weise der Computer den Text der Bibel darstellt und welches Kreuzworträtsel sich bildet. Die ursprüngliche Anordnung der Buchstaben wird nie verändert.

Wir können unsere Suche nach dem »Ende der Tage« als Beispiel heranziehen. Die Worte aus dem Buch Daniel sind mit einer Auslassungssequenz von 7551 codiert. Der Computer teilte daher die gesamte ursprüngliche Bibel – den ganzen, aus 304 805 Buchstaben bestehenden Strang – in vierzig Reihen zu 7551 Buchstaben. Die Bibelcodetabelle von S. 29 zeigt nur das Zentrum dieser Codetabelle.

Wäre das »Ende der Tage« mit einer Auslassungssequenz von einhundert erschienen, dann hätten sich Reihen von einhundert Buchstaben Länge ergeben. Bei einer Auslassungssequenz von eintausend wären die Reihen eintausend Zeichen lang gewesen. In jedem Fall werden die Reihen immer übereinander »gestapelt«, ohne von der ursprünglichen Anordnung abzuweichen.

Vor 3000 Jahren wurde die Bibel so codiert, dass die Worte des Propheten Daniel, der das »Ende der Tage« vorhersagte, genau über den Worten von Moses aufscheinen, in denen er prophezeite, was »am Ende der Tage« geschehen wird. Vor 3000 Jahren wurde die Bibel so codiert, dass auch die Namen führender *zeitgenössischer* Politiker an derselben Stelle auftauchen.

Das Eingangszitat des Nobelpreisträgers und Physikers Richard Feynman stammt aus einem Vortrag, den er im April 1963 an der University of Washington hielt und der in dem Buch *Was soll das alles? Gedanken eines Physikers* (Piper, München 2001) veröffentlicht wurde. Feynman, den viele für den bedeutendsten Physiker seit Einstein halten, erklärte in seinem

Buch *Sechs physikalische Fingerübungen* (Piper, München 2002): »Die Wahrscheinlichkeit verschiedener Ereignisse ist das Einzige, das sich vorhersagen lässt.«

Der alte, als »Talmud« bekannte Bibelkommentar sagt Ähnliches: »Alles ist vorhergesehen, dennoch gibt es die Freiheit des Handelns.« Nahezu 2000 Jahre lang debattierten Wissenschaftler über dieses offensichtliche Paradoxon: Wie kann es einen freien Willen des Menschen geben, wenn Gott alles im Vorhinein weiß? Der Bibelcode wirft auch für den weltlich orientierten Menschen dieselbe Frage auf. Die Antwort scheint in dem zu liegen, was die Wissenschaft behauptet: dass es lediglich Wahrscheinlichkeiten gibt und nicht nur *eine* Zukunft, sondern viele mögliche Zukunfts*aussichten*. Wir selbst bestimmen, was geschieht.

Kapitel Eins

Das Ende der Tage

Die Ereignisse vom 11. September 2001 habe ich mit eigenen Augen mitverfolgt. Die Einzelheiten wurden durch Zeitungsberichte von *New York Times*, *Time* und *Newsweek* bestätigt. Das Ausmaß der Katastrophe war mir unmittelbar nach dem Anschlag noch nicht bewusst, da sich sämtliche Fernsehsender, die ich empfangen konnte, ausschließlich mit den Zwillingstürmen des World Trade Center befassten.

Dr. Rips schickte mir eine E-Mail mit denselben Bibelcodetabellen, die ich nur Minuten nach dem Einsturz der Türme gefunden hatte. Da die Telefonleitungen blockiert waren, erhielt ich seine Nachricht jedoch erst am nächsten Tag. Als Mathematiker erstaunte ihn am meisten, dass die drei Wörter, nach denen jeder automatisch suchen würde – »Zwillinge«, »Türme« und »Flugzeug« – trotz einer verschwindend kleinen Wahrscheinlichkeit von eins zu 10 000 gemeinsam codiert waren. In Israel war das World Trade Center unter dem Namen »Zwillingstürme« bekannt.

John Podesta, der Stabschef des Weißen Hauses, teilte mir mit, dass Präsident Clinton im Juli 2000 bei dem Gipfeltreffen mit Arafat und Barak in Camp David mein Buch, *Der Bibel Code,* bei sich hatte.

Meine Unterredung mit Jassir Arafat fand am 13. April 2001 in Ramallah statt, mein Treffen mit Schimon Peres am 22. April 2001 im Außenministerium in Tel Aviv. Omri Scharon traf ich am 17. April 2001 im King David Hotel in Jerusalem, Podesta am 16. Oktober 2000 im Weißen Haus.

Mein Brief an Präsident Bush trug das Datum 3. August 2001. Am 10. September 2001 rief ich im Weißen Haus an. Man sagte mir, dass Bushs Stabschef Andrew Card und seine Sicherheitsberaterin Condoleezza Rice meinen Brief erhalten hätten.

Die Aussage des amerikanischen Präsidenten, dass »der erste Krieg des 21. Jahrhunderts begonnen hat«, stammt aus der *New York Times*. Die Kolumne von Thomas Friedman mit der Überschrift »Dritter Weltkrieg« erschien am 13. September 2001 in der *Times*.

Isaac Newtons Suche nach dem Bibelcode wurde von dem Wirtschaftswissenschaftler John Maynard Keynes in dem Artikel »Newton, the Man« in seinem Buch *Essays and Sketches in Biography* (Meridian Books, 1956), enthüllt. Richard S. Westfall zitiert in *The Life of Isaac Newton* (Cambridge University Press, 1993) Newtons theologische Notizbücher und erklärt, dass der Physiker der Ansicht gewesen sei, die Essenz der Bibel sei die Prophezeiung der Menschheitsgeschichte.

Als Rips sagte, dass Newton den Code nicht entdecken konnte, »weil er bis auf die letzte Zeit versiegelt« war, zitierte er das Buch Daniel 12,4.

Das Zitat, dass Gott dem Propheten Moses die Bibel in der ursprünglichen Form als »eine fortlaufende Botschaft ohne Unterbrechung zwischen den Wörtern« diktiert habe, stammt aus *Commentary on the Torah* (Shilo, 1971, Charles Chavel, Hg., Band I, S. 14) von Nachmanides, einem Gelehrten aus dem 13. Jahrhundert. Die Kontinuität der Bibel wird auch in ihrer traditionellen Form als Schriftrolle zum Ausdruck gebracht, einem fortlaufenden Pergament, das aufgerollt wird.

Die ursprüngliche Bibel besteht aus den ersten fünf Büchern, vom Buch Genesis (1. Buch Mose) bis zum Buch Deuteronomium (5. Buch Mose). Die Juden nennen diese Bücher Thora. Ich bezeichne sie hier als Bibel und den Code als Bibelcode.

Rips' ursprüngliches Experiment wurde im August 1994 in der amerikanischen Mathematikzeitschrift *Statistical Science* (Band 9, Nr. 3, S. 429–438) unter dem Titel »Equidistant Letter Sequences in the Book of Genesis« (dt. etwa »Konstante Buchstabenfolgen im Buch Genesis«) von Doron Witztum, Elijahu Rips und Yoav Rosenberg veröffentlicht. Das Experiment ergab, dass die Namen von 32 Weisen, die nach der Niederschrift der Bibel gelebt hatten, gegen eine Wahrscheinlichkeit von vier zu einer Million im Bibelcode gemeinsam mit den jeweiligen Geburts- und Sterbedaten vorkamen. Spätere Experimente bestätigten, dass die tatsächliche Wahrscheinlichkeit sogar bei eins zu zehn Millionen lag.

Harold Gans, ein Kryptoanalytiker der National Security Agency, teilte mir das Ergebnis seines unabhängigen Experiments in zwei Telefongesprächen im Januar 1993 und im Dezember 1996 mit. Gans erklärte, dass die Wahrscheinlichkeit, auch die Namen der Geburtsorte gemeinsam mit den Namen der Rabbis aufzufinden, bei eins zu 200 000 liege.

Im Juni 1992 erfuhr ich nach einem Treffen mit General Uri Saguy, dem damaligen Leiter des israelischen Geheimdienstes, durch einen Zufall vom Bibelcode.

Ende Juni 1992 traf ich Dr. Rips erstmals in seinem Haus in Jerusalem. Die Eintragung über den Golfkrieg, die er mir an diesem Abend zeigte, hatte ursprünglich sein Kollege Witztum entdeckt. Rips bestätigte, dass Witztum ihm das Datum des ersten Scud-Raketenangriffs auf Israel mitgeteilt habe. Rips selbst hatte die Eintragung drei Wochen vor Beginn des Golfkriegs in der Bibel in codierter Form gefunden.

Chaim Guri traf sich am 1. September 1994 in seinem Haus in Jerusalem mit mir. Er rief noch an diesem Abend in Rabins Büro an, und am nächsten Morgen holte der Fahrer des Premierministers meinen Brief ab, der die codierte Warnung vor dem Mordanschlag enthielt, und übergab ihn Rabin. Der Brief trug das Datum 1. September 1994.

Rabin wurde am Abend des 4. November 1995 bei einer politischen Versammlung in Tel Aviv ermordet. Jigal Amir, ein 26 Jahre alter, orthodoxer Jude, feuerte drei Schüsse auf den Premierminister ab. Zwei davon trafen Rabin in den Rücken.

Die Worte »Ende der Tage« finden sich viermal in der Thora: 1. Buch Mose 49,1, 4. Buch Mose 24,14, 5. Buch Mose 4,30 und 5. Buch Mose 31,29. Die alternative Schreibweise von »Ende der Tage« steht im Buch Daniel 12,13.

Präsident Clinton kündigte am 5. Juli 2000 das Gipfeltreffen von Camp David an. Am 11. Juli trafen Arafat und Barak einander mit Clinton zu Friedensgesprächen. Mein Brief an Clinton trug das Datum 5. Juli 2000.

Die Gespräche von Camp David endeten ohne Einigung am 25. Juli. Die neue Intifada brach am 29. September aus, nachdem Ariel Scharon am 28. September den Tempelberg besucht hatte. Scharon wurde am 6. Februar 2001 zum Premierminister von Israel gewählt.

Rips bestätigte am 1. Mai 2001 das Endergebnis seiner zweiwöchigen Computerberechnung an der Hebräischen Universität. Die Wahrscheinlichkeit, dass die beiden biblischen Ausdrücke vom »Ende der Tage« gemeinsam mit »Arafat«, »Barak«, »Scharon« und »Bush« erschienen, lag unter eins zu 500 000.

Der versiegelte Brief, den ich bei meinem Rechtsanwalt, Michael Kennedy, hinterlegte, trug das Datum 6. Oktober 1998.

»Shahid«, der arabische Ausdruck für »Selbstmordattentäter«, bedeutet wörtlich »Märtyrer«, wird jedoch von Israelis und Arabern für jene Terroristen verwendet, die bei Bombenanschlägen ihr Leben lassen.

In einem Telefongespräch vom 17. Mai 2001 bestätigte Dr. Rips, die Wahrscheinlichkeit, dass »Weltkrieg«, »atomarer Holocaust« und »Ende der Tage« gemeinsam mit »in 5766« (2006) begegneten, liege unter eins zu 100 000. »Sie könnte jedoch noch geringer sein«, sagte er. »Ich habe aber nur in 100 000 willkürlich gewählten Texten nachgeforscht, ohne dass sich das Ergebnis verbessert hätte.«

Der Schlüssel zum Code

Im 2. Buch Mose 24,10 heißt es, dass Moses »den Gott Israels sah. Unter seinen Füßen war es wie eine Fläche von Saphir.«

Die Legende, dass Gott die Originalworte der Bibel auf einen »Saphir-Stein« schrieb, ist dem Buch *The Living Torah* von Kaplan, S. 379, entnommen und wird dem alten Bibelkommentar *Sifri, BeHaAlothekha*, 101, zugeschrieben. Siehe auch Kaplan, S. 420.

Rabbi Adin Steinsaltz, der führende Übersetzer alter hebräischer Texte, erzählte mir bei unserem Treffen in seinem Büro in Jerusalem, dass sich die Textstelle aus dem Buch Jesaja 41,23, »verkündige uns, was hernach kommen wird«, in Hebräisch auch als »verkündigt die Worte rückwärts« übersetzen lässt.

Im Mai 1998, kurz vor Schawuot, dem jüdischen Feiertag, an dem man der Gesetzgebung am Berg Sinai gedenkt, als Gott Moses die Bibel übergab, traf ich mich mit Rips in Jerusalem und zeigte ihm, dass sein Name (der in Hebräisch rückwärts gelesen »Saphir« ergibt) in jenem Bibelvers erschien, der erzählt, dass Gott auf den Berg Sinai herabstieg.

Das Zitat von Genius von Wilna, das Rips mir vorlas, stammte aus der englischen Übersetzung von *The Jewish Mind* von Abraham Rabinowitz (Hillel Press, 1978, S. 33–34).

Den seltsamen hebräischen Ausdruck für »Obelisken« fand ich schließlich in dem maßgeblichen vierbändigen Hebräisch-Wörterbuch *The New Dictionary* von Abraham Even-Shoshan (Kiryat-Sefer Press, Jerusalem 1985). Die Bedeutung des Wortes wurde von einem alten Bibelkommentar bestätigt, dem Midrasch.

Der 1700 Jahre alte Midrasch, der bestätigte, dass die »Obelisken« – »nicht das Werk des Menschen, sondern das Werk des Himmels« waren, ist die Mechilta (*Mekhilta According to Rabbi Ishmael, An Analytical Translation*, Scholars Press, Atlanta, GA, 1988)[8]. Derselbe Text verweist darauf, dass die Obelisken menschenähnlich seien, »wie Mann und Frau«. Siehe auch Marcus Jastrow, *The Book of Words*, der die beiden »Obelisken« als »höhlenartige Felsen mit menschenähnlicher Gestalt« bezeichnet (Judaica Press, New York 1996, S. 460).

Am 2. Januar 2002 bestätigte Rips in einer E-Mail an mich, die Wahrscheinlichkeit, dass »Codeschlüssel« die Eintragung »Mund der Obelisken« zweimal kreuzte, liege bei eins zu einer Million. Bei einem Telefongespräch, das am 6. Januar stattfand, erklärte er, dass »in der Geschichte der Codefor-

---

8 Deutsche Ausgabe: J. Winter/A. Wünsche, *Mechiltha*, Leipzig 1909, Neudruck Hildesheim 1990.

schung keine andere Paarung je eine so geringe Auftrittswahrscheinlichkeit« hatte.

»Mund der Obelisken« und »Herr des Codes« erschienen im unverschlüsselten Bibeltext als ägyptische Orte am Ufer des Roten Meeres, wo der Pharao mit seiner Armee die fliehenden hebräischen Sklaven einholte. Diese beiden Orte, deren Namen in der Bibel nie übersetzt wurden und deren unverschlüsselte Bedeutung im Hebräischen nie anerkannt wurde, konnten nicht das Versteck des »Codeschlüssels« oder der »Obelisken« sein. Denn Moses erhielt die Bibel erst am Berg Sinai, nachdem die Hebräer aus Ägypten entkommen waren. Deshalb konnte der Schlüssel zum Bibelcode nicht in Ägypten verborgen worden sein. Zudem gibt der Bibelcode selbst das Versteck des »Codeschlüssels« und des »Codes auf dem Obelisken« überdeutlich als das »Tal Siddim« an.

Das 1. Buch Mose 14,3 spricht vom »Tal Siddim, wo nun das Salzmeer ist«. Raschi, der berühmteste Bibelkommentator, sagte, das Tal sei einst üppig grün und mit Obstbäumen bepflanzt gewesen. Vor langer Zeit habe das Mittelmeer das Tal überflutet und auf diese Weise das Tote Meer geschaffen (*Pentateuch with Targum Onkelos, Haphtaroth, and Rashi's Commentary*, Jerusalem 1929, S. 55).

Mit dem israelischen Geologen David Neev traf ich mich im November 1998 in seinem Haus in Jerusalem und danach noch mehrere Male. Er sagte mir, dass das Tote Meer gegenwärtig den niedrigsten Wasserstand seit mehr als 5000 Jahren aufweise. Neev, der führende Experte für diese Region, machte mich zudem darauf aufmerksam, dass »Siddim« in der hebräischen Sprache »Kalk« bedeute und dass die mit Kalk überzogene Halbinsel Lisan möglicherweise der letzte über dem Wasserspiegel liegende Rest des Tals Siddim sei.

Im November 1998 besuchte ich die Halbinsel Lisan zum ersten Mal und kehrte danach im März und April 1999 zunächst mit zwei israelischen Wissenschaftlern vom israelischen Institut für Geophysik und dann mit zwei jordanischen Geophysikern auf die Halbinsel zurück. Am 16. Februar 2000 besuchte ich die Halbinsel erneut, diesmal mit einem Schützling von Neev namens Yuval Bartov, einem jungen israelischen Geologen und führenden Experten für die Halbinsel Lisan, mit einem weiteren israelischen Geophysiker namens Mikhail Rybakov und mit zwei Funktionären vom jordanischen Ministerium für Tourismus und Altertümer.

Zwei Tage zuvor, am 14. Februar 2000, hatte ich mich in Amman mit Minister Akel Biltaji getroffen, der mir versicherte, dass wir die nötigen Bewilligungen für die archäologische Grabung erhalten würden. Die schriftliche Bewilligung vom 13. April 2000 war von Dr. Fawwaz Al-Khraysheh, dem Generaldirektor des Antikendienstes, ausgestellt worden.

Allein der Bibelcode hatte mich erst in das »Tal Siddim«, dann ans Tote Meer und schließlich an die spezifische Stelle auf der 64 Quadratkilometer großen Halbinsel Lisan geführt. Der Code beschrieb eindeutig die Nordspitze der Halbinsel, wo eine Landzunge ins Tote Meer hinausragt und eine kleine Bucht namens Mazraa bildet, als Fundort des »Codeschlüssels«.

»Lisan wie Siddim« erscheint im Buch Daniel 1,4 und »Mazraa« in Daniel 1,3 als Teil einer längeren Passage, deren verschlüsselter Text auch eine »Säule im Palast« beschreibt, bei der es sich um den »Obelisken« handeln könnte, auf dem die alte Weisheit verzeichnet ist.

Kapitel Drei

Bill Clinton

Am 17. August 1998 gestand Präsident Clinton seine »Beziehung« mit Monica Lewinsky ein. Am 21. September 1998 sandte ich einen Artikel mit der Prophezeiung des Bibelcodes an die Meinungsseite der *New York Times*, in dem ich ankündigte, dass Clinton den Skandal überstehen werde. Am 12. Februar 1999 sprach der Senat der Vereinigten Staaten den amerikanischen Präsident Clinton in beiden Anklagepunkten des Amtsenthebungsverfahrens frei.

Mein Brief an Clinton trug das Datum 5. Juli 2000; das war jener Tag, an dem er den Gipfel von Camp David ankündigte. Ich schickte den Brief am 7. Juli ab, nachdem mir Clintons Stabschef Podesta zugesichert hatte, den Brief gemeinsam mit meinem ersten Buch über den Bibelcode an den Präsidenten weiterzuleiten. Am 17. Juli rief mich der Assistent des Stabschefs an und erklärte: »Mr. Podesta hat dem Präsidenten Ihre Unterlagen in Camp David persönlich übergeben.«

Der Gipfel von Camp David begann am 11. Juli und endete am 25. Juli ohne Einigung. Clinton machte Arafat öffentlich für das Scheitern verantwortlich, indem er erklärte, dass Barak »von seiner Ausgangsposition weiter abgerückt ist als Palästinenserpräsident Arafat, vor allem, was die Jerusalemfrage betrifft«, wie die *New York Times* am 26. Juli 2000 berichtete.

Mein erster Brief an Barak vom 17. Mai 1998 enthielt die Vorhersage, dass er Premierminister werde, und wurde ihm von General Isaac Ben-Israel, dem führenden Wissenschaftler im Verteidigungsministerium, zugeschickt. Genau ein Jahr später, am 17. Mai 1999, wurde Barak Premier.

Noch am selben Tag sandte ich Barak über Ben-Israel und seinen Kabinettsminister Isaac Herzog einen weiteren Brief, in dem ich ihm mitteilte, dass der Code überdies prophezeie, dass Barak »in einer Zeit großer Gefahr« politischer Führer von Israel sein werde, wobei sich diese Gefahr ausdrücklich auf den Tempelberg beziehe.

»›Sie werden am Tempelberg zuschlagen‹ wird im Code gemeinsam mit ›Premierminister E. Barak‹ ebenso deutlich vorhergesagt wie die Ermordung von Jitzhak Rabin«, hieß es in meinem Schreiben.

Am 29. Mai 1998 teilte mir Ben-Israel in New York mit, dass der damalige Kabinettsminister Barak den Bibelcode nach dem Mord an Rabin persönlich untersucht habe.

Der Artikel von Jeffrey Goldberg über die Gefahr eines Angriffs auf dem Tempelberg im Millenniumsjahr 2000 erschien am 3. Oktober 1999 im *New York Times Magazine.* Darin wird Scheich Ahmad Jassin, der Anführer der Hamas, mit folgendem Ausspruch zitiert: »Das wäre das Ende von Israel.«

Mein Treffen mit Abu Ala, dem Vorsitzenden des Palästinenserrates, fand am 13. August 2000 in seinem Büro in Ramallah statt.

Am 20. September 2000 schickte ich ein Fax folgenden Inhalts an Clintons Stabschef Podesta: »Das eigentliche Problem ist die Religion. Vielleicht bietet der Bibelcode eine Lösung.« Podesta willigte ein, mich am 16. Oktober im Weißen Haus zu empfangen.

Die neue Intifada brach am 29. September 2000 nach dem Freitagsgebet auf dem Tempelberg aus. Vier Jugendliche, die mit Steinen warfen, wurden bei der Moschee von israelischen Soldaten getötet. Die *New York Times*, die israelische Presse und CNN berichteten von diesem Ereignis. Einen Tag zuvor, am 28. September, hatte Ariel Scharon, der Anführer der israelischen Rechten, eintausend Bereitschaftspolizisten und -soldaten auf den Tempelberg geführt, was den Palästinenseraufstand auslöste.

Am 12. Oktober 2000 traf ich mich mit Baraks Schwager Doron Cohen in dessen Anwaltskanzlei in Tel Aviv und übergab ihm einen neuen Brief an Barak. Während unserer Unterredung erhielt Cohen die Nachricht, dass zwei israelische Soldaten in einer Polizeiwache in Ramallah gelyncht worden seien. Meine Beschreibung der Lynchmorde basiert auf den Berichten von CNN und BBC.

Am 10. Oktober 2000 traf ich mich mit Nabil Shaath in Gaza und übergab ihm einen Brief an Arafat. Zwei Tage später wurde das Gebäude, in dem wir uns getroffen hatten, von einer Rakete zerstört, die ein israelischer Hubschrauber abgefeuert hatte.

Am 16. Oktober 2000 suchte ich Clintons Stabschef Podesta im Weißen Haus auf. Er teilte mir mit, dass er bereits mit dem Präsidenten über den Bibelcode gesprochen habe und ein weiteres Gespräch darüber mit ihm führen werde. Podesta versicherte mir, er glaube, dass der Bibelcode existiere, und erklärte: »Auch Clinton ist gläubig.« Er versprach, eine Unterredung mit dem Präsidenten zu arrangieren, die jedoch aufgrund der schwierigen letzten Monate von Clintons Amtszeit nie stattfand.

Er existiert

Im Hebräischen bedeutet der Name der Halbinsel »Lisan« gleichzeitig »Sprache«. Daher enthält die gesamte Codematrix, die parallel zum Bibelcode verläuft, die beiden unterschiedlichen Aussagen »er existiert in Lisan« und »er existiert in der Sprache der Menschen«.

Am 11. Juli 2000 unterhielt ich mich mit Dr. Rips über diese neu aufgefundenen Eintragungen. Meine Entdeckung war das Ergebnis eines Fundes, den Rips' Programmierer, Dr. Alex Rotenberg, gemacht hatte – er war auf die vollständig ausgeschriebene Eintragung von »Bibelcode« gestoßen, die zweimal mit einer sehr kurzen Auslassungssequenz erschien, und dies bei einer Wahrscheinlichkeit von eins zu 5 000.

Die verschlüsselte Eintragung lautet wörtlich »Thoracode«. Ich verwende hier jedoch durchgehend den bekannteren Namen »Bibelcode«.

Am 5. April 2001 traf ich mich erneut mit Rips und wir entdeckten gemeinsam, dass »Bibelcode« an jener Stelle die Eintragung »Wörterbuch« kreuzte, an der zweimal »Lisan/Sprache« auftauchte. Rips bemerkte überdies, dass die beiden Verse, die sich in der Bibel unmittelbar mit »Sprache« befassten – 1. Buch Mose 10,5 und 11,6 –, in derselben Tabelle vorkamen.

Der Stein von Rosette wurde 1799 in Nordägypten in der Nähe der Stadt Rosette an der Nilmündung gefunden. Er enthielt parallele Inschriften in ägyptischer Hieroglyphenschrift und in Griechisch, was die Entschlüsselung der alten ägyptischen Bilderschrift ermöglichte.

Viele Gelehrte gingen davon aus, dass es einst einen Prototyp der Sprache der gesamten Menschheit gegeben hatte. Charles Darwin erklärte im Jahr 1871, dass »der Mensch eine instinktive Neigung zu sprechen hat« (*Die Abstammung des Menschen*, Kröner, Stuttgart 1990). Der Linguist Noam Chomsky stellte vor mehr als vierzig Jahren erstmals die These auf, dass die Sprache genetische Wurzeln habe (s. *Language* 35, S. 26–58, 1959; s. a. Luigi Luca Cavalli-Sforza, *Gene, Völker und Sprachen* [dtv, München 2001]).

Rips zitierte mit seinem Ausspruch, dass Hebräisch die ursprüngliche Sprache der Bibel sei, den bekanntesten Bibelkommentator, Raschi, der zu der Textstelle aus dem 1. Buch Mose 11,1 – »Es hatte aber alle Welt einerlei Zunge und Sprache« – Folgendes anmerkte: »die heilige Sprache (Hebräisch)«; s. oben, S. 44.

Der Bericht der *New York Times* über die Entdeckung eines »Sprachgens« wurde am 4. Oktober 2001 veröffentlicht und basierte auf einem Artikel von Dr. Anthony P. Monaco aus der Zeitschrift *Nature*.

Niemand weiß, wie oder wann Sprache begann. Einige Wissenschaftler behaupten, in den Schädeln von Hominiden, die vor mehreren Millionen Jahren lebten, Hinweise auf Sprache gefunden zu haben. Andere wiederum, wie etwa der Archäologe Richard Klein von der Universität in Stanford, vertreten die Ansicht, dass erst vor 50 000 Jahren eine spezifische Genveränderung im menschlichen Gehirn stattfand, welche die Entwicklung von Sprache ermöglichte. Dies stimmt mit Chomskys Theorie aus dem Jahr 1959 überein, dass es innerhalb des Gehirns ein eigenes Sprachorgan gebe.

Ein späterer Bericht von Dr. Svante Pääbo vom Max-Planck-Institut, der am 15. August 2002 in der *Times* veröffentlicht wurde, besagt, eine Untersuchung der Genome von Menschen und Schimpansen habe ergeben, dass die Spracheentwicklung erst in den letzten 100 000 Jahren erfolgt sei. Die Studie von Pääbo wurde in *Nature* veröffentlicht.

Im Bibelcode kreuzt sich »Sprachgen« mit »Gen Gottes« an jener Stelle, an der die Thora verkündet: »Garten von Lisan«. Und an der Stelle, wo im codierten Text »Garten von Lisan« erscheint, lauten die unverschlüsselten Worte der Bibel: »Denn ehe der Herr Sodom und Gomorra vernichtete, war die Gegend wasserreich, wie der Garten des Herrn« (1. Mose 13,10). Im Hebräischen ergeben dieselben Buchstaben, aus denen sich »Sprachgen« zusammensetzt, auch »Garten von Lisan«, und die von »Gen Gottes« auch »Garten Gottes«.

Die jordanische Zeitung *Al-Arab Al-Yawm* griff am 9. Januar 2001 in einem Artikel auf der Titelseite die archäologische Forschung meiner für die Grabung in Lisan eingerichteten Stiftung an. Nahezu jede Behauptung in diesem Artikel war falsch. Die Grundaussage war eindeutig: »Warum soll man einer jüdischen Stiftung gestatten, auf jordanischem Territorium nach jüdischen Artefakten zu suchen?«

Ich telefonierte am 24. Januar 2001 mit William J. Burns, dem amerikanischen Botschafter in Amman, und ein weiteres Mal am 28. Januar 2001, nachdem er mir die Übersetzung des Zeitungsartikels geschickt hatte.

Kapitel Fünf

Jassir Arafat

Am 12. April 2001 um Mitternacht wurde mein Brief an Arafat vom American Colony Hotel abgeholt.

Am 13. April 2001 um 1.15 Uhr rief mich Arafats Stabschef, Nabil Abu Rudaineh, an und fragte mich, ob ich bereit sei, Arafat am Abend desselben Tages zu treffen.

Ich kam am 13. April um neun Uhr abends in seinem von einer Schutzmauer umgebenen Hauptquartier in Ramallah mit Arafat zusammen. Bei dieser Unterredung war auch Saeb Erekat, sein Chefunterhändler bei den Friedensverhandlungen, anwesend, der für uns übersetzte, sowie Rudaineh.

Am 23. Juli 2000 berichtete die *New York Times*, dass Arafat Präsident Clinton mitgeteilt habe, er befürchte einen Mordanschlag auf sich, falls er Jerusalem aufgebe.

In einem Telefongespräch vom 26. Dezember 2000 teilte mir Arafats Außenminister, Nabil Shaath, mit, dass Arafat an eine Grundlehre des Islams glaube: »Unser Schicksal ist vorbestimmt und wir haben keinen Tag länger und keinen Tag kürzer zu leben.«

Am Morgen jenes Tages, an dem ich mich mit Arafat traf, dem 13. April 2001, suchte ich Rips in seinem Haus in Jerusalem auf. Rips unternahm keinen Versuch, mich von der Unterredung abzuhalten, verglich Arafat jedoch mit Hilter und Saddam Hussein.

Als Arafat sagte: »Mohammed erklärte, dass uns tausend Jahre gegeben seien, aber nicht zweitausend«, zitierte er nicht den Koran, sondern eine islamische Lehre, die sich in einem Hadith findet, einem Kommentar zum Koran. Nach dem islamischen Kalender entspricht 2001 dem Jahr 1422, sodass wir uns bereits seit mehr als 400 Jahren im zweiten Jahrtausend befanden, das wir laut Mohammed nicht überleben würden. Der Koran erklärt, dass die Menschheit das Ende der Zeit nicht kennt.

»Arafat« erscheint im verschlüsselten Text der Bibel direkt unter »am Ende der Tage«, und zwar genau in jener Schreibweise, wie sie heute in den israelischen Zeitungen verwendet wird.

In derselben Codetabelle finden sich auch die Namen der israelischen Politiker »Barak« und »Scharon« sowie der des amerikanischen Präsidenten »Bush«, ebenfalls in der von der israelischen Presse verwendeten Schreibweise.

Am Freitag, dem 13. April 2001, jenem Tag, an dem ich mich mit Arafat traf, kamen Christen, Juden und Muslime in der Altstadt von Jerusalem zusammen – die Christen, um den Karfreitag mit einem Kreuzweg auf der *Via Dolorosa* zu feiern; die Juden, um am vorletzten Tag des Passahfestes an der Klagemauer, den Überresten des antiken Tempels, zu beten; und die Muslime, um in der Moschee auf dem Tempelberg das Freitagsgebet zu verrichten. Das Aufeinandertreffen dieser Feiertage verdeutlicht den religiösen Konflikt, der seit Jahrtausenden herrscht und sich noch immer auf den Kampf um Jerusalem konzentriert.

Kapitel Sechs

Die stählerne Arche

»Stahl« findet sich auf Hebräisch gemeinsam mit »Codeschlüssel« in der Thora und auf Aramäisch mit »Schlüssel heute« im Buch Daniel. Aramäisch ist eine alte semitische Sprache, die große Ähnlichkeiten mit Hebräisch aufweist. Die Hälfte des Buches Daniel ist auf Aramäisch geschrieben.

»Eiserner Schmelzofen« erscheint im 5. Buch Mose 4,22[9], einem Text, von dem man annimmt, dass er mehr als 3000 Jahre alt ist. Das hebräische Wort für »Stahl« findet sich in einem späteren Buch des Alten Testaments bei einem der unbedeutenderen Propheten, nämlich Nahum 2,4: »Wie funkelnder Stahl glänzen die Wagen.«[10] Das Buch Nahum wurde annähernd eintausend Jahre nach der Thora geschrieben.

»Das ist die Lösung«[11]: Diese von dem alten Propheten Josef gesprochenen Worte kommen zweimal im 1. Buch Mose vor, in 40,12 und 40,18. Der erste Vers kreuzt »stählerne Arche« und der zweite »eiserne Arche«. Beide Eintragungen werden im verschlüsselten Text vom Namen der Halbinsel »Lisan« überdeckt.

Im Januar 2000 besuchte ich Rips in Nashville, Tennessee, wo er als Gastprofessor an der Vanderbilt University unterrichtete.

Dieselben hebräischen Buchstaben aus dem 2. Buch Mose 35,33, einem Vers, der sich mit dem Erbauer der Stiftshütte befasst, ergeben auch »geschmiedetes Eisen, die Arbeit des Computers«.

Die beiden Verse aus dem Buch Josua, in denen ein »eiserner Wagen« erwähnt wird, sind 17,16 und 17,18. Beide finden sich an jener Stelle, wo »Tel der Obelisken« codiert ist.

Als ich am 16. Februar 2000 mit Dr. Fawzi Zayadin, einem jordanischen Archäologen vom Antikendienst, auf die Halbinsel Lisan zurückkehrte, stellte er die Frage, ob ein Gegenstand aus Stahl oder Eisen Jahrtausende überstehen konnte. Mikhail Rybakov, der israelische Geophysiker, der uns begleitete, meinte, dass eventuell erhaltene Überreste eines solchen Objekts verrostet wären und dadurch vom Magnetometer nicht erfasst würden.

Am 25. Februar 2000 befragte ich Professor Ronald Latanision vom MIT telefonisch zu diesem Thema. Latanision, führender Experte auf dem Gebiet der Korrosion, bestätigte, dass ein Gegenstand aus Eisen oder Stahl in einem Umfeld mit sehr hoher Salzkonzentration sowohl unterirdisch als auch unter Wasser mehrere tausend Jahre erhalten bleiben könne. »Bei einem Sättigungsgrad von 35 Prozent Salz im Wasser sinkt der Sauerstoffgehalt rapide ab. Und ohne Sauerstoff gibt es keinen Rost«, erklärte er.

Dies stimmte mit dem überein, was mir der israelische Geologe David Neev vor Jahren gesagt hatte. Am 6. März 2000 befragte ich Neev, den führenden Experten für die Region des Toten Meeres, erneut, und er bestätigte, dass dessen Salzkonzentration über 35 Prozent lag. Er erzählte, dass er sogar gesehen habe, wie Ingenieure bei der Salzgewinnung im Toten Meer Eisenrohre im Salzwasser lagerten, um sie vor Rost zu schützen.

---

9 Revidierte Elberfelder Bibel, R. Brockhaus, Wuppertal 1992.

10 Einheitsübersetzung der Bibel, a. a. O.

11 Direkte Übersetzung aus dem hebräischen Text.

Latanision vom MIT bestätigte überdies, was mir ein Wissenschaftler der CIA gesagt hatte, nämlich dass antiker Stahl aus dem Nahen Osten vermutlich eher frei von Rost blieb als moderner Stahl. Er sagte, dass es von der Stahlbearbeitung mit dem Hammer und den dabei eingearbeiteten Verunreinigungen abhänge, wie lange der Stahl erhalten bleibe, und dass antike Stahlschwerter »eine bessere Beständigkeit gegen Rost aufweisen als moderner Stahl«.

Im Hebräischen gibt es zwei unterschiedliche Ausdrücke für Magnetometer. Der bekanntere bedeutet wörtlich »magnetisches Messinstrument«. Der zweite lässt sich wörtlich als »Anziehungssensor« übersetzen. Magnetometer findet sich in der zweiten Schreibweise direkt unter dem Begriff »Eisen« aus dem unverschlüsselten Text und in der ersten Schreibweise an jener Stelle, wo »Detektor« das einzige Mal und ohne Auslassungen in der Bibel vorkommt. Das Gerät kann unter Wasser und im Boden ausschließlich Gegenstände orten, die aus Eisen bestehen. Die Tiefe, bis zu der eine Ortung möglich ist, hängt vorrangig von der Größe des Gegenstandes ab.

Sollte ein antikes Objekt aus Stahl gefunden werden, ließe es sich mithilfe einer neu entdeckten, wenig bekannten Methode mit größter Genauigkeit datieren. Dr. Carl Turekien, ein Geophysiker von der Universität Yale, teilte mir am 1. Juni 1999 mit, dass er gemeinsam mit Nikolass VanderMurray, seinem damaligen Doktoranden, der heute Professor in Harvard ist, eine C-14-Datierungsmethode entwickelt habe, die auf sämtliche Eisen- und Stahlsorten anwendbar sei, welche vor dem 19. Jahrhundert hergestellt worden seien. In der modernen Stahlerzeugung wird Steinkohle eingesetzt, die keinen radioaktiven Kohlenstoff enthält und deshalb nicht zu datieren ist. Älterer Stahl wurde jedoch mithilfe von Holzkohle hergestellt und pflanzliche Stoffe können mit dieser Methode datiert werden.

»Der tiefste Punkt der Erde versinkt«, lautete die Überschrift eines Artikels des israelischen Geologen Gidon Baer, der im November 2000 von der Geological Survey of Israel veröffentlicht wurde. Der Artikel erläuterte, dass das Gebiet, auf das sich meine Suche konzentrierte, die eben erst wieder freigelegte Halbinsel Lisan, rasch sinke.

Am 5. Oktober 2000 flog ich in die jordanische Hauptstadt Amman, um mich erneut mit dem amerikanischen Botschafter, William Burns, zu treffen. Eine Woche zuvor war die neue Intifada ausgebrochen, und als ich bei der amerikanischen Botschaft eintraf, war sie von 20 000 wütenden Demonstranten umringt. Am 8. Oktober traf ich mich schließlich mit Burns und sprach auch beim stellvertretenden jordanischen Premierminister, Saleh Rusheidat, vor.

Kapitel Sieben

Ariel Scharon

Am 17. April 2001 traf ich mich mit Omri Scharon, dem Sohn des Premierministers, im King David Hotel in Jerusalem.

In der Nacht zuvor waren aus dem Gaza-Streifen Mörsergranaten auf Israel abgefeuert worden, die auf der Zufahrtsstraße zum Landhaus des Premiers einschlugen. Als Vergeltung drangen unverzüglich israelische Panzer und Kampfhubschrauber in den Gaza-Streifen ein. Die israelischen Zeitungen *Ha'aretz*, *The Jerusalem Post* und die *International Herald Tribune* berichteten über den Militäreinsatz.

Am 16. April erwähnte die gesamte israelische Presse das geheime Treffen zwischen Omri Scharon und Arafat in der Vorwoche. Wie sich herausstellte, hatte Omri den Palästinenserführer nur zwei Tage vor meinem Treffen mit Arafat (13. April) aufgesucht.

Scharon wurde am 6. Februar 2001 zum Premierminister gewählt. Dies entspricht im hebräischen Kalender dem 13. Schebat 5761. Das Datum war gemeinsam mit »Scharon« codiert und wurde mehrere Monate vor der Wahl entdeckt, als man in Israel noch glaubte, dass der ehemalige Premierminister Benjamin Netanjahu Kandidat der Likud-Partei sein und die Wahl gewinnen werde.

Scharons Aussagen vor der Wahl, dass ein Friedensschluss unmöglich sei, stammen aus Jeffrey Goldbergs Artikel »Arafat's Gift«, der am 29. Januar 2001 im *New Yorker* erschien (S. 57 und 67).

Mein Brief an den israelischen Premier, den ich Omri übergab, trug das Datum 17. April 2001.

Am 1. April 2001 telefonierte ich mit General Isaac Ben-Israel und am 12. April traf ich mich im israelischen Armeehauptquartier in Tel Aviv mit ihm. Er rief General Meir Dagan an, der in der Regierung Netanjahu Leiter der Spionageabwehr gewesen war und Scharon jetzt näher stand als jeder andere, mit Ausnahme von Omri.

Ich traf mich mit General Dagan am 4. April 2001 in seiner Heimatstadt Rosh Pina in Nordisrael. Am 23. November 2000 zitierte *The Jerusalem Post* Dagan als Redner bei einer Antifriedensdemonstration in Jerusalem mit den Worten: »Es ist Zeit, dass wir Jassir Arafat nach Tunesien zurückschicken.«

Dagan sagte mir, dass er mein erstes Buch über den Bibelcode 1997 gelesen habe, nachdem es auf Hebräisch erschienen sei, und dass er die Warnungen im Code ernst nehme. Ich übergab ihm einen Brief mit Datum 4. April 2001 an den Premierminister, den er an Scharon weiterzuleiten versprach. Als Dagan den Premier schließlich am 16. April traf, befand sich Israel in einer schweren Krise, und Scharon war nicht bereit, über etwas anderes zu sprechen als über seine geplante Invasion im Gaza-Streifen. Diese Invasion sollte auf die Mörserattacke in der Nähe seines Landhauses und einen Angriff israelischer Kampfjets auf eine syrische Radarstation tief im Libanon folgen.

»Ich habe ihn getroffen«, berichtete Dagan mir am nächsten Morgen, »aber ich habe ihm Ihren Brief nicht ausgehändigt. Meiner Ansicht nach wäre es ein Fehler gewesen, ihm den Brief in dieser Krise ohne eine Erklärung zum Code zu geben.«

Am 4. Dezember 2001 traf ich mich erneut mit Dagan. Er war eben zum Leiter der israelischen Verhandlungsdelegation berufen worden, die unter Vermittlung des amerikanischen Sonderbeauftragten, General Anthony Zinni, Waffenstillstandsgespräche mit den Palästinensern führte.

Wieder sagte Dagan zu, mit Scharon über mein Anliegen zu sprechen. Doch Israel befand sich erneut in einer Krise, da in den letzten Tagen 25 Israelis bei drei Selbstmordanschlägen getötet worden waren.

Am 10. September 2002 ernannte Scharon General Dagan zum Leiter des Mossad, wie *Ha'aretz* am 11. September berichtete.

Am 22. April 2001 traf ich mich mit dem israelischen Außenminister, Schimon Peres, in seinem Büro in Tel Aviv. Ich hatte Peres zuletzt am 26. Januar 1996 gesehen, als er Premierminister war.

Peres war sowohl in Israel als auch weltweit als Architekt des gescheiterten Friedensplans von Oslo bekannt. Er war jedoch auch mit der Aufgabe betraut gewesen, auf einer geheimen Militärbasis in Dimona Atomwaffen für Israel herzustellen, und konnte daher die Gefahr eines Nuklearterrorismus einschätzen. Drei Tage nach unserem ersten Treffen im Jahr 1996, nachdem ich ihn vor dem im Bibelcode vorhergesagten »atomaren Holocaust« gewarnt hatte, erklärte Peres in einer Rede, dass die größte Gefahr für die Welt von Nuklearwaffen »in den Händen unverantwortlicher Länder oder auf den Schultern von Fanatikern« ausgehe. Am 13. September 2002 prophezeite Peres nach einem Treffen im Weißen Haus, dass der Nahe Osten innerhalb von fünf bis zehn Jahren entweder »friedlich oder atomar aufgerüstet« sein werde.

Kapitel Acht

Der Code des Lebens

Am 27. Oktober 1998 interviewte ich Francis Crick telefonisch. Crick befand sich zu diesem Zeitpunkt in seinem Büro am Salk Institute in San Diego, Kalifornien. Gemeinsam mit James Watson hatte er 1962 für die Entdeckung der DNS-Struktur den Nobelpreis für Medizin erhalten.

Dr. Crick veröffentlichte seine Theorie über die »bewusste Verbreitung von Organismen auf der Erde durch intelligente Wesen von einem anderen Planeten« in dem Wissenschaftsmagazin *Icarus* (Band 19, S. 341–346, Juli 1973), das von dem Astronomen Carl Sagan herausgegeben wurde. Er nannte seine

Theorie »Directed Panspermia« (im Deutschen auch bekannt als »bewusste Verbreitung von Erbgut im All durch Außerirdische«).

Crick wies sowohl in unserem Gespräch als auch in seinem ursprünglichen Artikel sämtliche Thesen zurück, die von einer Übertragung der DNS durch einen Meteoriten auf die Erde ausgehen. Stattdessen erklärte er, dass »eine primitive Lebensform von einer höher entwickelten Zivilisation eines anderen Planeten vorsätzlich auf der Erde eingepflanzt wurde«, wobei ein »Raumschiff« benutzt worden sei.

Am 27. November 1998, genau einen Monat, nachdem Crick bestätigt hatte, was der Bibelcode nahe legte, nämlich dass die »DNS in einem Fahrzeug gebracht« wurde, traf ich mich mit Dr. Rips in seinem Haus in Jerusalem.

Er stimmte zu, dass der Bibelcode und der Code des Lebens dieselbe Doppelhelixstruktur haben könnten, wie zwei miteinander verflochtene Spiralen, und zeigte mir eine Codetabelle, die er vor längerer Zeit gefunden hatte. Darin waren die »Gerechtigkeit Gottes« und die »Gnade Gottes« ineinander verschlungen.

Es ist nicht möglich, die tatsächliche Struktur des Bibelcodes auf einem zweidimensionalen Ausdruck oder einem Computerbildschirm richtig darzustellen, da der Bibelcode in Wirklichkeit die Form eines dreidimensionalen Zylinders hat. Rips zog als Vergleich eine Landkarte heran, die flach ausgebreitet werde und keine Globus-Form habe.

Cricks weitere Ausführungen zu seiner »Directed Panspermia«-Theorie sind seinem Buch *Das Leben selbst* (Piper, München 1986) entnommen. Darin schreibt er, der genetische Code sei wie ein kleines Wörterbuch, das die 4-Buchstaben-Sprache der Nukleinsäuren mit der 20-Buchstaben-Sprache der Proteine in Beziehung setze.

Eine umfangreichere und aktuellere Erklärung findet sich in Matt Ridleys Buch *Alphabet des Lebens. Die Geschichte des menschlichen Genoms* (Claassen Verlag, München 2000), das die Geschichte des kürzlich entschlüsselten menschlichen Bauplans erzählt. Auch darin wird der genetische Code als »Sprache« bezeichnet.

Interessanterweise gehen viele antike Schöpfungsmythen, angefangen mit den ersten bekannten Aufzeichnungen der Sumerer, davon aus, dass alles durch Wörter ins Leben gerufen wurde, dass also sämtliche Geschöpfe durch ihre namentliche Nennung erschaffen wurden.

Dr. Rips erklärte mir, dass dies im Judentum noch deutlicher zum Ausdruck komme: »Die Thora existierte vor der Welt – erst schuf Gott die Thora und danach das Universum.« Wieder bilden die Buchstaben, die Wörter, den Grundstein der Schöpfung.

Kapitel Neun

Invasion

Am 29. März 2002 berichteten *New York Times*, *International Herald Tribune* und *Ha'aretz* von der Invasion der Westbank und der Belagerung von Arafats Hauptquartier in Ramallah durch israelische Panzer. Meine Schilderung basiert auf der Fernsehberichterstattung von CNN und BBC über den Militäreinsatz.

Die israelische Invasion, bei der nahezu jede größere Stadt der Westbank besetzt wurde, folgte auf eine Reihe von Selbstmordanschlägen, die am 27. März mit einem Attentat auf eine Passahfeier in einem Hotel in der Küstenstadt Netanya ihren Höhepunkt gefunden hatte. Dabei waren 19 Menschen getötet und mehr als einhundert verletzt worden.

Der Name der israelischen Militäroperation, »Schutzwall«, war in der Bibel in jener Schreibweise codiert, die in der israelischen Presse verwendet wurde. Dasselbe gilt für »Jenin« und die »Kasbah« (Altstadt) von Nablus, wo die heftigsten Kämpfe wüteten.

Zu diesem Zeitpunkt konnte ich Omri Scharon nicht erreichen, da er wie tausende andere Israelis zum Militärdienst einberufen worden war. Ich traf mich jedoch am 1. April 2002 erneut mit General Dagan in Tel Aviv und zeigte ihm die bemerkenswert genaue Vorhersage der derzeitigen kriegerischen Auseinandersetzung im Bibelcode. Dagan teilte mir mit, dass er den Brief, den ich ihm bei unserem letzten Treffen anvertraut hatte, bereits an Premierminister Scharon weitergeleitet habe, und ich übergab ihm einen weiteren Brief an Scharon mit Datum 1. April.

Auf Dagans Drängen stimmte Scharons Stabschef, Uri Shani, zu, mich nach mehreren Gesprächen zwischen dem Premier und dem amerikanischen Außenminister, Colin Powell, zu empfangen, der eben zu Waffenstillstandsverhandlungen in Israel eingetroffen war.

Am 6. April 2002 traf ich mich mit Arafats Chefunterhändler bei den Friedensgesprächen, Saeb Erekat, in Jericho, der einzigen größeren Stadt auf der Westbank, die von Israel nicht besetzt worden war. Bei dieser Gelegenheit übergab ich ihm einen Brief an Arafat, der das Datum 6. April trug.

Die angeführte Kolumne von Thomas Friedman, in der er davon spricht, dass »Massenvernichtungswaffen Israel von der Landkarte fegen könnten«, erschien am 10. März 2002 in der *New York Times*.

Meine Unterredung mit Dalia Rabin, der Tochter des ermordeten Premierministers, fand am 3. Dezember 2001 in der Knesset statt.

Am selben Tag befahl Scharon – als Vorbote seiner März-Invasion – den größten israelischen Angriff auf die Westbank und den Gaza-Streifen, seit Rabin und Arafat im Jahr 1993 den Vertrag von Oslo mit ihrem Handschlag besiegelt hatten.

Dalia Rabin trat im Juli 2002 von ihrer Funktion als stellvertretende israelische Verteidigungsministerin zurück. Sie begründete ihren Schritt damit, dass Scharon keine Bemühungen unternehme, Frieden zu schließen.

Am 15. April 2002 traf ich mich mit General Yossi Kuperwasser im israelischen Armeehauptquartier in Tel Aviv. Bei dieser Gelegenheit teilte ich dem Leiter der Analyseabteilung innerhalb des Geheimdienstes den Ort eines möglichen Terroristencamps mit, der in der Bibel in Zusammenhang mit bin Laden aufgetaucht war. Obwohl der Name des Ortes im Code eindeutig angegeben wurde, habe ich ihn aus Sicherheitsgründen nicht in dieses Buch aufgenommen.

Am 4. September 2002 erklärte Premierminister Scharon im israelischen Fernsehen: »Libyen wird möglicherweise zu einem gefährlicheren Land, als wir bisher dachten. Es könnte das erste arabische Land sein, das über Massenvernichtungswaffen verfügt.«

Ich wusste nicht, ob die Warnung, die ich General Kuperwasser gegenüber ausgesprochen hatte, schließlich doch an den israelischen Premierminister weitergeleitet worden war. Scharons Statement bestätigte jedoch zumindest eine Warnung im Code.

Am 9. April 2002 traf ich mich mit Dan Meridor, dem israelischen Kabinettsminister, der sich mit der Bedrohung durch chemische, biologische und atomare Terroranschläge befasste, in seinem Büro in Jerusalem.

Meridors Kommentar zum 11. September 2001 – »unglücklicherweise ist dieser Anschlag erst der Beginn« – wurde am 22. Oktober 2001 in *Ha'aretz* veröffentlicht.

Der israelische Verteidigungsminister, Benjamin Ben-Eliezer, erklärte im Januar 2002 anlässlich einer Rede vor dem Rat für Frieden und Sicherheit, dass »der Iran etwa im Jahr 2005 über Atomwaffen verfügen wird, die uns, die Region und möglicherweise die gesamte Welt bedrohen werden«. Mit diesen Worten wurde er am 11. Januar 2002 in *Ha'aretz* zitiert.

Die Einschätzung der CIA, dass der Irak bereits 2007 eine Atomwaffe bauen könne, war am 8. September 2002 in der *New York Times* zu lesen.

Uri Shani trat am 18. April 2002 als Scharons Stabschef zurück, wodurch ich jegliche Möglichkeit verlor, den Premier kurzfristig zu treffen.

Der Hinweis des damaligen Premierministers Levi Eshkol an den jungen General Scharon nach dem Sechs-Tage-Krieg von 1967 – »Die Araber werden auch weiterhin hier bleiben« –, ist dem Buch *Six Days of War* von Michael Oren entnommen (Oxford University Press, New York 2002).

Offiziell »annektierte« Israel nach dem Krieg von 1967 nur Ostjerusalem und die Golan-Höhen im Norden. Das Land nahm jedoch gleichzeitig die Westbank und den Gaza-Streifen ein. Zum ersten Mal seit dem Friedensabkommen von 1993 eroberte Israel im März 2002 die Westbank zurück und marschierte im Juni 2002 auch in die übrigen palästinensischen Autonomiegebiete ein.

Wie die *New York Times* am 17. September 2002 berichtete, waren in den zwei Jahren der Intifada bis September 2002 mindestens 1790 Palästinenser und 609 Israelis gestorben.

Als dieses Buch im September 2002 in den USA in Druck ging, unternahm ich einen letzten Versuch, Premierminister Scharon über seinen Sohn Omri zu erreichen, und schrieb Folgendes in einer E-Mail: »OMRI: Sie haben gefragt, was man erreichen könne. Meine Antwort lautet: Israel kann überleben.«

KAPITEL ZEHN

Der Außerirdische

SETI begann im Jahr 1992, nach Radiosignalen aus dem All zu suchen. Es war zunächst ein Projekt der amerikanischen Regierung und wurde später in ein privat finanziertes Forschungsprogramm umgewandelt.

1999 ernannte die NASA den Nobelpreisträger Dr. Baruch Blumberg zum Vorstand des neu gegründeten Instituts für Astrobiologie, das nach möglichem Leben auf fernen Himmelskörpern forscht. Im Juni 2002 kündigte die NASA den Start einer Raumsonde an, um im Kosmos nach außerirdischem Leben zu suchen. Die *New York Times* berichtete am 4. Juni 2002 davon. Demselben Artikel ist zu entnehmen, dass derzeit 85 Planeten bekannt sind, die um andere Sterne kreisen.

Als man die ersten beiden Planeten außerhalb unseres Sonnensystems entdeckte, widmete das *Time Magazine* diesem Ereignis am 5. Februar 1996 einen Artikel auf der Titelseite mit der Überschrift: »Is Anybody Out There?« (»Ist da draußen jemand?«) In dem Bericht hieß es: »Zwei amerikanische Astronomen haben zwei Planeten außerhalb unseres Sonnensystems entdeckt, auf denen Bedingungen herrschen, die Leben möglich machen könnten.«

In seinem Buch *Sind wir allein im Universum?* (Wilhelm Heyne, München 2000) erklärt der australische Physiker Paul Davies, dass die Entdeckung eines außerirdischen Radiosignals nicht unmittelbar zu einem Dialog zwischen den beiden Zivilisationen führen werde: »Eine Nachricht von Außerirdischen, die einhundert Lichtjahre entfernt leben, würde einhundert Jahre benötigen, um uns zu erreichen. Jede Antwort würde wiederum einhundert Jahre benötigen, um zu ihnen zu gelangen.«

»Folgendes Alternativszenario wäre denkbar: Wir entdecken ein von Außerirdischen auf der Erde oder in Erdnähe zurückgelassenes Artefakt«, schreibt Davies und überlegt weiter, dass ein derartiger Gegenstand möglicherweise »darauf programmiert ist, sich erst zu erkennen zu geben, wenn die irdische Zivilisation eine bestimmte Entwicklungsschwelle überschritten hat«.

Carl Sagan geht von der Theorie aus, dass sich Leben auf anderen Planeten möglicherweise wesentlich früher entwickelt habe, sodass es einen bedeutend höheren Entwicklungsstand aufweise. Dadurch würde uns dessen Technologie »wie Magie« erscheinen. Diese These findet sich in seinem Buch *Blauer Punkt im All* (Bechtermünz, Augsburg 1999). Arthur C. Clarke, der Autor von *2001 – Odyssee im Weltraum,* vertritt eine ähnliche Ansicht: »Jede ausreichend fortgeschrittene Technologie lässt sich nicht mehr von Magie unterscheiden«, schreibt er in *Profile der Zukunft* (Wilhelm Heyne, München 1985).

»Hesekiel schaut die Herrlichkeit des Herren« stammt aus dem unverschlüsselten Text des Buches Hesekiel 1,4–5. Eine ähnliche Textstelle findet sich bei Daniel 7,9–10, wo es heißt, dass »Einer, der uralt war«, auf einem flammenden »Thron« auf der Erde gelandet sei: »Feuerflammen waren sein Thron und dessen Räder loderndes Feuer.«

Kapitel Elf

George Bush

Mein Brief vom 3. August 2001 an Präsident Bush traf bei dessen Stabschef Andrew Card am 7. August 2001 im Weißen Haus ein. Cards Chefassistentin, Josephine Robinson, zufolge gab Card eine Kopie dieses Briefs an Sicherheitsberaterin Condoleezza Rice weiter. Am 10. September 2001 erkundigte ich mich telefonisch, ob Bush meinen Brief nach seiner Rückkehr aus dem Urlaub in Texas erhalten habe. »Die beiden ranghöchsten Personen hier haben ihn gelesen und beschlossen, ihn nicht an den Präsidenten weiterzuleiten«, teilte mir Mrs. Robinson mit.

Time berichtete am 27. Mai 2002, die CIA habe den amerikanischen Präsidenten am 6. August 2001 darüber informiert, dass Anhänger von bin Laden Flugzeuge kommerzieller Fluglinien entführen könnten. Einen Monat zuvor, schrieb die Zeitschrift, habe ein FBI-Bericht, der den Präsidenten nie erreichte, davor gewarnt, dass bin Laden möglicherweise Mitglieder seiner Organisation in amerikanische Flugschulen entsende, um sie auf Terrorangriffe vorzubereiten.

Am 16. August 2001 wurde Zacarias Moussaoui verhaftet, der im Verdacht steht, dass er der zwanzigste Flugzeugentführer hätte sein sollen. Dem Bericht von *Time* zufolge übersah das FBI einen entscheidenden Hinweis im Computer, einen Namen, der die Behörden zum Anführer der Anschläge vom 11. September 2001 geführt hätte, zu Mohammed Atta.

Am 28. August 2002 berichtete die *New York Times,* dass die Regierung einem geheimen Senatsbericht zufolge »bereits vor dem Anschlag vom 11. September einen richtigen Angriffsplan« besessen habe. Die *Washington Post* schrieb am 20. Juni 2002, dass die National Security Agency am 10. September 2001 eine Botschaft abgefangen habe, die »Morgen ist die Stunde null« lautete. Das auf Arabisch geführte Gespräch wurde jedoch erst am 12. September übersetzt.

Am 1. Oktober 2001 schrieb ich einen zweiten Brief an Präsident Bush, den ich über Card und Rice an ihn schickte. Darin erkärte ich, dass der Anschlag vom 11. September vor 3000 Jahren in der Bibel codiert war, und warnte Bush erneut, dass dem Code zufolge während seiner Amtszeit ein Dritter Weltkrieg ausbrechen könnte. Ich erhielt keine Antwort, obwohl Bush davon überzeugt war, dass »der 11. September bewies, dass Gott ihn aus einem bestimmten Grund ausgewählt und ihm auch gezeigt hatte, aus *welchem* Grund«, wie Bill Keller am 23. März 2002 in seiner Kolumne in der *New York Times* berichtete. Ähnliches veröffentlichte die *Times* am 22. September 2001; dort hieß es, dass Bush gegenüber religiösen Führern im Weißen Haus erklärt habe, er habe in den Ereignissen vom 11. September »den Grund für seine Existenz gefunden«.

Meine Schilderung der Ereignisse in der Wahlnacht vom 7. November 2000 und der Gespräche zwischen Bush und Gore in jener Nacht basieren auf Berichten der Fernsehsender NBC, ABC und CBS sowie den Artikeln, die am Tag darauf in der *New York Times* erschienen.

Die Entscheidung des Obersten Gerichtshofs der USA vom 12. Dezember 2000, die dazu führte, dass die Nachzählung in Florida eingestellt und Bush die Präsidentschaft zugesprochen wurde, war in allen Fernsehsendern live zu sehen. Die *New York Times* berichtete ebenfalls davon.

Nach dem 11. September 2001 fand das FBI ein umfassendes, mit der Hand geschriebenes Tagebuch von Mohammed Atta. Aus diesen Aufzeichnungen ging eindeutig hervor, dass er sich auf einer göttlichen Mission gewähnt hatte. »Gott, ich vertraue dir«, hatte er auf Arabisch geschrieben. »Gott, ich begebe mich in deine Hände.« Darüber hinaus erteilte Atta den anderen Entführern die Anweisung zu beten, wenn sie die Flugzeuge betraten: »O Gott, öffne alle Türen für mich.«

Der Bibelcode nannte ein mögliches Terroristencamp im Nahen Osten, das trotz einer besonders geringen Auftrittswahrscheinlichkeit beide hebräischen Schreibweisen von »bin Laden« kreuzte, und bezeichnete es als dessen »Armeehauptquartier«. Derselbe Ort war unmissverständlich mit »Atomwaffen«, »atomarer Holocaust«, »chemischer Angriff« und »der nächste Krieg« codiert. Ich gab diese Informationen an Mitglieder der höchsten Ebene des amerikanischen und israelischen militärischen Geheimdienstes weiter. Die israelischen Geheimdienstler schienen die Warnung ernst zu nehmen, von den amerikanischen erhielt ich keine entsprechenden Hinweise.

Zusätzlich warnte ich die Israelis und Amerikaner, dass Libyen oder eine »libysche Waffe« in einen letzten terroristischen Anschlag verwickelt sein könnten. Am 22. Mai 2002 berichtete *Ha'aretz*: »Libyens Bemühungen, Atomwaffen zu erwerben, bereiten amerikanischen und israelischen Regierungsbeamten in zunehmendem Maß Sorge. Die libysche Bedrohung wurde im Zuge der strategischen Gespräche zwischen den beiden Ländern, die letzte Woche in Washington stattfanden, erörtert.«

Ich weiß nicht, ob meine Warnung aus dem Bibelcode dazu geführt hat, dass Libyen plötzlich in den Brennpunkt der Aufmerksamkeit gerückt wurde, oder ob Israelis und Amerikaner unabhängig davon zur selben Schlussfolgerung gekommen sind.

Am 19. Februar 2002 versuchte ich, Paul Wolfowitz, den stellvertretenden Verteidigungsminister, zu erreichen, der enge Verbindungen zum israelischen Geheimdienst unterhielt. In einem Fax schrieb ich: »Dieser Stützpunkt, falls er überhaupt existiert, könnte mit bin Laden in Verbindung stehen und eine Quelle der Gefahr sowohl für die Vereinigten Staaten als auch für Israel darstellen.« Wolfowitz ließ mir am 19. März durch seinen Assistenten Lincoln Wells eine Antwort zukommen: Er lehnte es ab, sich mit mir zu treffen.

Am 19. Mai 2001 schrieb ich einen Brief an Außenminister Colin Powell, in dem ich ihm mitteilte, dass ich mich im April mit Arafat und Peres getroffen hatte. »Selbst wenn es Ihnen unmöglich ist, an einen Code in der Bibel zu glauben, der die Zukunft vorhersagt, könnte es wichtig sein, dass wir einander treffen, denn Arafat glaubt fest daran«, hieß es in meinem Brief. Powell antwortete nicht.

Die Aussage von Vizepräsident Cheney, dass ein weiterer Terroranschlag auf die Vereinigten Staaten »beinahe sicher zu erwarten sei« und sich nicht die Frage stelle, »ob er kommt, sondern wann«, wurde am 20. Mai 2002 in der *New York Times* veröffentlicht. Ähnliche Erklärungen gab er auch am 19. Mai in der NBC-Sendung *Meet the Press* ab.

Verteidigungsminister Donald Rumsfeld sagte am 21. Mai 2002 anlässlich einer Anhörung vor dem Bewilligungsausschuss des Senats unter Eid aus, dass Terroristen Massenvernichtungswaffen erwarben. Er wiederholte seine Warnung am nächsten Tag in einem Interview des Fernsehsenders PBS: »Sie sind bereit, tausende unschuldige Männer, Frauen und Kinder zu töten, indem sie Flugzeuge in Gebäude lenken. Wir wissen, dass sie nicht eine Sekunde zögern würden, Massenvernichtungswaffen einzusetzen, wenn sie welche hätten.«

Tom Ridge, der Leiter des Amtes für innere Sicherheit, erklärte am 6. September 2002 in einem Interview mit der *New York Times*: »Wir sind heute und auch in der Zukunft Ziel einzelner oder mehrerer terroristischer Attentate.«

Die Statements von FBI-Direktor Rober Mueller, dass ein weiterer terroristischer Anschlag »unvermeidlich« sei und »wir nicht imstande sein werden, ihn zu verhindern«, wurden am 21. Mai 2002 in der *New York Times* veröffentlicht. Mueller wusste offensichtlich nicht, dass die von ihm auf einer Konferenz über Strafverfolgung abgegebenen Erklärungen an die Öffentlichkeit dringen würden. Er gestand am 29. Mai 2002 ein, dass die Anschläge vom

11. September 2001 hätten verhindert werden können, wenn getrennte Geheimdienstberichte, über welche die Regierung vor dem 11. September verfügte, miteinander in Verbindung gebracht worden wären, berichtete die *New York Times* am 30. Mai 2002.

KAPITEL ZWÖLF

Die Reise des Helden

Joseph Campbells Beschreibung der klassischen »Heldenreise« stammt aus seinem Buch *Heros in tausend Gestalten* (Insel Verlag, Frankfurt 1999). Seine These, dass die göttliche Macht »immer schon im Herzen des Helden gewohnt hatte«, findet sich dort auf S. 39.

Moses' letzte Worte an die alten Israeliten stehen im 5. Buch Mose 30,11–14. Bei einem Treffen im Januar 2000 erklärte Dr. Rips, dass die Beständigkeit der Eintragungen von »Obelisk« und »Codeschlüssel« jenseits jeder berechenbaren Wahrscheinlichkeit liege. Dies sei jedoch kein Beweis dafür, dass sie auch in dieser Welt existierten. Ähnliche Gespräche führten wir im Verlauf der letzten Jahre mehrmals.

Rips sagte, im unverschlüsselten Text der Bibel finde sich ein eindeutiger Hinweis darauf, dass die gesamte Thora in Stein geritzt worden sei; ein alter Kommentar besage, dass sie tatsächlich in siebzig verschiedenen Sprachen für alle Länder der Erde in Stein geritzt worden sei. »Daher ist es nicht undenkbar, dass Ihre ›Obelisken‹ existieren«, meinte er. »Selbstverständlich wäre ich mehr als begeistert, wenn Sie sie tatsächlich fänden.«

Die Geschichte von Josef, dem der Pharao den Namen »Zafenat-Paneach« verlieh, was im Hebräischen »Decoder des Codes« bedeutet, findet sich im 1. Buch Mose 41,45. Josefs Ausspruch nach den beiden Prophezeiungen »Das ist die Lösung« steht im 1. Buch Mose 40,12 und 40,18. In beiden Fällen überlagert der Name der Halbinsel »Lisan« Josefs Satz.

Die Äußerung, dass der Code »von einem intelligenten Wesen stammt, das nicht nur über uns steht, sondern sich auch von uns unterscheidet«, machte Dr. Rips anlässlich eines Gesprächs, das ich kurz vor dem Passahfest im März 1999 führte. Während desselben Gesprächs teilte er mir mit, dass für den Codierer Vergangenheit, Gegenwart und Zukunft eine Einheit bildeten.

Einsteins ähnlich lautende Aussage, dass »die Unterscheidung zwischen Vergangenheit, Gegenwart und Zukunft nur eine Illusion ist, wenn auch eine dauerhafte«, findet sich in einem Brief, den er am 21. März 1955 der Witwe seines Physikerkollegen und lebenslangen Freundes Michele Besso schrieb (Einstein-Archiv 7–245), veröffentlicht in *Einstein sagt. Zitate, Einfälle, Gedanken* (Piper, München 1999).

Während der Arbeit an meinem ersten Buch sprach ich Mitte der Neunzigerjahre bei mehreren Gelegenheiten mit dem Filmregisseur Stanley Kubrick über den Bibelcode. Als ich den Code ihm gegenüber erstmals erwähnte, sagte er spontan: »Das ist ja wie der Monolith in *2001 – Odyssee im Weltraum*.«

Stephen Hawkings Satz: »In der Zukunft werden Zeitreisen für uns im Bereich des Möglichen liegen«, stammt aus der Einleitung zu seinem Buch *The Physics of Star Trek* (Basic Books 1995), S. xiii. In *Eine kurze Geschichte der Zeit* (dtv, München 2001) wiederholt er, dass er an Zeitreisen glaube. Er erklärt darin auch, dass jede hoch entwickelte Form der Zeitreise eine Geschwindigkeit erfordere, die über der Lichtgeschwindigkeit liege, was automatisch ein Zurückgehen in der Zeit bedeute.

Bin Ladens Ausspruch: »Die Amerikaner lieben das Leben, das ist ihre Schwäche. Wir lieben den Tod, das ist unsere Stärke«, stammt aus einem seiner Videoauftritte, die vom arabischen Fernsehsender Al-Dschasira ausgestrahlt wurden. Man geht davon aus, dass die Aufzeichnung vor dem 11. September 2001 entstanden ist. Gesendet wurde sie jedoch erst nach den Terroranschlägen.

Kapitel Dreizehn

Countdown

Die Bemerkung, die ich wenige Tage nach dem 11. September 2001 Rips gegenüber machte, dass nun auch vollkommen weltlich eingestellte Menschen daran glaubten, dies sei das Ende der Zeit, wurde durch die Titelgeschichte von *Time* vom 1. Juli 2002 bestätigt: »Die Bibel & die Apokalypse: Warum immer mehr Amerikaner über das Ende der Welt lesen und reden«, lautete die Überschrift. Darin kommt der Pfarrer der presbyterianischen Kirche in der Fifth Avenue zu Wort: »Seit dem 11. September stellen sich abgebrühte, harte, zynische New Yorker Rechtsanwälte und Börsenmakler, die durch nichts zu beeindrucken sind, die Frage: ›Ist das Ende der Welt gekommen?‹«

Die Prophezeiung eines »Endkampfes« findet sich im Neuen Testament im Buch der Offenbarung 20,7–9. Das Zitat aus dem Alten Testament – »Ist das der Mann, der die Welt zittern und die Königreiche beben machte?« – stammt aus dem Buch Jesaja 14,16.

Eine Zeit entsetzlichen Leidens vor der Ankunft des Messias wird im Buch Daniel, Kapitel 12, des Alten Testaments, in der Offenbarung, Kapitel 20, des Neuen Testamtents und im Hadith, einem Kommentar zum Koran, vorhergesagt.

Der versiegelte Brief, den ich meinem Rechtsanwalt, Michael Kennedy, übergab, trug das Datum 6. Oktober 1998.

Am 13. September 2001 schrieb ich an Alan Greenspan, den Vorsitzenden der Federal Reserve Bank; am 17. September traf der Brief in Greenspans Büro ein. Dies war der Vorabend des hebräischen Jahres 5762, das gemeinsam mit »Wirtschaftskrise« codiert war, und gleichzeitig der erste Tag nach dem 11. September, an dem die Börse wieder geöffnet war. Der Dow Jones fiel um 684 Punkte – der größte Verlust in der Geschichte und der Beginn einer Woche, die den stärksten Börsencrash seit der großen Depression hinnehmen musste, wie die *New York Times* am 22. September 2001 berichtete.

Greenspans Pressesprecherin, Lynn Fox, bestätigte mir am 28. September 2001, dass der Vorsitzende der Bank »Ihren Brief gelesen hat«, erklärte jedoch, dass er nie Interviews gebe und zu keinem Treffen bereit sei. Am 27. November 2001 berichtete die *New York Times*, dass das National Bureau of Economic Research offiziell erklärt habe, es sei eine Rezession eingetreten.

Im Juli 2002 ließ der schlimmste Baissemarkt seit einer Generation die wichtigsten Aktienindizes noch unter jene Werte absinken, auf die sie unmittelbar nach dem 11. September 2001 gefallen waren.

Am 23. Juli 2002 berichtete die *New York Times*, dass der Dow Jones unter die 8000-Punkte-Marke gefallen sei, und zwar auf 7702, den tiefsten Stand seit Oktober 1998, und der Standard & Poor's-Index unter die 800-Punktemarke auf 797 und somit auf den tiefsten Wert seit April 1997. Am 21. Juli 2002 schrieb die *Times*, der Markt habe in den vergangenen beiden Jahren sieben Billionen Dollar verloren.

Die Börse beendete das hebräische Jahr 5762 am Freitag, dem 6. September 2002, mit Verlusten an sechs der letzten acht Handelstage und in jedem der letzten fünf Monate. Zum ersten Mal seit der Rezession von 1981 hatte der Dow Jones in fünf aufeinander folgenden Monaten verloren. Am 4. September 2002 schrieb die *Times*, es sei als wahrscheinlich anzunehmen, dass der Markt »drei aufeinander folgende Jahre lang sinkt. Dies ist die längste Periode seit der Depression.«

Der Name des Terroristencamps, der in der Bibel gemeinsam mit »am Ende der Tage« codiert war, ließ ich absichtlich weg. Ich gab die entsprechende Ortsbezeichnung sowohl an den amerikanischen als auch den israelischen Geheimdienst weiter.

Am 31. Oktober 2001 berichtete *Ha'aretz*, dass »im Bereich der nichtkonventionellen Waffen heute Pocken die größte Bedrohung für Israel darstellen, wie Sicherheitsberater dem israelischen Premierminister Ariel Scharon mitteilten«.

Jonathan Tucker erklärt in seinem Buch *Scourge* (Atlantic Monthly Press, New York 2001), dass Pocken »mehrere hundert Millionen Todesopfer« forderten, ehe die Krankheit im Jahr 1980 ausgerottet wurde. Im selben Buch schreibt er, dass ein Drittel aller Erkrankten stirbt und auch die Überlebenden an entsetzlichen Folgen leiden. Sowohl die Vereinigten Staaten als auch Israel entschlossen sich im Sommer 2002, alle Mitglieder von Sanitäts- und anderen Notdiensten, die in einem biologischen Terrorangriff die Frontlinie bilden, gegen Pocken zu impfen. Am 7. Juli 2002 berichtete die *New York Times*, dass die Vereinigten Staaten beabsichtigten, 500 000 Mitarbeiter von Sanitätshilfsdiensten zu impfen, dass bereits ein Vorrat von einhundert Millionen Impfeinheiten gegen Pocken vorhanden sei und dass vor Ende des Jahres 2002 genug Impfstoff für die gesamte amerikanische Bevölkerung eingelagert werde. *Ha'aretz* zufolge verfügt Israel schon jetzt über ausreichende Mengen Impfstoff für die ganze Bevölkerung.

Am 12. Dezember 2001 erklärte mir General Isaac Ben-Israel, der führende Wissenschaftler im Verteidigungsministerium, dass Pocken »jedermanns Albtraum« seien, weil sie von Mensch zu Mensch übertragbar sind, sich in der Luft verteilen und sich in unserer heutigen Welt innerhalb weniger Wochen über den ganzen Globus verbreiten. »Es ist so einfach, dass es ein Verbrechen wäre, die Gefahr zu ignorieren«, meinte er.

Der Satz: »Der nächste Weltkrieg könnte durch Nuklearwaffen in den Händen von Terroristen ausgelöst werden«, findet sich in meinem ersten, 1997 veröffentlichten Buch über den Bibelcode (*Der Bibel Code*, Wilhelm Heyne, München 1997).

Der US-Senatsbericht über die Gefahr eines Nuklearterrorismus mit dem Titel »Global Proliferation of Weapons of Mass Destruction« (Sen. Hrg. 104–422) wurde 1995 veröffentlicht. Das Zitat über den Zerfall der Sowjetunion – »noch nie zuvor hat sich ein Staatengebilde aufgelöst, das über 30 000 atomare Waffen verfügte« – stammt aus der Eröffnungsrede von Senator Sam Nunn, niedergeschrieben am 31. Oktober 1995.

Die Titelgeschichte von Bill Keller über Nuklearterrorismus wurde am 26. Mai 2002 im *New York Times Magazine* publiziert. Der Artikel trug die in fett gedruckte Überschrift: »SOONER OR LATER, AN ATTACK WILL HAPPEN HERE« (dt. etwa »Früher oder später wird hier ein Angriff erfolgen«). Das von Keller zitierte Computermodell über die Auswirkungen einer Nuklearbombe mit einer Sprengkraft von einer Kilotonne, die am Times Square explodiert, wurde von Matthew McKinzie entwickelt, einem Wissenschaftler der einflussreichen Umweltorganisation Natural Resources Defense Council. Meine Beschreibung ist Kellers Artikel entnommen.

Die Schilderung der Auswirkungen einer Bombe von einer Megatonne Sprengkraft, die über New York abgeworfen wird, ist dem maßgeblichen Buch *Das Schicksal der Erde* von Jonathan Schell (dtv, München 1984) entnommen. Schells Beschreibung der möglichen Auswirkungen einer Zwanzig-Megatonnen-Bombe entstammt demselben Werk, genauso die Schilderung einer Explosion am Boden.

Auf der Meinungsseite der *Times* vom 24. September 2001 schrieb der Terrorexperte Robert Wright über die Ereignisse vom 11. September: »Die Terroristen verwendeten weder biologische noch atomare Waffen, was sie das nächste Mal gut und gern tun könnten.«

Dr. Rips' Zitat aus Moses' Warnung: »So wird euch am Ende der Tage das Unheil treffen«, stammt aus dem 5. Buch Mose 31,29. Er betonte, Moses' Mahnung an sein Volk zeige im Weiteren eindeutig auf, dass wir eine Wahl hätten, denn sie ende mit dem Ausspruch: »Und durch dies Wort werdet ihr lange leben in dem Land.«

Schlussbemerkung

Newtons Bemerkung, dass nicht nur die Bibel, sondern das gesamte Universum ein »von Gott, dem Allmächtigen, verfasstes Kryptogramm« sei, stammt aus John Maynard Keynes' Buch *Essays and Sketches in Biography* (Meridian Books, 1956).

Das menschliche Genom wurde von zwei Wissenschaftlerteams entschlüsselt, einer von der amerikanischen Regierung beauftragten und einer privaten Forschergruppe. Sie veröffentlichten ihre Ergebnisse am 26. Juni 2000 gemeinsam. Die *New York Times* berichtete am 27. Juni 2000 unter der Überschrift »Human Life is Cracked by Scientists« (dt. etwa »Code des menschlichen Lebens von Wissenschaftlern entschlüsselt«) davon.

Das Hubble-Weltraumteleskop sendet Bilder zur Erde, die ein Licht einfangen, das dem Beginn des Universums immer näher kommt. »Je weiter das Teleskop sieht, desto älter ist das Licht, das es einfängt – bis zu dreizehn Milliarden Jahre, sodass es sich jenem Zeitpunkt nähert, an dem die Wissenschaftler den Beginn der Zeit ansetzen«, berichtete die *New York Times* am 23. Juli 2002.

In seinem Buch *Gott kennt nur sechs Zahlen* (Bertelsmann, München 2002) erklärt der königlich-britische Astronom Sir Martin Rees, dass im Augenblick der Schöpfung einige wenige Zahlen die Form von allem bestimmten.

Newton war davon überzeugt, dass das Universum ein Rätsel Gottes sei, dazu bestimmt, von uns gelöst zu werden. Dr. Rips ist davon überzeugt, dass der Bibelcode ein Rätsel Gottes ist, und der Code selbst erklärt, er sei »in unsere Hände gegeben, um zu lösen«.

Anhang

Indem Elijahu Rips den Bibelcode entdeckte, der Ereignisse enthüllt, die tausende von Jahren nach der Niederschrift der Bibel eintraten, und indem er seine Existenz bewies, forderte er die moderne Wissenschaft heraus und veränderte unsere Sicht auf die Welt.

»Wenn sich der Code als echt herausstellt, ist er eine bedeutendere Entdeckung als alle Erkenntnisse von Einstein«, meinte Israels angesehenster Physiker, Yakir Aharonov, als ich ihm vor Jahren erstmals vom Bibelcode erzählte. »Wenn er echt ist, ist diese Entdeckung so bedeutend wie Newtons Erkenntnisse«, sagte Aharonov, als ich ihn kürzlich wiedersah.

»Sie haben sich noch um eine Stufe gesteigert«, erwiderte ich.

»Richtig«, sagte Aharonov. »Wenn der Code wirklich existiert, wird er die Wissenschaft ebenso transformieren, wie Newton es getan hat.«

Wie Thomas S. Kuhn in seinem Klassiker *Die Struktur wissenschaftlicher Forschung* (Suhrkamp, Frankfurt 2001) anmerkt, wurden viele der größten Entdeckungen von der etablierten Wissenschaft anfangs abgelehnt und sogar zur Zielscheibe von Spott gemacht. Grund dafür war vor allem, dass wirklich bedeutende Entdeckungen per definitionem unsere Überzeugungen in ihren Grundfesten erschüttern und auf diese Weise die etablierte Wissenschaft herausfordern.

»Jede Entdeckung bedeutet, dass eine über lange Zeit anerkannte Theorie zugunsten einer anderen, die damit nicht kompatibel ist, verworfen werden muss«, schreibt Kuhn. »Die normale Wissenschaft unterdrückt grundlegende Neuentdeckungen häufig, weil diese zwangsläufig subversiv sind.«

Ich erinnere mich daran, dass ich Eli Rips vor der Veröffentlichung meines ersten Buchs über den Bibelcode warnte, dass er gewiss attackiert werde, sobald seine Entdeckung allgemein bekannt sei. Das war unausweichlich. Immerhin verlangte er von den Menschen, eine Theorie zu akzeptieren, die so radikal war, dass die Welt nicht mehr dieselbe sein würde, wenn die These erst einmal Anerkennung gefunden hätte.

»Sie fordern die Welt heraus wie damals Galileo Galilei, als er behauptete, dass die Erde um die Sonne kreise und dass die Sonne, nicht die Erde, der Mittelpunkt unserer Welt sei. Nicht nur die Kirche verdammte ihn dafür, sondern auch die gesamte etablierte Wissenschaft seiner Zeit. Auch Sie fordern das religiöse und wissenschaftliche Establishment heraus.«

»Ich bin nur froh, dass man heute niemanden mehr auf dem Scheiterhaufen verbrennt«, entgegnete Rips.

Doch er sollte andere Qualen erleiden. Er wurde von vielen Wissenschaftlern kritisiert, die nicht akzeptieren wollten, dass ein Phänomen, das sie nicht begriffen, existieren konnte.

Es gelang allerdings niemandem, einen Fehler in seinen mathematischen Ableitungen oder dem Computerprogramm seines ursprünglichen Experiments zu entdecken. Eine Dokumentation dieses Experiments hatte Rips im August 1994 in der renommierten amerikanischen Mathematikzeitschrift *Statistical Science* veröffentlicht. Nicht eine einzige Widerlegung wurde eingereicht.

Fünf Jahre später veröffentlichte *Statistical Science* unter einem neuen Herausgeber schließlich doch eine Widerlegung. Sie war von einem Team von Mathematikern unter Leitung eines Australiers verfasst worden, der Hebräisch, die Sprache des Bibelcodes, nicht lesen konnte. Aber er hatte mehrere israelische Verbündete, die allerdings nicht etwa die mathematischen Ableitungen oder das Computerprogramm des ursprünglichen Experiments von Rips kritisierten, sondern die verwendeten Daten – jene hebräische Namensliste von 32 Gelehrten, die alle nach der Niederschrift der Bibel gelebt hatten und deren Geburts- und Sterbedaten im Bibelcode bemerkenswerterweise gemeinsam mit ihren Namen erschienen.

Dasselbe Phänomen träte in jedem beliebigen Buch auf, meinten die Kritiker. Das war die erste Frage, die ich Rips bei unserem ersten Treffen gestellt hatte. War es nicht möglich, mithilfe eines Computers in jedem beliebigen Buch derartige Deckungsgleichheiten zu finden?

Rips erwiderte damals, dass er mit seinen Kollegen mit demselben Computerprogramm und denselben mathematischen Tests in drei anderen, nicht biblischen Texten nach denselben Namen und Daten gesucht habe. In der Bibel waren die Namen und Daten gemeinsam codiert. In den drei anderen Büchern nicht. Wie sich schließlich herausstellte, lag die Wahrscheinlichkeit, dass die codierten Informationen zufällig gemeinsam gefunden wurden, bei eins zu zehn Millionen.

»Die Daten wurden an den Test angepasst«, behaupteten die Kritiker. Die Widerlegung unterließ es gerade noch, Dr. Rips und seine Kollegen offen des Betrugs zu beschuldigen, dass sie nämlich nur Namen und Daten gewählt hätten, die ausschließlich in der Bibel gemeinsam erschienen.

Ich wusste, dass diese Anschuldigung falsch war, da ich die Tatsachen vor der Veröffentlichung meines ersten Buches überprüft hatte. »Wer hat die Daten ausgewählt?«, war die zweite Frage gewesen, die ich Rips gestellt hatte.

Die Namen der Wissenschaftler waren nach ganz einfachen Kriterien ausgewählt worden. Rips und seine Kollegen hatten einfach die Länge der Eintragungen in der *Encyclopedia of Sages* (einer Enzyklopädie herausragender jüdischer Wissenschaftler) gemessen und die ersten 34 Gelehrten genommen, deren Eintrag mindestens 25 Zentimeter betrug. Als der Wissenschaftler, der das Originalexperiment überwachte, um neue Daten bat – vor allem, um jede Möglichkeit eines Betrugs auszuschließen –, suchte Rips die nächsten 32 Gelehrten, deren Eintrag in der Enzyklopädie mindestens 25 Zentimeter lang war.

Es bestand keine Möglichkeit, das Experiment zu manipulieren, denn die Wahl der Namen erfolgte ausschließlich nach diesem Kriterium.

Doch es gab Auseinandersetzungen über die korrekte Schreibweise der Namen dieser Rabbis, da die meisten in einer Zeit gelebt hatten, als die Schreibweise noch nicht beständig und standardisiert war. Deshalb ersuchten Rips und seine Kollegen die führende Autorität auf dem Gebiet rabbinischer Bibliografie, Dr. Shlomo Z. Havlin, eine Entscheidung über die Schreibweise der Namen zu treffen und damit die endgültige Wahl der Daten für das Experiment vorzunehmen.

Ich interviewte Havlin und erhielt von ihm zusätzlich folgende schriftliche Aussage: »Ich bestätige, die beiden Listen von Namen und Bezeichnungen nach meiner Beurteilung und nach peinlich genauer Überprüfung anhand der Computerdatenbank des Datenverarbeitungszentrums der Bar-Ilan-Universität zusammengestellt zu haben.«

Bevor *Statistical Science* mit fünfjähriger Verspätung eine Widerlegung veröffentlichte, hatte Havlin der Zeitschrift eine detailliertere Aussage über seine Rolle bei der endgültigen Entscheidung über die Daten geschickt, die in Rips' Originalexperiment verwendet worden waren: »Ich betone nachdrücklich, dass es mir bei der Zusammenstellung der vorgenannten Listen nicht nur unmöglich war zu wissen, welche Auswirkung meine Wahl eines bestimmten Namens bzw. einer bestimmten Bezeichnung auf das Ergebnis des Experiments haben würde, sondern dass mir auch nicht bekannt war, wie das Ergebnis des Experiments gemessen werden würde und in welcher Beziehung es zu der Liste der Namen und Bezeichnungen stand.«

Das Originalexperiment von Rips war also ein klassischer Doppelblindversuch. Der unabhängige Fachmann, der die Daten wählte, wusste nicht, in welcher Weise sie das Ergebnis des Experiments beeinflussen würden, und verfügte nicht einmal über Kenntnisse in Bezug auf das Experiment selbst.

Der grundlegende Vorwurf gegen Rips und seine Kollegen – dass sie »die Daten an den Test angepasst« hätten – war somit eindeutig widerlegt. Weder Rips noch seine Kollegen, die das Experiment mit ihm durchführten, hatten die Daten gewählt, sondern Havlin.

Ungeachtet der Tatsache, dass *Statistical Science* vorab und schriftlich von Havlin dahingehend unterrichtet worden war, dass die gegen Rips erhobenen

Vorwürfe unberechtigt waren, veröffentlichte die Zeitschrift die Widerlegung dennoch.

Die Kritik focht Rips' Experiment in einem weiteren Punkt an. Der Australier Brendan McKay führte ein eigenes »Experiment« durch. Er verwendete jedoch nicht die Bibel, sondern *Krieg und Frieden* und manipulierte die Daten so, dass sich in dem russischen Roman ein vorgetäuschter »Code« ergab. Indem er sein Experiment bewusst so gestaltete, dass ein nicht vorhandener »Code« vorgetäuscht wurde, wollte er beweisen, dass auch Rips dazu imstande gewesen wäre.

Selbstverständlich war diese Behauptung sowohl unsinnig als auch falsch. Rips hatte keine Möglichkeit, das Experiment zu manipulieren, da Havlin als unabhängiger Experte die Daten gewählt hatte. Und Havlin wusste nicht, auf welche Weise seine Wahl das Ergebnis des Experiments beeinflussen würde.

So hatte McKay lediglich bewiesen, dass er selbst ein Experiment manipuliert und einen Schwindel begangen hatte. »Wenn McKay einen Hundert-Dollar-Schein gefälscht hätte, dann würde das nicht beweisen, dass jeder Geldschein gefälscht ist. Es würde lediglich beweisen, dass McKay ein Fälscher ist«, kommentierte der berühmteste israelische Mathematiker, Robert Aumann von der Hebräischen Universität, McKays Vorgehensweise.

Der Vorwurf war eindeutig so unhaltbar und absurd, dass er unter normalen Umständen nie veröffentlicht worden wäre. Doch nun griffen ihn viele Wissenschaftler bereitwillig auf, weil sie sich bereits auf eine Seite geschlagen hatten. Was Rips behauptet und bewiesen hatte und was niemand widerlegen konnte – dass ein Code in der Bibel Ereignisse enthüllte, die erst nach ihrer Niederschrift stattfanden –, war für die westliche Wissenschaft eine derart krasse Herausforderung, dass viele ohne Prüfung der Beweise entschieden, es könne nicht wahr sein.

Wenn Rips Recht hatte, waren sie im Unrecht. Wenn Rips Recht hatte, mussten die Gesetze der Physik, der Mathematik und das Wesen der Zeit an sich neu bestimmt werden.

Dieselbe Ablehnung erfuhren fast alle Wissenschaftler, die eine große Entdeckung gemacht hatten, welche die Wissenschaft ihrer Zeit auf den Kopf stellte.

Bis zum heutigen Tag hat niemand einen Beweis dafür gefunden, dass Rips Unrecht hat. Niemand hat Fehler in seinen mathematischen Ableitungen, seinem Computerprogramm oder dem Ergebnis seines Originalexperiments entdeckt, das bewies, dass die Namen von 32 Gelehrten, die nach der Niederschrift der Bibel gelebt hatten, trotz einer unglaublich geringen Auftrittswahrscheinlichkeit von eins zu zehn Millionen gemeinsam mit ihren Geburts- und Sterbedaten erschienen.

Harold Gans, führender Kryptoanalytiker der NSA, wiederholte das israelische Experiment sogar mit einem selbst entwickelten Computerprogramm. Er war so fest davon überzeugt, dass es keinen Bibelcode gab, dass er in seinem

Experiment einen Schritt weiter ging – er suchte im Code nach neuen Informationen, nämlich den Geburts- und Sterbeorten derselben Gelehrten. Und er fand sie an derselben Stelle.

In ihrer Kritik an Rips behaupteten McKay und dessen Team fälschlicherweise, dass Gans sein Experiment »zurückgezogen« habe. Gans hatte jedoch öffentlich und in Schriftform erklärt, dass sein Experiment auch einer weiteren Überprüfung standgehalten habe und er sich bezüglich der Ergebnisse sicher sei.

»Dass wir diese ›Codes‹ nicht finden können, ist unser aussagekräftigster Beweis«, schrieben McKay und seine Leute, wobei sie die Tatsache vollkommen ignorierten, dass ein Kryptoanalytiker der NSA, der 25 Jahre lang für den Geheimdienst der amerikanischen Armee Codes entwickelt und entschlüsselt hatte, sehr wohl einen Code in der Bibel entdeckt hatte.

Überdies stießen McKay und seine Leute selbst zweimal auf eindeutige Beweise, dass der Bibelcode echt war. Zunächst beanstandeten sie die ursprüngliche Auswahl der Namen, indem sie behaupteten, die Eintragungen über die Gelehrten in der *Encyclopedia of Sages* seien nicht korrekt gemessen worden. Als Rips das ursprüngliche Experiment mit den von McKay gewählten Daten dann noch einmal durchführte, war das Ergebnis sogar noch besser. McKay et al. ignorierten dieses Experiment.

Um den Bibelcode endgültig als Fälschung zu entlarven, führten sie schließlich erstmals ein eigenes Experiment durch – das ebenfalls ein positives Ergebnis erbrachte. Statt dieses Ergebnis zu veröffentlichen, veränderten sie ihre Prüfmethode und setzten neue Parameter fest, obwohl Rips sie vorab gewarnt hatte, dass sie damit jede Möglichkeit auf ein positives Ergebnis ausschlössen. Daraufhin veröffentlichten sie die Ergebnisse des zweiten Experiments und verbargen in den neuen Daten die positiven Ergebnisse ihres ersten.

Selbstverständlich konnte auch niemand erklären, weshalb der Bibelcode so genaue Vorhersagen über die Zukunft machte, wenn er nicht existierte. Niemand hat in *Krieg und Frieden* oder *Moby Dick* im Vorhinein die richtige Vorhersage eines Weltereignisses gefunden.

Niemand könnte einen gefälschten Code so manipulieren, dass er ein Jahr vorher die Ermordung eines Premierministers korrekt prophezeit.

Vielleicht ist dies der Grund, warum nahezu alle, außer einem kleinen Kreis von Wissenschaftlern, den Bibelcode als echt anerkennen.

In ihrer Attacke auf den Bibelcode vermerkte die Zeitschrift *Statistical Science*, dass Rips' »Dokumentation in voller Länge in Drosnins Buch aus dem Jahr 1997 abgedruckt war, das in vielen Ländern zum Bestseller wurde, sodass diese Dokumentation möglicherweise die am häufigsten abgedruckte wissenschaftliche Arbeit aller Zeiten ist«. Und trotzdem hat die Beschreibung von Rips' Experiment nur diese eine, so offensichtlich irrende Widerlegung hervorgerufen.

In ihrer Antwort an *Statistical Science* wiesen Rips und seine Kollegen mittels einer detaillierten mathematischen Analyse nach, dass McKays Behauptung »keinerlei Validität« habe. Rips führte auch an, dass »die Aussagen des geschätzten Wissenschaftlers Prof. S. Z. Havlin von der Bar-Ilan-Universität und von Harold Gans, einem führenden Kryptoanalytiker des amerikanischen Verteidigungsministeriums, eindeutig aufzeigen, dass die Beschuldigungen falsch sind«.

»Die Beweise für die Existenz des Bibelcodes sind klarer als je zuvor«, schrieb Rips. »Es wurden erstaunliche Fortschritte erzielt, unter anderem bei neuen Experimenten, die ergaben, dass diese beiden Persönlichkeiten, ebenso wie andere Menschen, die lange nach der Niederschrift der Bibel lebten, dort mit ihrem Namen und Einzelheiten aus ihrem Leben codiert sind.«

Die Mathematikzeitschrift, die ursprünglich Rips' Experiment veröffentlicht und ihm schriftlich das Recht zugesichert hatte, auf jede Widerlegung zu antworten, weigerte sich nun, seine Antwort zu publizieren.

Robert Aumann, der angesehendste Mathematiker Israels, ein Mitglied der American Academy of Science, legte bei *Statistical Science* dagegen schriftlich Protest ein. Dieser Protest war auch von David Kazhdan unterzeichnet, dem bekanntesten Mathematiker von Harvard, und richtete sich gegen die Weigerung der Zeitschrift, die Antwort von Rips und seinen Kollegen auf die Vorwürfe zu veröffentlichen.

»Wir sind uns der Sprengkraft des ursprünglichen Artikels sehr bewusst«, schrieben Aumann und Kazhdan. »Wir sprechen der Redaktion von *Statistical Science* unseren herzlichsten Glückwunsch dafür aus, dass sie die geistige Ehrlichkeit und den Mut besaß, diesen Artikel zu veröffentlichen, ungeachtet des Sturms, den er auslösen musste – und auch tatsächlich auslöste.«

Aumann bat die Mathematikzeitschrift, dieser mutigen Tat nicht »schäbige, unangemessene und ungerechte Handlungen« folgen zu lassen und vor allem nicht eine heimlich verfasste Widerlegung zu veröffentlichen, in die Rips nicht einmal Einsicht gewährt worden war.

Doch *Statistical Science* ignorierte die Briefe von Havlin, Gans, Aumann und Kazhdan und veröffentlichte ein Papier, das schon vorher widerlegt worden war.

Ich bin davon überzeugt, dass die von Rips damals veröffentlichte Dokumentation eines Tages als »wissenschaftliche Revolution« betrachtet werden wird.

Danksagung

Der Gedanke, ein weiteres Buch über den Bibelcode zu schreiben, entstand an dem Tag, als ich den Namen des israelischen Mathematikers, der den Code entdeckt hatte, in der Bibel fand – und zwar in jenem Vers, der erzählt, wie Gott auf den Berg Sinai herabstieg und Moses die Thora übergab.

In den fünf Jahren, die seither vergangen sind, haben Eli Rips und ich häufig telefoniert und einander oft getroffen.

Beweise für die Echtheit des Bibelcodes kamen aus verschiedenen Quellen, aber ich hätte dieses Buch nie ohne Rips' unermüdliche Hilfe schreiben können. Doch es wurde unabhängig von ihm verfasst und bringt *meine* Ansichten zum Ausdruck, nicht seine, sieht man von den Zitaten ab.

Ich habe das Computerprogramm verwendet, das er gemeinsam mit seinem Kollegen Dr. Alex Rotenberg entwickelt hat. Sämtliche Bibelcode-Ausdrucke erfolgten mithilfe der von Alex Rotenberg und Dr. Alex Polishuk erarbeiteten Software.

Viele Mitarbeiter der israelischen Regierung trugen in entscheidender Weise zu diesem Buch bei. Ich kann sie allerdings nicht alle namentlich nennen, da dies ihre Arbeit erschweren würde. Besonderen Dank muss ich jedoch meinem Freund, General Isaac Ben-Israel, aussprechen, der bis vor kurzem führender Wissenschaftler im Verteidigungsministerium war.

Die beiden Geologen David Neev und sein junger Kollege Yuval Bartov haben mir ihr Wissen über das Tote Meer und die

Halbinsel Lisan zur Verfügung gestellt und auf diese Weise meine archäologische Suche ermöglicht.

Verschiedene Freunde nahmen sich die Zeit, meine Aufzeichnungen zu lesen, zu kritisieren und mich zu ermutigen. Einer von ihnen, Jon Larsen, tat weit mehr als das. Seine Ratschläge waren kühn und intelligent zugleich, und er sprach mir im Verlauf der Jahre immer wieder Mut zu.

Zwei weitere Freunde, meine Rechtsanwälte Ken Burrows und Michael Kennedy, halfen mir in einer Weise, die weit über juridische Ratschläge hinausging. Mein Agent, John Brockman, schaffte es, den Inhalt des Buches geheim zu halten, während er die gleichzeitige weltweite Veröffentlichung koordinierte.

Wendy Wolf, meine Lektorin bei Viking, erleichterte mir meine schwierige Aufgabe ungeheuer und trug entscheidend dazu bei, dass dieses Buch in Rekordzeit fertig gestellt werden konnte. Susan Petersen Kennedy und David Shanks, President und CEO von Penguin Putnam Inc., waren vom ersten Tag an von dem Projekt begeistert und boten mir ihre volle Unterstützung. Mein Dank gilt überdies Jaye Zimet, dem Grafik-Chef, und Chip Kidd für die Umschlaggestaltung.

Das Buch wäre nicht möglich gewesen ohne die Hilfe meiner Assistentinnen Diana und Talya. Diana hielt alles in Ordung, fand das Unauffindbare und leistete wichtige Recherchearbeiten. Talya, eine intelligente junge Israeli, bestätigte nicht nur die Übersetzungen, sondern unterstützte mich auch beim Schreiben. Ohne sie hätte ich es nicht geschafft.